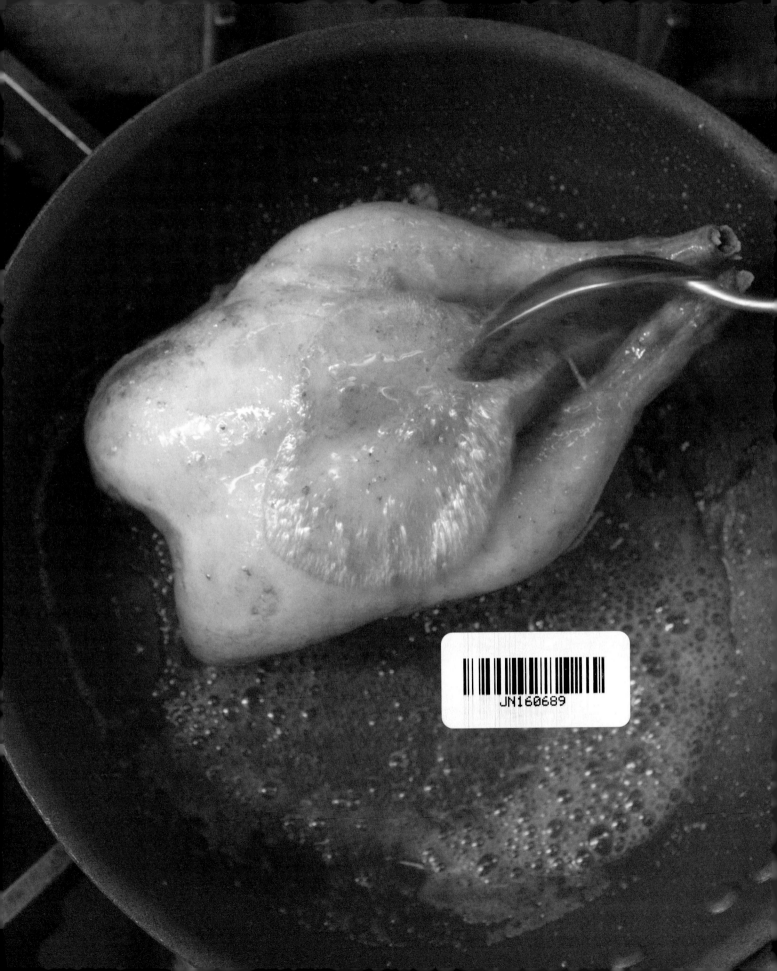

さばき方から加熱までがよくわかる

最新鶏料理

定番と部位別アレンジ82品

new CHICKEN cooking

フランス料理
銀座レカン
高良康之

イタリア料理
コンヴィーヴィオ
辻 大輔

日本料理
いふう
亀田雅彦

中国料理
麻布長江 香福筵
田村亮介

柴田書店

鶏肉の魅力は、和洋中のジャンルを問わず利用でき、調理法の幅も広いという汎用性の高さであり、手軽な価格であることだ。そして肉の中では比較的消化しやすく食べやすい食材であることも見逃せない。皮を除いて調理すれば豚肉や牛肉よりも低カロリーで、高たんぱくであることも好まれている。

最近では鶏肉、とりわけ胸肉には疲労予防の効果がある成分が多く含まれていることが明らかにされている。疲労予防だけでなくアンチエイジングにもつながる抗酸化作用や、免疫調整作用、糖尿病予防にも大きな効果が期待されている。

本書は10年前に発行されたロングセラー『鶏料理』の新版（全頁新規取材）として企画されたものである。各種さばき方やだしのとり方、定番料理などの基本編では、前書と同様に写真を多用してわかりやすく解説した。以前はフランス料理、日本料理、焼鳥、中国料理というラインナップだったが、本書ではイタリア料理を新たに加えている。

登場する定番料理は『鶏料理』と同じメニューもあるが、その調理方法や考え方はこの10年間でずいぶん変化してきたようだ。

一例としてコンベクションオーブンの普及、低温加熱調理の浸透、かつてのモモ肉偏重の嗜好から胸肉のよさが見直されてきたことなどが挙げられる。

今後も調理科学の研究が進み、いままでの調理法はどんどん変化していくだろう。そのときにしっかり押さえておきたいのが基本技術とその理解である。なぜそうするのかという作業の意味がわかっていれば、技術がしっかり身につく。

本書がその手助けになれば幸いである。

2014年3月
柴田書店書籍編集部

目次

鶏料理のテクニック1
[しっとり]
中心温度が65℃を超えないように加熱する　7
余熱を利用する　7

鶏料理のテクニック2
[パリッとした皮の食感]
脱水と乾燥、そして油をかけて丸鶏を仕上げる　8

鶏料理のテクニック3
[焼き色をつける]
平らになるように肉を押しながら焼く　9

鶏料理のテクニック4
[均等に火を入れる]
加熱する厚さをそろえるために切り開く　10
一定の形に鶏をまとめる　10

鶏の骨格図　11

◎鶏の調理科学
鶏肉の各部位の成分組成と栄養価　12
おいしいだしをとるコツ　36
表面と内部、それぞれの火の通し方　120
真空パックによる加熱と保存　156
たんぱく質変性の温度　162
加熱による胸肉・モモ肉・皮の変性　170
うま味成分を増やす加熱方法　183
鶏肉、牛肉、豚肉の栄養の特徴　222
アンセリン、カルノシンの健康効果　223

第1章　鶏のさばき方と基本調理

丸鶏のさばき方　14
部位ごとに切り分ける　19
丸鶏のつぼ抜き　24
丸鶏を1枚に開く　26
丸鶏のブリデ（ローストチキン用）　28
内臓とガラの掃除　33
モジミの下処理　35

第2章　フランス料理のだしと定番料理

鶏の白色フォン　38
鶏のジュ　43
鶏のコンソメ　46

ローストチキン　50
鶏もも肉のコンフィ　54
チキンソテ　58
鶏肉のゆで煮　60
鶏胸肉のブレゼ　64
鶏胸肉の冷製　67
鶏のテリーヌ　70
鶏の赤ワイン煮　75
フリカッセ　78

第3章　イタリア料理のだしと定番料理

ブロード　82

鶏の悪魔風　84
カッチャトーラ　鶏の猟師風　87
鶏のカツレツ　90
鶏のボッリート　92
レバーパテ　94

第4章　日本料理のだしと定番料理

鶏だし　98

焼鳥　100
松風　110
唐揚げ　113
鶏天　116
鶏鍋　118

第5章　中国料理のだしと定番料理

毛湯　122
鶏油　126

丸鶏のパリパリ一羽揚げ　127
白切鶏　131
鶏ももとカシューナッツ
　四川唐辛子 花椒炒め　136
骨付きももの三杯煮 台湾のかおり　139
鶏足と唐辛子の漬物　142

第6章　部位別アレンジメニュー

胸
鶏胸肉のサラダ仕立て ジェノヴェーゼソース(伊)　146
鶏胸肉とフォワグラのコポーのサラダ仕立て(仏)　148
自家製ハムと根菜のサラダ(日)　149
細切り胸肉の極上スープ レモンの泡と胡椒パウダー(中)　150
羽毛仕立ての鶏胸肉のすり身ともやしの炒め(中)　152
鶏胸肉 三河みりんのマリネ(伊)　153
治部煮(日)　154
ちきん南蛮(日)　157
ヴォル オー ヴァンのフィナンシェール(仏)　158
鶏胸肉のヴィネガー風味(仏)　160
胸肉、香味野菜、ミントをのせたウコン風味のご飯(中)　161

ササミ
ささみ湯引き 木姜油のジュレ パフェ仕立て(中)　163
ジュレをまとったササミのミキュイと白桃のクーリ(仏)　164
鶏ささみのスモーク ブラータチーズとサルサペペローニ(伊)　166
鶏ささみのラビオリ イン ブロード(伊)　167
椀物 鶏ささみの玉子豆腐(日)　168
ささみの石焼き 酒盗ソース(日)　169

モモ
鶏腿、苦瓜、自家製パイナップル味噌のスープ 客家族風(中)　171
鶏もも肉のトロンケッティ(伊)　172
鶏まんじゅう(日)　174
豊年蒸し(日)　175
やわらか鶏ももと栗の春巻き(中)　176
鶏もも肉のスピエディーノ(伊)　177
鶏もも肉の黄金ソース(伊)　178
鶏もも肉のイチジク詰めロースト スパイス風味(仏)　179
鶏もも肉とエスカルゴのクロケットのコンポジション(仏)　180
鶏もも肉のローストとレバーソース(伊)　182
鶏もも肉のレタス詰め(伊)　184
骨付き鶏腿の烏龍茶スモーク 焚き火のイメージで(中)　186
骨付き鶏腿のカリカリスパイス添え(中)　188

八幡巻き（日）　189
親子丼（日）　190
鶏山椒の炊き込みご飯（日）　191

手羽
手羽先のオリエンタル（仏）　192
ライムとミント香る 手羽元の唐揚げ（中）　193
手羽と大根の炊き合せ（日）　194
手羽のラビオローネ（伊）　195
鶏手羽のリゾット（伊）　196
手羽先と舞茸の炊き込みご飯 黒胡麻油風味（中）　197

挽肉
野菜の肉詰め 肉巻き（日）　198
空洞 鶏団子（中）　200
レモングラスの香る、鶏肉のシシケバブ（仏）　201
冬瓜そぼろあんかけ（日）　202
鶏挽肉とニラの冷たいサンラーメン（中）　203
鶏挽肉の自家製スパゲッティーニ（伊）　204

皮・首肉
鶏皮の煮凝り（日）　205
せせり怪味砂糖からめ（中）　206
トマトに見立てた鶏皮の香料煮（中）　207
チッチョリのフォカッチャ（伊）　208
鶏首肉とパンのスープグラタン（伊）　209

内臓
レバームースと信州産若鬼グルミのコンポート（仏）　210
レバーとトマトの綿飴仕立て（中）　212
レバーチーズ（日）　214
鶏レバーのヴェネツィア風（伊）　215
串刺し内臓の麻辣鉢（中）　216
砂肝のコンフィとムカゴのフリカッセ（仏）　218

丸鶏・コンソメ
丸鶏の詰め物（伊）　219
オマール海老のジャルディニエールとコンソメゼリー（仏）　220

国産地鶏銘柄鶏仕入れガイド　224
　鶏肉の種類と肉質の特徴　224
　国産地鶏銘柄鶏一覧　226
著者紹介　246

凡例
・文中にオリーブ油と表記した場合、とくに断りのない限り、エクストラヴァージンオリーブ油を使用した。またバターと表記した場合、無塩バターを使用した。
・文中で（→○頁）と記載されている場合は、○頁に詳しく解説しているので参照する。
・数量を表す数字に単位記号がついていない場合は、割合を示す。
・材料は基本的に写真の料理1皿分（1人前）の分量とするが、例外の場合は材料欄に人数分あるいは皿数の記載をした。

デザイン　中村善郎（yen）
撮影　天方晴子
編集　佐藤順子

鶏料理のテクニック 1

［しっとり］

中心温度が65℃を超えないように加熱する

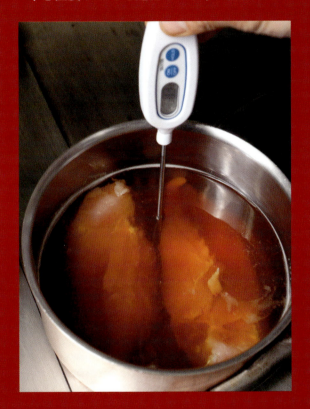

たんぱく質は高温でかたく凝固する。胸肉、モモ肉のいずれの部位にも、筋肉の周りにコラーゲンでできた筋膜がある。コラーゲンもたんぱく質の一つ。この筋膜は65℃を超えると縮み始め、内側の肉汁は「雑巾絞り」のように流出し始める（→162頁コラム）。

余熱を利用する

コラーゲンが縮む温度帯の65℃を超えないように加熱するためには、火からはずして肉の余熱を利用することも大事。温かいところに置いて、アルミホイルなどをかけると温度が下がりにくくなり、余熱を長くとることができる。

鶏料理のテクニック 2

［パリッとした皮の食感］

脱水と乾燥、そして油をかけて丸鶏を仕上げる

塩をまぶして脱水し、熱湯をかけて皮を張らせ、さらに炸鶏水（水飴と酢と砂糖でつくる）で飴がけして乾かす。最後に低温の油をかけて火を通し、高温の油でパリッと仕上げる。中国料理独特の手法である。鶏をおおう皮から水分を抜き、皮の主成分であるコラーゲンが加熱によって縮んでピンと張り、キャラメリゼされてパリッと仕上がる。

鶏料理のテクニック 3

［焼き色をつける］

平らになるように肉を押しながら焼く

火の入り方のおだやかで脂肪の多い皮側から主に火を入れる。鶏を1枚におろして焼く場合、手羽やモモなど肉に凹凸があるので均等に火を入れるために平らになるように工夫する。メイラード反応によって生じるおいしそうな焼き色とこうばしい香り、水分が抜けて乾燥して生じるカリッとした食感は鶏皮のもう一つの魅力。

鶏料理のテクニック 4

［均等に火を入れる］

一定の形に鶏をまとめる

串焼きのようにいくつかの切り身を刺す場合は、串にしたときに厚さがそろうように肉を組み合わせる。また、ローストチキンなどのように丸鶏をそのまま調理するときも同様。全面から均等に火が入るように四角い箱型をイメージしてまとめる。

加熱する厚さをそろえるために切り開く

モモ肉や胸肉を切り開いて肉の厚さを一定にする。これは均等にベストな状態で火を入れるため。肉の厚さがまちまちだと、必ず火が入りすぎる部分が出てくる。

鶏の骨格図

鳥類の骨格名を示した。見やすいように片身のみで各名称を解説。名称に添えたカッコ内に本書において通称として使われている名称を併記した。

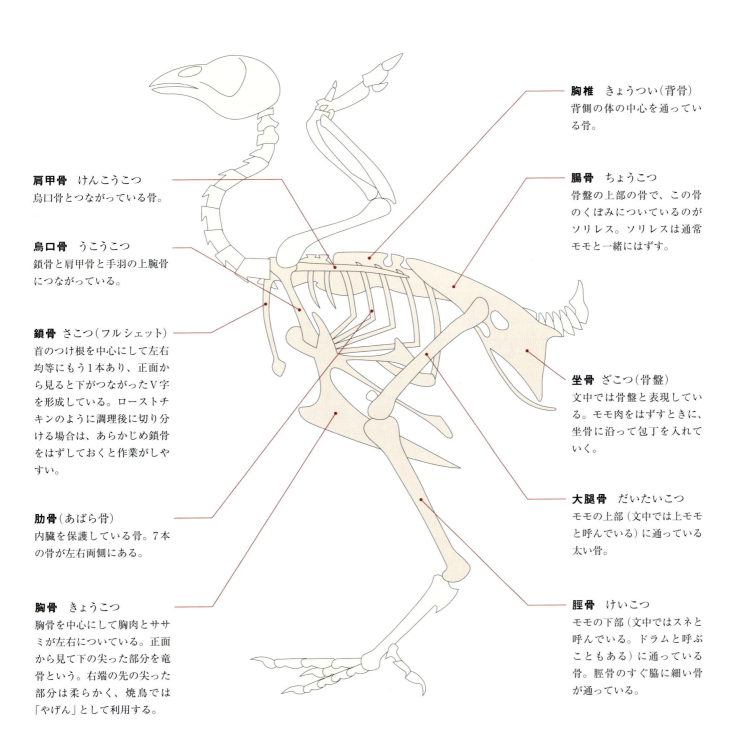

肩甲骨 けんこうこつ
烏口骨とつながっている骨。

烏口骨 うこうこつ
鎖骨と肩甲骨と手羽の上腕骨につながっている。

鎖骨 さこつ（フルシェット）
首のつけ根を中心にして左右均等にもう1本あり、正面から見ると下がつながったV字を形成している。ローストチキンのように調理後に切り分ける場合は、あらかじめ鎖骨をはずしておくと作業がしやすい。

肋骨（あばら骨）
内臓を保護している骨。7本の骨が左右両側にある。

胸骨 きょうこつ
胸骨を中心にして胸肉とササミが左右についている。正面から見て下の尖った部分を竜骨という。右端の先の尖った部分は柔らかく、焼鳥では「やげん」として利用する。

胸椎 きょうつい（背骨）
背側の体の中心を通っている骨。

腸骨 ちょうこつ
骨盤の上部の骨で、この骨のくぼみについているのがソリレス。ソリレスは通常モモと一緒にはずす。

坐骨 ざこつ（骨盤）
文中では骨盤と表現している。モモ肉をはずすときに、坐骨に沿って包丁を入れていく。

大腿骨 だいたいこつ
モモの上部（文中では上モモと呼んでいる）に通っている太い骨。

脛骨 けいこつ
モモの下部（文中ではスネと呼んでいる。ドラムと呼ぶこともある）に通っている骨。脛骨のすぐ脇に細い骨が通っている。

鶏肉の各部位の成分組成と栄養価

「鶏肉の成分組成、栄養価などを教えてください。またそれぞれの部位の特徴を教えてください」

鶏の調理科学

鶏肉は部位によって含まれる栄養素の量が異なります。全般に、内臓（レバー、砂肝、心臓）のほうが、肉など（手羽、胸肉、モモ肉、皮、軟骨）よりもビタミンやミネラルが豊富です。

モモ肉：複数の筋肉（大腿筋膜張筋、大腿二頭筋など）が集まる"もも"の部分です。運動量が多く、筋肉を包むコラーゲンの膜が厚いため、胸肉に比べてかためです。筋肉間に脂肪があるため、コクのある味わいです。鉄が多いため肉色が濃く、亜鉛やビタミンB2が豊富です。モモ肉1/2枚分（150g）で、1日の推奨量の、亜鉛は約3割、ビタミンB2は2割強を摂取できます。亜鉛は新陳代謝の促進や免疫アップに、ビタミンB2は皮膚や髪、爪などの健康維持に役立ちます。

胸肉：骨を除いた胸の筋肉（大胸筋（浅胸筋））です。皮下脂肪があるので、皮つきは意外にも脂肪の量が多いのですが、皮を除けば肉には脂肪がほとんどありません。"皮なし"のエネルギー量は"皮つき"の約1/2です。うま味成分のイノシン酸が最も多く、うま味の強い部位です。栄養面ではササミに次いでナイアシンが多く、胸肉1/2枚分（130g）で、1日の推奨量の1.2倍量が摂取できます。ナイアシンは血行促進や二日酔いの原因になるアセトアルデヒドの分解促進に役立つと言われています。

ササミ：胸肉の奥にある筋肉（小胸筋（深胸筋））で、笹の葉に似ているので"ささ身"と呼ばれます。脂肪がほとんど無く高たんぱく質低カロリーの部位です。うま味成分のイノシン酸は胸肉に次いで多く、モモ肉の約1.5倍あります。他の部位に比べて、高血圧の予防に役立つカリウム、皮膚や粘膜の健康維持を助けるビタミンB6、血行促進や二日酔い予防が期待されるナイアシン、体脂肪燃焼に関わるパントテン酸が豊富です。

手羽：鶏の翼の部分で、手羽元（ヒトの肩から肘に相当）と手羽先（ヒトの肘から指先に相当）に分けられます。「手羽元」は肉が多く皮が少なく、逆に「手羽先」は肉が少なく皮が多くなります。皮の主成分はコラーゲンなので、手羽はコラーゲンが豊富です。肉は柔らかく、脂肪やコラーゲンがあるので濃厚な味わいがあります。脂肪が多いため脂溶性のビタミンAが豊富で、皮膚やのどなどの粘膜の健康維持に役立ちます。

皮：主成分はコラーゲンで、脂肪の極めて多い部位です。皮膚やのどなどの粘膜の健康維持に役立つビタミンA、骨粗鬆症の予防に役立つビタミンKが豊富です。

ハツ（心臓）：内臓に分類されていますが、筋肉です。心筋は組織が細かいので、独特の歯触りがあり、肉のような噛み応えもあります。レバーに次いで栄養価が高い部分です。

レバー（肝臓）：「キモ」とも呼ばれます。ウナギのキモに似た食感で、豚や牛のレバーほどクセが無いので、食べやすいことが特徴です。栄養価が極めて高く、鉄、亜鉛、ビタミンA、ビタミンB群はウナギの肉やキモよりも豊富です。

砂肝（砂嚢）：鳥類特有の筋胃で、「すなぶくろ」、「すなずり」とも呼ばれます。歯がない鳥類は、食べ物を歯でかみ砕く代わりに、砂肝の中で砂粒を使って食べ物をすりつぶしています。胃壁は厚く強い筋肉なのでコリっとした歯応えがあり、味にはクセがありません。肉よりも全般に栄養価が高い部分です。

軟骨：膝の部分のヒザナンコツ（別称"げんこつ"）と胸の竜骨の部分のヤゲンナンコツ（別称"かっぱ"）の2種類があります。軟骨の主成分はコラーゲンで、コリコリとした食感が特徴です。骨と違ってカルシウムが蓄積されないので、カルシウム量は思ったよりも多くありません。

（佐藤秀美）

1

第 1 章

鶏のさばき方と基本調理

丸鶏のさばき方

内臓つきの丸鶏を、モモ、胸に分けて内臓を抜く、和洋中共通の基本的なさばき方を解説する。ちなみにあらかじめ内臓が抜いてある丸鶏は中抜きと呼ばれるが、この中抜きをモモと胸に分けるときも、このさばき方に準ずる。

仏 / 髙良康之（銀座レカン）

内臓つきの丸鶏

準備

1
残っている羽を骨抜きでていねいに抜く。

2
首を切り落とす。

3
背を上に向け、首ヅルの上から尻まで背骨に沿って真っ直ぐに包丁で切り目を入れておく。

4
胸を上に向けてモミジを切り落とす。

モモ肉をはずす

5 胸側を上に向けて、なるべく胴体に皮を残すように人差し指で皮を張らせてモモの内側に包丁を入れて皮を切る。

6 尻まで包丁を入れて皮を切る。

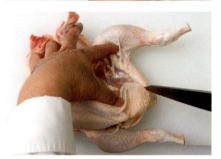

7 もう一方のモモの内側にも同じように包丁を入れる。

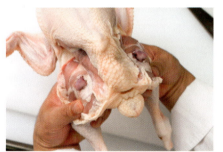

8 両モモを持って外側に開き、モモのつけ根の関節をはずす。

9 骨盤（坐骨）に沿って包丁を入れて肉をはずし、3で入れた切り目近くまで肉をはがす。

10 モモを開くように広げて、関節のスジを切る。

11 ソリレス*をモモにつけて、モモを引っ張ってはずす。

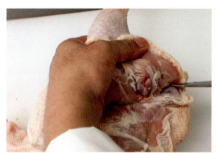

12 もう一方のモモも同様に尻まで皮を切って、切りはずしていく。

13 ソリレスをつけてモモを切りはずす。

*ソリレス：フランス語で「愚か者はそれを残す」という意味がある。モモの上あたりの腸骨のくぼみにはりついている丸みのある筋肉で、味がよく弾力があって独特の歯応えがある。

胸肉と手羽をはずす

14
胸を上に向け、胸骨に沿って包丁の先を入れて、首ヅルまで切る。

15
尻のほうからこの切り目に沿って包丁を入れ、指で肉を開きながら胸肉をはずす。このときササミは胸肉につける。

16
フルシェット（鎖骨）の周りの肉を切りはずす。

17
鶏を横に倒して背中側の肩甲骨の下に包丁の先を入れて手羽の関節を切りはずす。

18
あばら骨（助骨）から胸肉をそぐようにしてはずしていく。

19
包丁の切っ先でスジや膜を切りながら胸肉をはずしていく。

20
あばら骨を包丁で押さえ、胸肉をしっかりつかんで後ろに引っ張ってはずす。

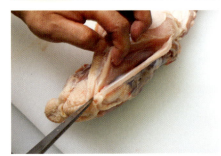

21
もう一方の胸肉をはずす。頭のほうから胸骨に沿って尻に向かって切りすすめる。

22
向きを変えてフルシェットから肉をはずす。

23
フルシェットを取り除いて切りすすめる。

24 肩甲骨の内側に包丁の先を入れて肩甲骨を持ち上げる。

25 手羽元のつけ根の関節を切りはずして、あばら骨に沿って肉をはいでいく。

26 包丁であばら骨を押さえて胸肉と手羽を手で引っ張ってはずす。

内臓を取り出す

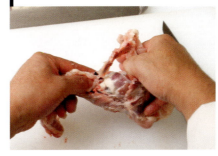

27 ガラの肩甲骨を起こして背ガラを引っ張ってはずす。

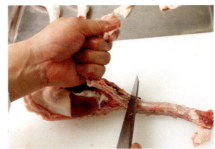

28 背ガラについている首ヅルを包丁で押さえ、食道と気管を持ち上げて引っ張る。

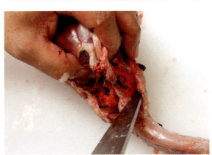

29 鮮やかな赤い色の肺が見えたら、肺の下に包丁をあてて切りはずす。

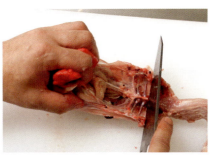

30 ガラを包丁で押さえて肺を持って引っ張り、薄膜を切りはずしながら内臓をはいでいく。

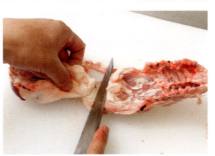

31 薄膜を切って内臓をはずす。

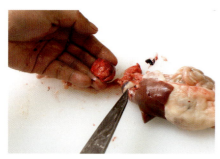

32 内臓を分ける。黒い苦玉を潰さないように注意して、肺を切りはずす。

35 レバー（大葉と小葉）を切り取る。

33 ハツ（心臓）を取り出して切りはずす。

36 苦玉を潰さないように注意して周りの脂をはがして砂肝を取り出す。

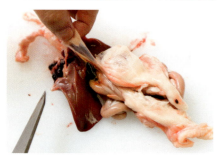

34 レバー（肝臓）の周りについている薄膜をはずす。

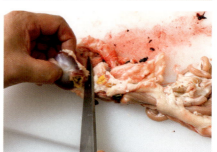

37 砂肝と腸のつなぎ目を切る。

さばいた鶏の可食部。下は右から手羽つき胸肉2枚、モモ肉2本。上は右から肺、ハツ、レバー、モミジ、砂肝、首ヅルとガラ。

部位ごとに切り分ける

18頁でさばいたモモ肉と胸肉（手羽つき）の切り分け方と中抜きをコッフルにさばく工程を解説する。なお、コッフルとは丸鶏からモモをはずした状態から胸を2枚に切り分けずにつなげておろした形状をいう。　仏／高良康之（銀座レカン）

［胸肉と手羽］

手順としては、まず胸肉からササミをはずし、次に手羽中と手羽先を切りはずす。そして最後に手羽元を胸肉から切りはずし、形を整える。

手羽つきの胸肉を、ササミ、胸、手羽元、手羽中と手羽先に切り分ける。

3　太いスジに沿って包丁の刃先で切り目を入れてスジをむき出しにする。

4　スジを出したら逆さ包丁でつけ根の端をはずす。

5　裏返してスジをしっかり押さえて包丁でスジをしごくようにして引く。

ササミの掃除

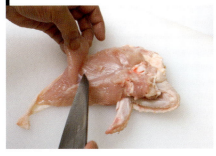

1　ササミのつけ根の薄膜に包丁の刃先をあてて膜をはずしながら取り出す。

2　ササミの周りに薄膜が残っていたらむき取る。

手羽をはずす

6 ササミをはずした胸肉から手羽中と手羽先を切りはずす。

7 手羽元の関節の周りのスジを切りはずす。

8 手羽元を切りはずす。胸肉からはみ出した皮や脂肪を切りはずして形を整える。

[モモ肉]

脛骨（スネの骨）から大腿骨に沿ってモモの内側に包丁を入れて骨をむき出しにし、関節を切りはずして大腿骨と脛骨を取り除く。

骨をはずしたモモ肉。

骨をはずす

1 スネの内側の2本の骨の間に包丁を入れて、骨を出してスネの肉を開く。

2 関節を越えて上モモの骨（大腿骨）に沿うように包丁を傾けてモモのつけ根まで肉をそぎ、骨を出してモモの肉を開く。

3 上モモとスネの関節に包丁を入れて切りはずす。皮まで切らないように注意。

4
関節を折って肉を立てて大腿骨を包丁で押さえる。

5
スネを引っ張り、大腿骨をはずす。

6
スネの骨（脛骨）を包丁の刃元で叩き切る。

7
脛骨を包丁で押さえてスネ肉を引っ張る。

8
関節周辺のスジを切って細い骨とともにはずし、脚先を切り落とす。

肉の掃除

9
上モモとスネの関節跡から、太いスジを切りはずす。

10
皮を上に向けて、アキレス腱を押さえて包丁でしごくようにしてはずす。肉を返して、薄膜を取り除く。

［コッフル］

骨つきで両側の胸肉がつながった状態をコッフルという。フランス語で箱を意味する言葉で、その形状からこの部位をコッフルと呼んでいる。肩甲骨ははずさずにつけておくとクッション代わりになるので、肉が直にオーブンの天板に触れることがなく、柔らかく間接的に火が入る。ここでは丸鶏の中抜きをコッフルにさばく工程を解説する。

▎首ヅルを落とす

1 尻の内側についている脂を取り除く。

2 背を上に向け、首ヅルに沿って皮を切り、首ヅルを引き出し、皮の内側の脂や薄膜を取り除く。

3 首ヅルをつけ根で切り落とす。

▎手羽とモモをはずす

4 手羽中から先を切り落とす。もう片側も同様に。

5 背中を上に向けて、背骨に沿って包丁を入れる。

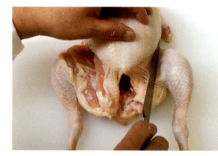

6 胸を上に向けて、なるべく胴体に皮を残すようにしてモモの内側のつけ根の皮を尻まで切る。

7 両モモを持って開き、つけ根の関節を折る。

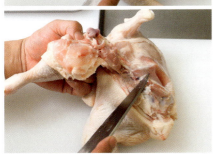

8
尻の先端(ボンジリ)を避けて皮を切り、骨盤(坐骨)の上の肉を切りはずし、周りのスジを切りながら、上にモモを引っ張る。ソリレスはモモにつける。

9
もう片側のモモも同様にはずす。

コッフルにする

10
胸を上に向けて肩甲骨の上に包丁を入れる。下側にも逆さ包丁を入れてはずす。

11
肩甲骨のつけ根の関節をむき出しにして周りのスジを切りはずし、関節をはずす。

12
あばら骨(肋骨)の半分くらいのところに包丁を入れて尻のほうに向かってあばら骨を切る。

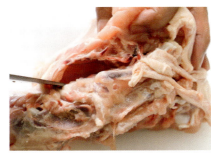

13
もう片側も同様。

14
胸肉を起こすようにして、背ガラをはずす。

15
首のつけ根をはずす。

16
コッフルとはずした背ガラ。

丸鶏のつぼ抜き

丸鶏（中抜き）からガラとササミをはずして腹の中を空洞にするさばき方で、腹の中に詰め物をして元の形に戻して加熱する料理に用いる方法だ。ガラからはずしたササミは詰め物などに利用してもよい。　仏／高良康之（銀座レカン）

つぼ抜きした鶏とササミ、ガラ。

4
フルシェットを倒すようにしてはずす。

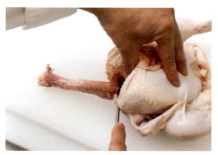

1
背を上に向けて背骨に沿って包丁を入れ、首ヅルを引き出してつけ根で切り落とす。余分な脂は取り除く。

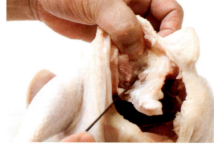

5
背を上に向け、尻から包丁を入れて、そぐようにして骨盤から肉をはずす。両側ともはずす。

2
胸を上に向け、V字のフルシェット（鎖骨）に沿って包丁を入れて、骨をむき出しにする。

6
背骨の上に包丁を入れて、背骨から肉をはずしていく。

3
V字の頂点のつけ根を包丁で切りはずす。下の2ヵ所の手羽の関節とフルシェットを切りはずす。

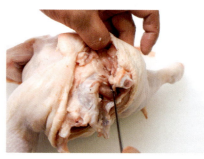

7
モモのつけ根まで切りすすめたら、つけ根の関節を切りはずす。

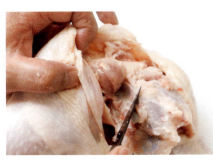

8

骨の周りのスジを切りながら、モモの奥にあるソリレスとガラの間に包丁を入れて、ソリレスをはずしてモモにつける。

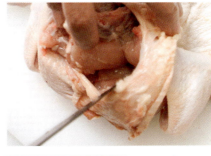

13

ササミはつけ根のスジを切らずにガラにつけておく。

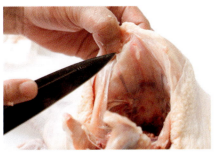

9

胸を上に向けて尻のほうから肉をめくると内側に胸骨（軟骨）が見えてくるので、この上に包丁を入れて肉をそぎ取る。

14

胸を上に向けてササミの上にある胸骨の軟骨部分に沿って包丁を入れてソリレスの跡にたどり着くまで切りすすめる。

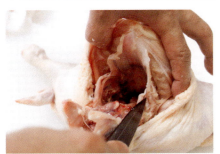

10

あばら骨（肋骨）に沿って包丁を入れて肉をはずしていく。

15

ここまで切りはずす。

11

背を上に向けて、首のほうから切りすすめていく。肩甲骨の上に包丁を入れてはずす。

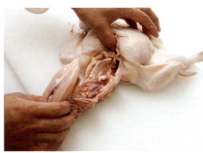

16

ササミとガラを引き抜く。

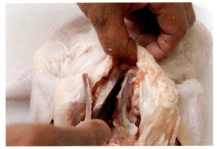

12

もう一方の肩甲骨もはずす。

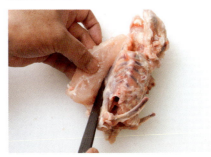

17

ガラからササミのスジを切りはずして取り出す。

丸鶏を1枚に開く

丸鶏（中抜き）を1枚に開いてそのまま焼く「鶏の悪魔風」や、広げた肉で詰め物を巻いてつくる「バロティーヌ」や「ロールチキン」などに用いるさばき方。丸鶏の背中に縦の切り目を入れ、ここからガラの周りに包丁を入れてぐるりとつなげてはぎ取っていく。ここでは手羽とモモはつけたまま開いたが、用途に応じて適宜切り落として使用する。

伊 / 辻 大輔（コンヴィーヴィオ）

丸鶏（中抜き）を1枚に開く。

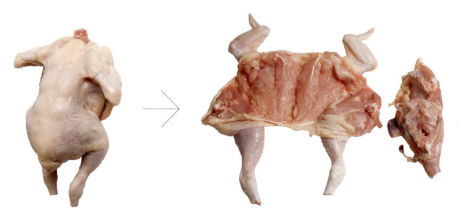

開いた鶏とはずしたガラ。

1 残った羽をていねいに取り除く。焼物にする場合、残すとこげ臭がついてしまう。

3 この切り目から骨に沿って包丁を入れて切りすすめる。

2 背を上に向けて背骨の上に縦に包丁を入れる。

4 手羽のつけ根の関節を手で折ってはずす。

5 骨に沿ってモモのつけ根に向かって切りすすめてガラから肉をはずす。

6 ソリレスはモモと一緒に骨盤の上のくぼみ（腸骨）からそぎ取る。

7 モモのつけ根の関節を開くようにして手で折る。

8 尻のほうまで切りすすめる。

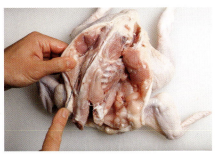

9 鶏の向きを変えて、背骨の切り目からガラに沿って手羽のつけ根に向かって**3**と同じ要領でもう一方の肉をはずしていく。

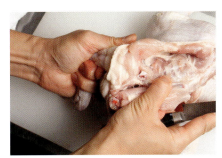

10 手羽のつけ根まで切りすすめたら、手で開くようにして手羽の関節を折ってはずす。

11 モモに向かって肉をはぎ、ソリレスをそぎ取り、モモのつけ根の関節を切りはずす。

12 モモ肉を骨に沿ってはずす。

13 ガラに沿って腹側のほうに切りすすめ、胸肉をはずす。

14 半身を腹側まできれいにはずす。

15
フルシェット（鎖骨）はガラにつけたままでよい。

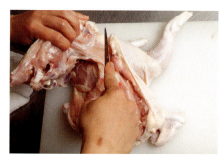

17
包丁で肉をそぎながらガラをきれいにはずす。

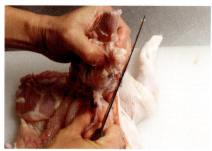

16
ガラを持ち上げる。

丸鶏のブリデ（ローストチキン用）

丸鶏の形は凹凸があるため、均等に火を入れるのがむずかしい。このために全面から均等に火が入るようにブリデ（針を使ってタコ糸をモモや手羽に通して固定する作業）して鶏を四角い箱型に整えることがポイントとなる。準備として首ヅルと鎖骨を落とし、首と尻まわりの脂を除いて、左右対称になるように糸を通していく。箱型にするためには、①手羽とモモの高さをそろえること、②胸をしっかり張るように糸を通すことがポイントだ。箱型にするとフライパンの中でも転がらずに安定するため均等な火入れが可能になる。

仏 / 高良康之（銀座レカン）

中抜きの丸鶏。

ブリデした丸鶏（胸を上に向けたところ）。

首ヅルを落とし、脂を除く

1
首ヅルに縦に包丁を入れて皮を切る。

ブリデした丸鶏を横から見たところ。

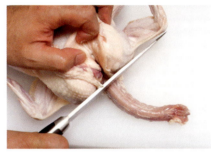

2
皮をむいて首ヅルをつけ根で切り落とす。

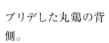

ブリデした丸鶏の背側。

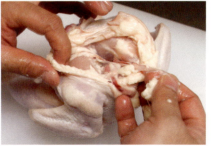

3
内側についている脂と薄膜をきれいにはずし、食道とともに引き抜く。

ブリデすることにより、均等に火が入る。

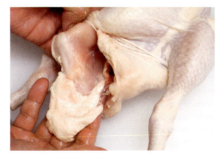

4
尻の方にもたっぷり脂がついているので、これもきれいに取り除く。

フルシェット（鎖骨）をはずす

5 胸側を上に向け、首のつけ根につながっているV字のフルシェットに沿って外側と内側にナイフを入れる。

6 フルシェットをむき出しにする。

7 フルシェットのつけ根（V字の頂点）を切る。

8 ナイフを倒すようにしてフルシェットをはずし、取り除く。

タコ糸を通す

9 盛りつけ時に安定するように、ブリデする前に手羽中と手羽先を切り落とす。

10 鶏の形を整える。イメージするのは長方形の箱型。

11 胸側を上に向け、モモの外側からブリデ用の針を刺す。位置は膝関節の内側。タコ糸は長めに残しておく。

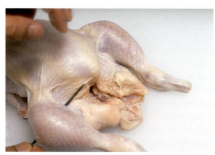

12 モモの内側に通して針を抜く。

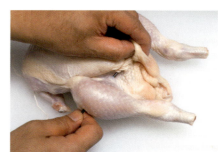

13 尻の皮の手前側に針を刺して、縫うように糸を通して向こう側に抜く。

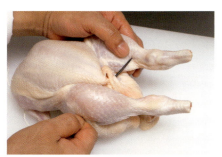

14 もう一方の脚の脛骨（スネの骨）の関節の上に刺す。

19 手前の尻の皮に刺して、向こう側の皮で抜く。

15 針を抜いて糸を通す。

20 もう一方のモモの膝関節の内側に刺す。

16 脛骨の関節の下に針を刺す。

21 向こう側に針を抜いて糸を通す。

17 もう一方の脚の同じ位置に刺して抜く。

22 モモに糸を通した状態。次は手羽を固定する。

18 抜いた側のモモの脛骨の関節の上に針を刺して糸を通す。

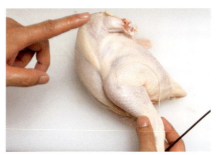

23 糸を抜いた側を上にして横に向きを変える。凹凸をつけたくないので手羽元とモモの高さをそろえたい。

24 手羽元に刺して針を通す。

29 最初に**11**で残した糸と結ぶ。

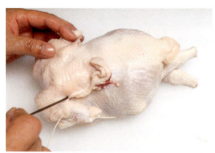

25 背を上に向けて首の皮を引っ張ってかぶせ、皮の上から刺す。

30 糸を2回からげて肉の角でしっかりと留めてかた結びにして糸を切る。

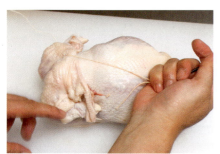

26 胸を張らせるようにして、首の皮の向こう側から針を抜いて糸を通す。

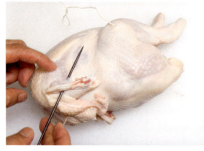

27 横に向きを変え、手羽元を針で刺して抜き、糸を通す。

28 モモと高さがそろうように形を整えて糸をひく。

内臓とガラの掃除

丸鶏から取り出した内臓の掃除の仕方を解説する。内臓を料理に利用するときは、丸鶏から取り出すこともできるが、精肉店から部位別に仕入れて用いるのが一般的だ。

仏 / 高良康之（銀座レカン）

[砂肝]

1
周りについている脂をペーパータオルなどでこすって取り除く。

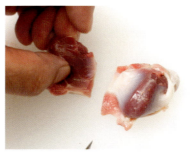

4
半分に切る。用途によって、このまま使う場合もある。

2
半分に切ると、中に残っている餌が出てくる。

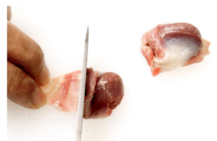

5
白い銀皮をそぎ取る。

3
内側の膜をはがして餌を取り除き、水洗いする。

［ハツ］

縦半分に切って中に残っている血の塊を取り除く。

［肺］

そのまま血のソースのつなぎとして使う。

［レバー］

1 血の塊が残っていたら取り除く。

2 周りの薄膜をむき取る。周りが汚れている場合があるので、薄膜をむくと衛生上よいとされる。

3 苦玉に接していた変色部分を切り取る。水洗いして血を洗い流す。

［ガラ］

首ガラに残っている背肝や脂などをていねいに取り除いて各種料理のだしに使用する。きれいに掃除することが、澄んだだしをとる決め手となる。

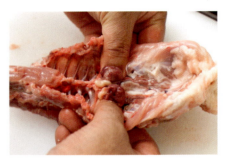

背骨に残っている背肝や尻の周りの脂をていねいに取り除く。

［首ヅル］

首ヅルから取った首肉をセセリという。フランス料理ではコンソメの挽材などに、焼鳥では歯応えのあるセセリ串が人気。

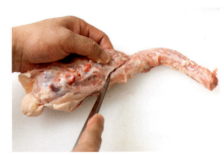

1 ガラのつけ根に切り目を入れる。

2 つけ根の切り目から首ヅルの肉を引っ張るようにしてそぎ取る。

3 首のつけ根まで取る。反対側も同様に。

モミジの下処理

モミジというのは鶏の足のこと。その形がモミジの葉のようなので、この名がついた。モミジはゼラチン質に富み、独特の歯応えが好まれている。表面の薄い皮や、足の裏などの茶色いかたい皮などをていねいに取り除いてから用いる。

中／田村亮介（麻布長江）

鶏モミジ

1 関節の下の細い部分（指で示しているところ）に包丁を入れて切りそろえる。

4 足の裏は茶色くかたくなっているので、包丁で切り取る。

2 すべてのツメを切り落とす。

5 何度か水をかえながらきれいに洗い、ザルに上げて水気をきる。

3 ボウルに入れて塩でもみながら、残っている皮を取り除く。もんでいるうちに自然に表皮がむけてくる。

おいしいだしをとるコツ

「鍋物やスープでは、牛や豚に比べて鶏を使うことが多いのはなぜでしょう？」

◎鶏の調理科学

ダシのうま味の元になる成分は、主にグルタミン酸（アミノ酸）とイノシン酸（核酸系物質）です。肉を煮出してダシをとるのは、肉にグルタミン酸とイノシン酸が多く含まれるためです。

牛肉、豚肉、鶏肉のうち、グルタミン酸は鶏肉に多く、イノシン酸は豚肉と鶏肉にきわめて多いことが明らかにされています。つまり、うま味の元となる成分は鶏≧豚≫牛の順となり、鶏肉に含まれる量が最も多いのです。

鍋物やスープで、鶏肉が牛肉や豚肉よりもよく使われる理由の一つは、うま味の多いダシが出るからなのでしょう。ちなみに、同じ鶏肉でも、胸肉やササミにはイノシン酸が多く含まれていますが、モモ肉にはこれらの6割程度しか含まれていません。

ダシをとるときには、一般に肉を水から入れ、徐々に温度を上げていきます。これは、沸騰した湯に肉を入れると表面のたんぱく質が熱で固まり、内部からうま味成分が溶け出しにくくなるからです。湯に溶け出すグルタミン酸の量は長く加熱するほど多くなります。一方のイノシン酸は90〜100℃で長い時間加熱しすぎると熱で分解されるため、ダシに含まれる量が減っていきます。

牛肉を使ってスープを調整した研究では、肉からスープに溶け出すイノシン酸の量は3〜4時間加熱した時点で最大となり、その後は減っていくことを報告しています。

ダシのおいしさにはペプチド（アミノ酸が2個から数十個結合したもの）という成分も関わっています。ペプチドはそれ自体に味を感じられませんが、うま味を強めたり、コクを出したりする効果があります。これまでの研究から、肉の温度が60℃付近になるとペプチドが増えることが分かっています。

さらに、コラーゲンの量もダシのおいしさに影響します。ダシに含まれるコラーゲンの量が多いほど、うま味やまろやかさが強く感じられ、とろりとした濃厚感が備わります。肉から溶け出すコラーゲンの量は、加熱温度が高いほど多くなります。ただし、100℃に近い温度で長い時間加熱し続けると、肉から溶け出すコラーゲンの量は増えますが、すでにダシに溶け出しているイノシン酸が熱で分解されたり、ボコボコと沸き立っていれば肉から溶け出した脂肪が小さな油滴になって散らばり、ダシが濁ったりします。

ダシをとるときには85℃〜90℃くらい、つまり液面がかすかに揺れる程度の温度で加熱するとよいでしょう。

（佐藤秀美）

2

第 2 章

フランス料理の
だしと定番料理

フランス料理
銀座レカン 高良康之

鶏の白色フォン
Fond blanc de volaille　フォン ブラン ドゥ ヴォライユ

鶏の白色フォンは洋風の鶏だし。汎用性を考慮し、そのまま飲めるようにクリアに仕上げた。雑味がなくクリアな旨みがきっちりと出ているフォンは、さまざまな料理に使えるが、濃くとると使用する料理が自ずと決まってしまうからだ。

だしの雑味を除くには鶏ガラについている内臓や脂肪などをていねいに取り除くことが大事。また香味野菜（ミルポワ）は長時間の加熱で煮くずれてピュレ状につぶれてフォンに溶け出さないように、最終の仕上り時間を予測して大きさを決め、切りそろえることがクリアなフォンをとる上で欠かせない。そしてつねに一定の水分量の中でだしをとることにより、必要以上のゼラチン質の抽出を防ぎ、にごった味わいを出さずに仕上げることができる。したがって鍋の中の水分量を一定に保つために、適宜水を加えながらとる。煮出すのではなく、香りや味わいを抽出するイメージで。おもな用途としてはスープや鶏のクリームソースなど。

材料：直径36cmの半寸胴鍋1台分・仕上り／約10リットル
鶏ガラ（若鶏）　4kg
鶏手羽（手羽中と手羽先）　1.2kg
香味野菜
├ 玉ネギ　3個
├ ニンジン　3本
├ セロリ　2本
├ ポロネギ　0.7本
└ ニンニク　1/2株
ブーケガルニ　1束

◎ 鶏ガラ

掃除前の鶏ガラ。肺、背肝つき。尾の近くには脂肪も残っている。

掃除後の鶏ガラ。クリアなフォンをとるために、ていねいに掃除する。

◎ 鶏手羽

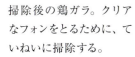

鶏手羽。手羽中と手羽先を使う。

切り目を入れた状態。手羽中と手羽先の関節の上と、手羽中の途中に包丁の刃元を入れて骨を叩き切って、骨髄から旨みが出るようにする。

◎ 香味野菜

フォンに香りと甘みをつけ、鶏のクセを和らげるために加える。投入する時間差をつけるのではなく、火にかける時間から逆算して大きさを決める。均等に火が入り、かつ柔らかくなっても最後まで煮くずれず形をとどめるように野菜ごとに大きさと切り方を変える。

玉ネギ：皮をむいて縦半分に切る。

ニンジン：皮をむいて縦半分に切って、さらに途中まで縦に切り目を入れる。

セロリ：皮をむかずにそのまま縦に切り目を入れる。

ポロネギ：縦に切り込みを入れて中の土を取り除く。

ニンニク：皮つきのまま横半分に切る。

◎ ブーケガルニ

ハーブやスパイスを束ねてフォンに加え、香りをつけ、鶏のクセを和らげる。ポロネギでパセリの茎、ローリエ、タイム、白コショウを包み、タコ糸でしばる。ブーケガルニは香りが出きったときに取り出しやすいように、タコ糸を長めに残して、半寸胴鍋の取っ手に結んでおく。フォンは3～4時間火にかけるので、最後まで入れておくと香りが強く出すぎてしまう。またブーケガルニに火が入りすぎて不必要な苦みが出るため、途中で取り出す必要があるから抜きやすくしておく。

鶏ガラと手羽の準備

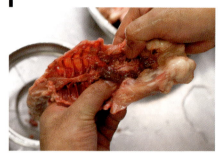

1 背骨の内側に残っている肺と背肝を親指でしごいて取り除く。

2 次にガラについている脂と皮をはがして取り除く。

3 首ヅルについている薄膜と脂を取り除く。

4 手羽から旨みとゼラチン質が出るように、手羽先と手羽中の関節を包丁の刃元で叩く。

5 包丁が入りやすい関節の間ではなく、げん骨部分を叩いて切る。

6 さらに手羽中を叩いて骨を割る。

7 手羽に3等分に切り目を入れるのは均等に火を入れるため。均等に旨みが出て、かつ煮くずれないように準備する。

アクと脂をひく

8 半寸胴鍋に、掃除を終えたガラと手羽を入れて、ひたひたに水を注ぎ、強火にかける。

9 肉はあえて水洗いせず、きっちりアクを取り除く。短時間で沸くように水はこれくらいで充分。

10 ポコッポコッと沸き始めたらとろ火にし、アクを取り除く。沸騰させると浮いた脂が液体に回ってしまう。

11 下からかき混ぜるとガラなどについていたアクと脂が浮いてくるので、これをていねいに取り除く。

12 アクを取り終えたら氷を加える。

13 急冷すると残っていた脂や血合いが固まって浮き上がる。白っぽいアクも浮いてくるので、これらをていねいにひく。

フォンをとる

14
アクを取り終えたら、用意した香味野菜を加える。ここからフォンをとる作業に入る。

15
ブーケガルニを鍋に入れてタコ糸を鍋の取っ手に結わいておく。

16
火加減を保って絶えずアクを取りながら3～4時間炊く。鍋の水分量を一定に保つために、適宜水を加える。

17
香りが充分出たら、途中でブーケガルニを取り出す。

18
3時間煮たフォン。

19
シノワを使い、フォンをにごらせないように別の鍋にていねいに漉す。

20
レードルを強く押しあてると香味野菜がペースト状になるので、シノワの柄を叩きながらていねいに漉す。

21
少量をスプーンに取り、塩を少量加えてみて充分味が出ているか確認し、飲めるようなフォンに仕上げる。

22
再度火にかけて弱火で沸かし、アクをひく。これをシノワでポットに漉し入れ、冷めたら冷蔵庫で保存する。

鶏のジュ

Jus de volaille　ジュ ドゥ ヴォライユ

オーブンでほどよく焼いた首ヅルと手羽を野菜とともにフォンで煮てとった鶏のジュ。料理に味を補ったりソース的に使用することが多いため、味の濃縮度はフォンよりも高いが、ジュにおいてもやはりクリアな旨みを追求するため、炒めたフライパンはデグラッセ（鍋底のエキスを液体で溶かすこと）しない。そのかわり、旨みを補うためにフォンドヴォーを加えている。

煮込み時間は1.5時間なので、野菜の切り方はフォンよりも小さく5〜6mm角のさいの目切り。鶏料理はもちろん、それ以外にも魚介や蛤、エスカルゴ料理などにエッセンスとして使うことができる。

材料：直径28cmの両手鍋1台分・仕上り／約500cc
鶏首ヅル　1kg
鶏手羽（手羽中と手羽先）　250g
香味野菜
├ 玉ネギ　1/2個
├ ニンジン　1/4個
└ セロリ　1本
ピュアオリーブ油　適量
トマトペースト　10g
白ワイン　100cc
鶏の白色フォン（→38頁）　1.2リットル
フォンドヴォー　100cc
トマト　1個
ニンニク　1片
ブーケガルニ　1束

◎ 首ヅル

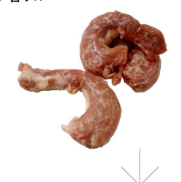

余分な脂や薄膜を取り除いておく。

均等に火が入るように2〜3cm程度の長さに包丁の刃元を使って切り分ける。

◎ 手羽

手羽中と手羽先を使用。

首ヅル同様、均等に火が入るように2〜3cm程度の長さに包丁の刃元を使って切り分ける。

◎ 香味野菜とブーケガルニなど

ジュに加える香味野菜、ブーケガルニ、トマトペースト。

旨みや香りが出やすいように準備する。香味野菜は5mm角に切りそろえ、ニンニクは皮つきのまま横半分に切り、トマトは手で裂く。

右から鶏の白色フォン、フォンドヴォー、白ワイン。

3
味がにごるので過度に焼き色をつけない。完全に骨の中に火が通るまで焼けたら取り出す。

4
鶏の脂をきる。デグラッセするとこうばしさは出るが、鶏の香りが消され、苦みなどの雑味が出るので行なわない。

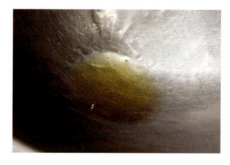

5
残った脂は最初に鍋にひいたピュアオリーブ油と同じ色、同じ状態に澄んでいるとよい。

首ヅルと手羽を焼く

1
首ヅルと手羽先を2〜3cmに切り分け、多めのピュアオリーブ油をひいたフライパンで炒める。

2
白く色が変わったら180℃のオーブンに入れる。途中、2〜3回オーブンから出して鶏を混ぜてオーブンに戻し、均等に火を入れる。

香味野菜をスュエする

6
香味野菜はピュアオリーブ油をひいた鍋で焼き色をつけずに甘みを出すためにゆっくり炒める。

7
野菜から水分が出て汗をかいている状態にする。この段階で野菜を柔らかくする必要はない。

ジュをとる

8
7の野菜の中にトマトペーストとニンニクを入れる。脂をきった4の鶏を入れて混ぜ、全体に熱を回す。

9
白ワインを注ぎ、アルコールを飛ばす。煮詰めるのではなく、アルコールを飛ばす程度でよい。

10
鶏の白色フォンをひたひたより少し上まで注ぎ入れる。

11
フォンドヴォーを加えて旨みをつける。中火でポコッポコッと沸くくらいの火加減で加熱する。

12
アクが浮いてきたら、火を弱めてひく。

13
ブーケガルニと、ヘタを取って4等分に手で裂いたトマトを入れて1.5時間煮る。火加減は中火程度を保つ。

14
1時間ほど煮た途中経過。鶏や香味野菜は最後まで形がくずれず残るように。

15
充分に味が出たら、別鍋にシノワを使って漉す。

16
ジュがにごるので野菜類を潰さないように、柄をトントンと叩いて漉し、最後に軽くゴムベラで押さえる。

17
再び火にかけて、アクや脂をひいて味を調える。シノワでポットに漉し入れて冷まし、冷蔵庫で保管する。

鶏のコンソメ

Consommé de volaille

コンソメ ドゥ ヴォライユ

牛肉でとるコンソメよりも、軽くてやさしい味わいが特徴で汎用性も高い。したがってにごりのないクリアな味が求められる。液体を澄ませるためには、用意した材料を充分混ぜ合わせることが大切なポイントとなる。そのために挽肉と香味野菜は、均等な細かさにそろえて、数回に分けてまんべんなく混ぜることが秘訣。固まるまでは鍋底にこげつかないように木ベラで静かにこそげ、固まったらなるべく動かないような火加減を保つ。これらの材料は液体を澄ませると同時に、鍋の中で対流しているコンソメに、鶏や野菜の甘みを抽出する役目も担っている。スープをはじめ、鶏料理や野菜料理のゼリー寄せ、テリーヌのゼリー寄せやコンソメロワイヤルに。

材料：直径33cmの半寸胴鍋1台分
・仕上り／約8リットル
澄ませるための材料
├香味野菜
│├玉ネギ　500g
│├ニンジン　300g
│└セロリ　100g
├トマトペースト　80g
├卵白　600g
└鶏挽肉（胸肉と首肉の粗挽き）　3kg
鶏の白色フォン（→38頁）　10リットル
玉ネギ　1/2個
トマト　1個
ブーケガルニ　1束

◎鶏挽肉

鶏挽肉は胸肉と首肉の粗挽きを用意する。脂を多く入れないよう精肉店に注文している。

◎フォンと卵白

鶏の白色フォン（右）と卵白。（左）

◎香味野菜とブーケガルニ

香味野菜は適宜に切ってフードプロセッサーにかけて細かく切る。ブーケガルニはポロネギでパセリの茎、ローリエ、白コショウ、タイムを包んでタコ糸で結わく。トマトペーストとトマト。

玉ネギは皮をむき、半分に切って断面をアルミホイルにあててプラックの上で焼く。これを入れることでコンソメにこうばしい香りと深い色がつくと同時に、炭化することでアクを吸着し、液体を澄ませる効果がある。

澄ませるための材料の準備

1 香味野菜の皮をむき、2cm角程度に切り分け、数回に分けてロボクープにかけて細かく切る。

2 挽肉と同じ程度まで細かくする。

3 トマトペーストと卵白を加えて、フラッシュのボタンを使って、混ぜるように軽く回す。

4 この程度まで混ぜる。ロボクープで回すと卵白のコシが切れ、泡立って全体に混ざりやすくなる。

5 4を1/3量ずつ挽肉に加える。何回かに分けると容易に均等に混ぜ込むことができる。

6 指を広げて、肉の間に混ぜ込むようにまんべんなく混ぜる。

7
よく混ざった状態。よく混ぜると加熱したときに均等にアクを吸い寄せることができる。

コンソメをとる

8
フォンを沸かし、状態を確認するために味をみてアクをひく。もしゼラチン質が強かったら二番のコンソメで割る。フォンが50℃まで冷めたら、何回かに分けて7に注いで混ぜる。肉と香味野菜にフォンを溶け込ませるイメージで。50℃は卵白と鶏肉に火が入る手前の温度帯。

9
よく混ざったら、残ったフォンをすべて注いで混ぜ、中火にかける。

10
鍋底がこげつかないように木ベラで大きく混ぜる。泡立て器を使うと卵白が散ってにごってしまうので注意。

11
挽肉が結着し、60℃になったら、木ベラを鍋底の中心に立てて、そこを基点にして八方に鍋底をこそげるように動かす。固まりかけたら肉をくずさないように液体全体を極力動かさないこと。ここから火加減はとろ火を保つ。

12
重たくなってきたら固まり始めた目安。肉色も白っぽくなる。

13
挽肉と木ベラがキュッキュッとこすれ合うようになったら、鍋底がこげつく心配はないので、木ベラを抜いて、コンロの外火を消して内火だけにして、鍋の中心から外側に対流が起こるようにする。

14
真ん中に穴を開け、アクを除く。液中に散らしてしまうと、仕上がったコンソメを温めたときに卵白がつぎつぎと浮き上がってくるので要注意。火加減はつねにとろ火。

15
対流によってフォンが肉を通過し、旨みが抽出される。野菜の甘みが鍋肌にあたってキャラメリゼする香りも大切。

16
ブーケガルニ（ヒモを鍋の取っ手に結んでおく）、こがした玉ネギ、手で裂いたトマトを穴から入れる。

17
1.5時間たったら、ブーケガルニを取り出す。そのあと3～4時間程度火にかける。

18
充分旨みが出たら、静かにレードルですくってシノワで別鍋に漉す。この作業は最後までレードルで行なう。

19
肉は固まるが、鍋底にこげつかずにきれいに残る。牛肉のコンソメに比べると肉は柔らかい。

20
漉したコンソメを沸かしてアクと脂を取り除く。最後にペーパータオルで漉し、冷まして冷蔵庫で保管する。

二番のコンソメをとる

21
19の鍋の中に静かに水を注ぐ。コンソメをとったときのフォンと同じ量の水を入れる。

22
火にかける。とろ火を保って約4時間煮る。**18**と同様に漉して使用する。

ローストチキン

Poulet rôti　プーレ ロティ

　ローストチキンは丸鶏を箱型に形を整え、フライパンで表面に均等に焼き色をつけてからオーブンで火を入れていく。肉の内部に肉汁を残してしっとり焼き上げたいので、オーブンの焼き時間と同じだけ余熱で火を入れることを何度かくり返す。そして最後は油脂を溶かしたフライパンでアロゼ（熱い油脂をかけながら火を入れて香りをつけること）し、表面の皮をパリッと焼いて香りをつける。鶏を箱型にブリデすると、全面から均等に火が入るだけでなく、客席で切り分けてサービスするときに、安定するという利点がある。

材料：4人前
丸鶏（中抜き）　1羽（1.1kg）
塩　適量
オリーブ油　120cc＋90cc
バター　30g
ソース＊
つけ合せ
├ サラダメランジェ
└ フライドポテト＊＊

＊鶏のジュ（→43頁）に塩、コショウで味をつけたもの。
＊＊ジャガイモをせん切りにして160℃の揚げ油でカリッと揚げて塩をふる。

鶏全体に熱を回す

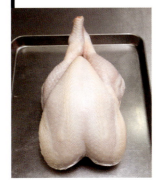

1　ブリデした丸鶏。

2　鶏全体に塩をまんべんなくふってすり込む。

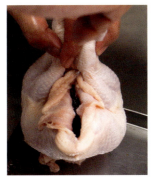

3　尻の中にも塩をふってすり込む。

4　フライパンにオリーブ油120ccをひいて背側から弱火で焼く。こちら側から焼くと首の皮が縮んでくるので胸が張って形が整う。

5　次は側面を焼く。

6　反対の側面を焼く。

7　胸側を焼く。

8　くぼんだ部分や脚先に油をかける。ここまでは焼き色をつけるのではなく、肉全体に熱を回している段階。

火を入れる

9　油がきれるように網バットにのせる。

| | | 焼き色をつける | 切り分ける |

10 180℃、100%スチームのコンビモードのコンベクションオーブン（フジマック製）で15分間加熱する。

13 取り出して、ホイルをモモの部分にかけ変えて、温かいところに5分間おいて余熱で火を入れる。

16 フライパンにバター30gとオリーブ油90ccを入れて温める。オリーブ油はバターがこげるのを保護してくれる。

19 焼き上げた鶏はこれ以上やすませなくてよい。結び目近くの糸を切り、結び目を引っ張ってスッと糸を抜く。

11 取り出し、火が通りにくいモモの部分にアルミホイルをかぶせ、温かいところに15分間おいて余熱で火を入れる。

14 胸側にホイルをかけ変えて5分間コンベクションオーブンに入れて加熱する。

17 まず胸側に熱い油をかけ、香りと焼き色をつける。肉の向きを変えながら全面に油をかけて焼き色をつける。

20 背を上に向け、尻のほうから背骨（胸椎）に沿って縦に包丁を入れる。

12 これ以上胸肉には火を入れる必要がないのでホイルを胸側に移し、再びコンベクションオーブンに5分間入れる。

15 取り出して全体にホイルをかぶせて、温かいところに3分間おいてやすませる。

18 油がハシバミ色に色づいて、腹の中から出てくる肉汁が透明になったら焼き上がり。

21 モモについているソリレスの上に包丁を入れて十文字の切り目を入れる。

22 胸側を上に向け、モモのつけ根の周りの皮を尻のほうまで切る。

25 切り分けたモモ。反対側のモモも同様にして切り分ける。

28 胸肉からササミをはずす。包丁でスジを切りながら手で引っ張る。

31 モモの関節に包丁を入れて切り分ける。

23 関節が見えるまで手でモモを開き、包丁で尻のほうまで切る。

26 尻のほうから胸骨に沿って包丁を入れ、手羽の関節を切りはずす。

29 ササミの周りについている薄膜をむき取る。

32 切り分けたローストチキン。左上はモモ肉の下の部分(ドラムスティック)。右上はササミ。中はモモの上の部分。左下は手羽元、右下は胸肉。食べやすく切り、器に盛る。つけ合せを添えてソースをかける。

24 関節を包丁で切りはずし、ソリレスをモモにつけて切り分ける。

27 胴体を包丁で押さえながら、手で胸と手羽を引っ張りながらはずす。もう一方の胸肉も同様にはずす。

30 胸肉から手羽元を切りはずす。

鶏もも肉のコンフィ

Confit de cuisse de poulet

コンフィ ドゥ キュイス ドゥ プーレ

低温の脂で長時間かけて煮るコンフィは、保存目的のために古くから伝えられてきた調理法だ。水溶性の旨みや肉汁を外に逃さないので、最近では肉に個性的な風味や食感を与える方法の一つとして捉えられている。鶏肉の中ではモモ肉、とりわけ肉の縮みが少ない骨つきモモ肉が適している。モモ肉は筋繊維からコラーゲンが溶け出すと同時に柔らかくなるため、胸肉よりもコンフィには向いている。モモ肉以外では砂肝なども適した部位である。コンフィはラードに埋めた状態で冷蔵庫で2週間保存可能だ。好みによってラードをグレスドワ（ガチョウの脂）やオリーブ油、サラダ油などに変えてもいいだろう。オリーブ油やサラダ油はラードよりも仕上りが軽くなるという特徴がある。

また真空パックを利用する方法もある。1本ずつパックして加熱すると、使用する油が少量ですむし、保存もしやすく、オーダーごとに必要な数が取り出せるので使いやすいという利点がある。なおパリッと焼いたこうばしい皮が特徴なので皮は破らないように注意する。

材料：2人前
鶏モモ肉（骨つき）
　2本（200〜220g×2）
ニンニク　2片
タイム　3〜4枝
粗塩　鶏の1%
ラード　適量
マスタードソース*　適量
つけ合せ
└ポム ロティ**

*鍋にバター15gとみじん切りのエシャロット30gを加え、塩適量を加えて色づかないように炒める。白ワイン60cc、白ワインヴィネガー15ccを加えてしっかり煮詰める。鶏のジュ（→43頁）300ccを加えて軽く煮詰めてシノワで漉す。塩、コショウ（各適量）、粒マスタード15g、みじん切りのパセリを加えてソースを仕上げる。

**フライパンにサラダ油90ccを入れ、乱切りにしたジャガイモ1個分、皮つきニンニク2片、タイム4枝を加えて低温で炒める。ゆっくりフライパンの温度を上げながら、ジャガイモにまんべんなく焼き色をつける。塩と黒コショウ各適量で味を調える。ジャガイモに火が通ったらサラダ油をあけて、バター15gを加えてからめる。ニンニクの皮をむいて塩をふる。

準備

コンフィの材料。鶏肉は若鶏モモ肉の骨つきを使用。肉の1%の塩とフレッシュタイムとニンニク。塩は保存のためではないので少量でよい。ニンニクは繊維を断ち切るようにスライスすると断面が広くなって風味が移りやすくなる。このほかにラード適量が必要。

1 仕上りの形がよくなるように、足先の周りに1周包丁を入れる。骨にあたるまで深く。

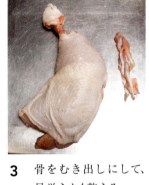

3 骨をむき出しにして、見栄えよく整える。

2 腱を骨抜きで抜き取る。太い腱が2本、細い腱が数本通っている。腱は肉と食感が違うのですべて取り除く。

マリネする

4 粗塩をモモの外側と内側に均等にふり、こすってすり込んで全体に塩をなじませる。

5 モモの内側と外側にタイムとニンニクを貼りつけて、落としラップをして冷蔵庫に半日おく。

6 くさみの元である水分や血をペーパータオルでていねいにふく。すでに塩分と香りは肉の中に浸透している。

ラードで煮る

7 ラードを溶かして80℃にし、鍋底に貼りついて破れないように、皮を上に向けてモモ肉を入れる。

8 プラックに網をかませ、80〜85℃を保って1時間煮る。高温になると肉がほぐれ、水分と旨みが抜けてパサパサになってしまう。

9 1時間後のモモ肉。腱をきちんと抜くと仕上りの形が整う。

保存

10 モモ肉を深めのバットに移して油を漉し入れる。ペーパータオルを間に挟んで漉す。

11 鍋の下に沈んだ水分だけを残す。残った水分を冷ますと、上にラードが固まるのでこれを**10**のバットに移す。

12 ラードの分量はモモ肉が完全にかぶるくらい。粗熱がとれたら冷蔵庫で保存。

焼く

13 使用時はラードから取り出す。皮を破らないように注意する。

14 表面の脂をふく。

15 フライパンを熱し、オリーブ油を注いで皮側から焼く。皮がパリッと焼き上がるように中火で熱する。

16 フライパンの縁を利用して全面にこうばしい焼き色をつける。

19 足先をきれいにはずす。つけ合せとともに盛りつけ、ソースを流す。

真空パック

鶏の風味を軽くしたいときは、オリーブ油やサラダ油を使ったり、アーモンドやノワゼットなどのナッツ系のフレーバーオイルを少量加えるのもよいだろう。

3 オイルは少量だが、全体がきちんと浸かっている。

1 袋の中に鶏モモ肉を入れ、オリーブ油とフレーバーオイルを入れる。

17 うっすらと焼き色がついたら、これ以上油っぽくならないように、フライパンの油を捨てる。

2 真空にしたときに肉全体が浸かる程度で充分。脱気する。

4 鍋に80℃の湯を沸かし、下にフキンを敷いて底にあたらないようにする。

18 このあとは表面を乾して仕上げる工程。この段階で中まで温まっていなかったら180℃のオーブンに入れる。

5 網をかませて80℃を保ち、1時間半加熱したのち氷水にとって急冷し、冷蔵保存。2週間日持ちする。

チキンソテ
Poulet sauté　プーレ ソテ

胸肉のソテーは、しっとりとした柔らかな味わいを生かすことがポイント。したがって水分と肉汁の流出をできるだけ防ぐために、塩をふったらすぐに焼く。焼くときには肉に極力ダメージを与えないように、低温のフライパンで焼き始め、肉の膨らみ方や状態を見極めながら何度も裏返して均等に両面から火を入れる。裏返しているあいだは、フライパンにあたっていない上側の肉には余熱で柔らかく火が入る。強く加熱すると肉がかたく締まってしまうので注意する。

材料：2人前
鶏胸肉　1枚（220g）
塩　適量
オリーブ油、バター　各適量
ジュドトランシュ＊
アサリのエキュム＊＊
つけ合せ
├タケノコとアスパラガスの
│　ソテ＊＊＊、ブロッコリー
│　スプラウト、アサリ、
└　セロリの葉各適量

＊鍋にバター10gを入れてみじん切りのエシャロット15gとニンニク5gを色づかないように炒める。鶏のジュ（→43頁）、すりおろしたホースラディッシュ3g、ジュ ドゥ パルールド（アサリのジュ）30ccを加えて一煮立ちさせてシノワで別鍋に漉す。オリーブ油15ccを加えて適量の塩で味を調える。

＊＊アサリ8個を重ならないように並べる。白ワイン30cc、水15ccを注ぐ。液体がアサリの半分以下になる鍋を選ぶ。弱火にかけてアサリの殻が開いたら取り出し、煮汁をペーパータオルで漉す（A）。アサリはつけ合せにする。大豆レシチン15gを水100ccで溶かして火にかけ、ハンドブレンダーで混ぜながら80℃まで温め、漉して冷ます（B）。Aを少量取り、水を加えて味を調え、Bを数滴加えてエアーポンプで泡立てる。

＊＊＊タケノコ（水煮）1/2本とアスパラガス2本を切り分けてバターで炒め、塩で味を調える。

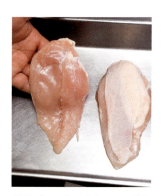

鶏胸肉。手羽をとって形を整えて使う。

1　胸肉の両側に塩をまんべんなくふる。手をかざして影をつくると、どれくらい塩をふっているのか見える。

4　写真のように肉の周りが白くなってきたら、裏返して中火程度に火を強め、皮側を焼く。

7　厚い部分はフライパンの縁にあてて火を入れる。

10　ここからは肉に香りをのせていく。オリーブ油と多めのバターで9を皮側から焼く。煙がたたない火加減で。

2　皮側はそりやすいので、オリーブ油とバターをひいた低温のフライパン（煙がたつのは温度高すぎ）で肉側から焼く。

5　写真のように肉がふっくらふくらんできたら裏返す。皮を破らないように注意。

8　6割程度火が入ったら網バットに取り出して温かいところにおいて、熱を開放しつつ余熱で火を入れる。

11　バターがハシバミ色になったら裏返す。肉側には焼き色は必要ないので、サッと温める程度焼けばよい。

3　肉をフライパンの中で泳がせるように揺らしながら焼く。

6　こまめに返して両面から均等に少しずつ火を入れる。鍋肌にあたっていない上側は余熱で柔らかく火が入る。

9　2～3分間おいたらアルミホイルをふんわりかけて乾燥を防ぎ、5分間やすませる。火入れはほぼ終了。

12　切り分けて、つけ合せとともに皿の周りに盛りつけて、中央にジュドトランシュを流し、アサリのエキュムを添える。

鶏肉のゆで煮
Poule au pot
プーロ ポ

鶏を丸ごと1羽、野菜とともにゆっくりと火を入れる。両者がちょうどよく火が通る時間を逆算して、加える野菜のカットの仕方、タイミングなどを調整する必要がある。

この料理は鶏肉を食べるとともに、肉と野菜の旨みが溶け出したスープを飲ませる料理でもあるので、塩辛くならないように注意したい。

提供時は丸の状態で客席まで運んでプレゼンテーションし、そのあとで切り分けてサービスするといいだろう。

材料：直径36cmの半寸胴鍋
　　　使用／4人前
ヒナ鶏（中抜き）　1羽（1.2kg）
塩　適量
ポロネギ　4本（長さ10cm）
チリメンキャベツ
　1/8等分×2切れ
カブ　4切れ
ニンジン　4切れ
セロリ　4切れ（長さ8cm）
白コショウ（粒）　10粒
ローリエ　適量
鶏の白色フォン（→38頁）
　6リットル

中くらいのヒナ鶏（中抜き）を用意し、28頁を参照して鶏をブリデする。

左上から鶏の白色フォン、白コショウ（粒）、ローリエ。下のバット内左上からチリメンキャベツ、セロリ、ポロネギ、ニンジン、カブ。野菜はすべて同時にベストな状態に火が入るように逆算して大きさや形を決めること。チリメンキャベツとポロネギはばらけないようにタコ糸で結わいておく。

卓上調味料（手前からマスタード、フルールドセル、黒コショウ）。

ゆでる

1　調理の1～1時間半前に全面に薄く塩をふってすり込み、鶏に塩を浸透させる。
※塩をふった直後にゆで始めると、表面の塩がスープに流れて塩辛くなってしまう。コショウは肉の中に浸透しないのでふらないが、あとで香りづけに白コショウをフォンに加える。

2　半寸胴鍋に鶏を入れて、冷たい鶏の白色フォン（二番だし）を写真程度まで注いで火にかける。

3　香りづけの白コショウとローリエと、鶏の味が抜けないように少量の塩を加えて、中火でゆっくり加熱する。

4 45分間ほどでフォンが少し沸いてくる。アクが浮いてきたら取り除く。

6 この程度の火加減で煮ていく。

スープを仕上げる

8 スープを仕上げるために鶏と野菜を取り出す。

モモ肉をはずす

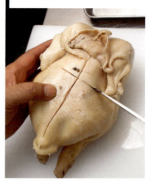

11 背を上に向けて背骨に沿って縦に切り目を入れ、ソリレスの上に横に切り目を入れる。

5 ポコッポコッと静かに沸く状態（80〜85℃）になったら、用意した各種野菜を入れる。
※鶏のほうが野菜より火が入るのに時間がかかるので、野菜はあとから入れて火通りを合わせる。

7 澄んだ汁が腹の中から出てきたらゆで上がり。スネをつまんで骨と肉の身離れがよければ、火が通った目安。

9 火を強めてアクと脂をひく。味を確認し、足りなければ塩を加える。

12 胸を上に向ける。モモに沿って刃先を入れて、手でモモを開く。

10 シノワの間にペーパータオルを挟んでスープを漉す。

13 包丁の刃先をあてて切り開きながら、ソリレスをつけてモモをはずす。

14 もう一方のモモも同じ要領でソリレスをつけてはずす。

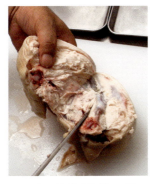

17 あばら骨（肋骨）に沿って包丁を入れて身をはずし、胸肉を引っ張ってはずす。

切り分ける

19 モモ肉は関節から切り分ける。

22 切り分けたモモ肉（下）と胸肉（上）。

胸肉をはずす

15 胸を上に向けて、胸骨の脇に包丁を入れて胸肉を開く。11で切り目を入れてあるので身が開きやすい。

18 もう一方の胸肉も同様に。手羽の関節を切って胸肉をはずす。

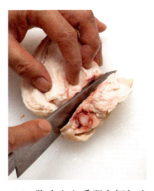

20 胸肉から手羽を切りはずす。

23 提供時に各部位と野菜を盛りつけ、スープをかける。

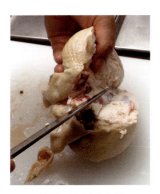

16 手羽の関節を切る。

21 胸肉からササミをはずし、ササミの周りの薄膜をはがす。

鶏胸肉のブレゼ

Suprêmes de volaille braiser

シュプレーム ドゥ ヴォライユ ブレゼ

鶏をコッフルに切り分け、チリメンキャベツとともに蒸し煮にした一品。胸肉は火が通りやすいということを頭におき、火が入りにくい関節に切り目を入れ、肩甲骨をクッションにして直接鍋底にあたらないようにして、間接的に柔らかく火を入れる。蒸し煮にはオーブンを使うが、最終的な火入れは余熱で。

材料：4人前
鶏胸肉（コッフル）　600g
塩、コショウ、サラダ油　各適量
鶏の白色フォン（→38頁）　80cc
鶏のジュ（→43頁）　160cc
コニャック　60cc
マデラ酒　50cc
白ワイン　80cc
チリメンキャベツ　8枚
モリーユ茸（戻したもの）　32個
ベーコン（小角切り）　20g
エシャロット（みじん切り）　60g
バター　25g
パセリ（みじん切り）　適量

コッフル（→22頁）にさばいた鶏を使用する。皮を傷つけないように注意して肉側から手羽のつけ根の関節に切り目を入れておくと、焼くときに平らになるため火が入りやすくなる。鍋底に直接あてないために肩甲骨を残しておくことも大事。

上段右から鶏の白色フォン、ジュ、中段右からモリーユ茸、チリメンキャベツ、下段右からエシャロット、ベーコン。

左から白ワイン、マデラ酒、コニャック。

加熱する

1 コッフルの皮側と肉側に均等に塩、コショウをふる。手をかざして影をつくると塩の分量が見える。

2 ここでは蓋ができる直径24cmのストウブ鍋を使用。サラダ油をひき、首皮をピンと引っ張って皮側から焼く。

3 表面を焼き固めることが目的。火加減は中火～強火で均等にきれいな焼き色をつける。

4 皮側に焼き色がこの程度までついて、手羽が持ち上がってきたら裏返す目安。

5 肉側はこの程度。短時間焼いてすぐに取り出す。

ブレゼする

6 5の鍋を使って残った旨みを利用する。バター10gを溶かし、ベーコンを入れて火を弱め、ベーコンの脂を出す。

7 エシャロットを加えて、下味程度の塩を加えて、色づけないようにしんなり炒める。

8 モリーユ茸を入れて木ベラで混ぜて熱を回す。

9 芯を除いて適当な大きさに切ったチリメンキャベツを敷き詰める。

ソースを仕上げる

切り分ける

10 5の鶏を戻し、香りづけにコニャック、甘みのマデラ酒、酸味の白ワインを入れ、鶏のフォン、ジュを加える。

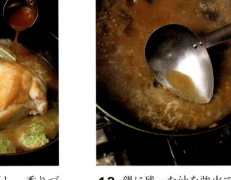

13 鍋に残った汁を強火で煮詰め、途中で浮いてきた脂とアクを取り除く。

16 コッフルを半分に切る。

19 胸肉から手羽を切りはずす。

11 蓋をして180℃のオーブンに20分間入れて鍋全体を温める。

14 濃度がつき重たくなってきたら、バター15gを溶かし込む。ゼラチン質や油脂分が乳化するとツヤがよくなる。

17 裏返して肩甲骨を引っ張り、ササミをはがして骨をはずす。

20 胸肉の形を整え、切り分ける。

余熱で火を入れる

12 オーブンから出し、鶏とキャベツをバットに移して軽くラップフィルムをし、温かい場所でやすませる。

15 みじん切りのパセリを加えて仕上げる。

18 はずした部分についているササミをはずす。

21 チリメンキャベツの上に胸肉を盛り、仕上げたソースをかける。

鶏胸肉の冷製
Poulet bouilli
プーレ ブイィ

胸肉は脂が少ないので加熱しすぎるとパサパサになり旨みも抜けてしまうという弱点がある。この胸肉を冷製で提供する場合、加熱直後よりも余熱で火が入るうえ、冷たくなるのでさらに身がしまってくる。したがって、加熱時の温度管理が最大のポイントとなる。たんぱく質は68℃で凝固するので、このギリギリの温度を保ってしっとり火を入れていく。なお細かくほぐさずにサラダなどに使う場合は、煮汁の中に浸けておくと柔らかさが保たれる。

材料：6人前
鶏胸肉　2枚（250g×2）
塩　適量
ジロール茸　18個（50g）
エストラゴン　1枝
鶏のコンソメ（→46頁）
　750cc
卵白　1.5個分
板ゼラチン　8g
つけ合せ
├ フォワグラのエスプーマ＊
│　適量
├ ディブルフラワー、セルフ
│　イユ、エストラゴン、
│　アマランサス、レディク
│　ションポルト＊＊
│　　各適量

＊（サイフォン1本分12人前）牛乳250ccを鍋に入れて沸かし、適宜に切った鴨フォワグラのテリーヌを少量ずつ加えてハンドブレンダーでブールブランをつくる要領で溶かし込む。氷をあてたボウルにシノワで漉し入れ、かき混ぜながら粗熱をとる。生クリーム（乳脂肪分35％）、塩適量を加えて味を調える。サイフォンに再度漉し入れてガスを充填する。冷蔵庫で半日ほど冷やしてからサイフォンをよくふって使用。

＊＊（約25人前）鍋に赤ワイン200cc、赤ポルト酒100cc、赤ワインヴィネガー10ccを入れて1/5まで煮詰める。泡立て器でシャンタナ（増粘剤）を少量混ぜ込んで濃度をつける。シノワで漉したのち、ディスペンサーに入れて冷蔵保管する。

胸肉の掃除

1 胸肉のスジをはずし、薄膜と皮をはぎ、脂があれば取り除く。皮つきだと肉に柔らかく火が通るが脂が浮く。クリアな味にしたいので脂は極力取り除く。

2 手羽元のつけ根の関節の跡が残っていたら切り取る。もし血合いが残っていたらこれも取り除く。

ゆでる

3 肉汁の流出を少なくするために、両側に薄く塩をふる。

4 コンソメを65℃に熱する。たんぱく質凝固は68℃から。芯温63℃を目指してギリギリの温度で火を入れる。

5 続いてジロール茸とエストラゴンを加える。かわりにミルポワを使う場合はガルニチュールを別に用意する。

6 65℃に再度温度が上がったら、これを保って20分間加熱する。

7 胸肉とジロール茸、エストラゴンを取り出し、胸肉から抜けた塩分を補うために塩をふる。

8 水分が抜けないようにラップフィルムをかけて常温で冷ます。

煮汁を澄ませる

9 卵白を泡立て器で溶きほぐし、卵白が固まらないようにぬるい7の煮汁の中に入れる。

12 卵白が固まって煮汁が澄んできたら漉す。

15 14の煮汁700ccに氷水で戻した板ゼラチン8gを加えて溶かす。

18 17を氷水にあてて、15を加えて混ぜる。

10 これを火にかけて泡立て器で撹拌しながら温める。

13 2つのシノワの間にペーパータオルを1枚挟んでレードルで静かに漉す。

仕上げ

16 常温に戻した8の胸肉をほぐす。

19 器に盛り、フォワグラのエスプーマをのせ、ハーブ類を飾る。レディクションポルトをたらす。

11 卵白が固まり始めたら、中心に穴を開ける。煮汁は鍋の中で対流している。

14 澄んだ煮汁。火にかけ、さらに浮いてきたアクをていねいにひく。

17 ジロール茸も口当たりをそろえるために同じように裂いて加え、みじん切りのエストラゴンを合わせる。

鶏のテリーヌ

Terrine de volaille

テリーヌ ドゥ ヴォライユ

鶏胸肉、胸挽肉をベースに食感の違うレバーと砂肝のコンフィを合わせた鶏肉のテリーヌ。胸肉のかわりに手羽元を使ってもいいだろう。ファルスの肉は粘りを出すために冷たくしておくことが前提となる。また通常テリーヌは保存性を高め、下味をつけるために素材にマリネをほどこすが、ここでは鶏の柔らかい味を生かすために直前に塩をあてて、香味野菜も生のまま香りのみをつけた。保存目的であれば、酒などを多めに使うといいだろう。

材料：1kg容量のテリーヌ型1台分
ファルス
├ 鶏胸挽肉（直径8mmメッシュ）　500g
├ 豚首挽肉（直径5mmメッシュ）　180g
├ スパイス（オールスパイス2g、
│ 　カトルエピス*1g、白コショウ1g）
├ 塩　8g
├ ピスタチオナッツ（粗みじん切り）　35g
├ 白ポルト酒　20g
├ 鶏の白色フォン（→38頁）　25g
├ エシャロット（みじん切り）　1個
└ ニンニク（みじん切り）　1片
詰め物
├ 鶏胸肉　500g
├ 鶏レバー　200g
└ 鶏砂肝コンフィ（→218頁）　8個
網脂　適量
つけ合せ
├ 根セロリとトリュフのサラダ**　適量
├ レモンクリーム***　適量
└ フレーキーシーソルト（NZ産海塩）　適量

*4種類のミックススパイス。
**（4人前）根セロリ180gの皮をむき、マッチ棒大に切り、塩をして3分間ほどおく。黒トリュフ32gも同様に切り、根セロリと合わせる。レモン絞り汁5g、オリーブ油20gを加えて和える。
***氷をあてたボウルに生クリーム（乳脂肪分35%）100cc、塩1つまみを入れて6分立てに泡立てる。レモン絞り汁5ccを加えたら、さらに8分立てまで泡立てる。スープスプーンでフットボール型にくり抜いて盛りつける。

テリーヌの材料。上段は網脂、中段は左からピスタチオナッツ、白ポルト酒、鶏の白色フォン、エシャロット、中段上左からカトルエピス、オールスパイス、塩、中段下左からニンニク、白コショウ。下段は鶏胸肉、豚首挽肉、鶏胸挽肉、レバー、砂肝コンフィ。材料は冷やしておくこと。

ファルスをつくる

1 ボウルに鶏胸挽肉と豚首挽肉を入れて、塩を加えてよく練る。

2 写真のように肉が結着して引っ張り合い、次第に重たくなって糸が引くようになるまでよく練る。

	詰め物の準備		**型に詰める**
		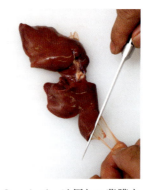	
3 スパイス類を入れて均等に混ぜる。	6 砂肝のコンフィは半分に切る。	9 レバーは周りの薄膜をそいで房を切り分け、つなぎ目のスジを引っ張って、もう一方の房の薄膜をはぐ。	10 網脂は水洗いして水気を絞り、厚い脂を取り除く。あるいは薄く切り開く。網脂で保形し油脂分を補う。
	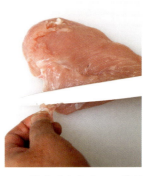		
4 ニンニク、エシャロット、ポルト酒、フォン、ピスタチオナッツを加えてよく混ぜる。	7 胸肉は皮をはいで手羽元の関節あとを切りはずし、周りの薄膜と肉の間に通っているスジを取り除く。	ファルスと詰め物、網脂。レバーは生のまま使うとファルスに赤くにじむため、塩、コショウしてバター（すべて分量外）で表面のみを焼いておく。	11 網脂をテリーヌ型に敷き込む。上にかぶせられるくらいの幅を残す。

5 この状態までよく練っておく。	8 ほぐれるような食感を出すために、繊維を断ち切るように縦に厚さをそろえて切る。		12 5のファルスを適量取り分け、空気を抜いて11のテリーヌ型の底に薄く敷き込む。

13 ファルスで壁をつくって直接詰め物が型にあたらないようにする。以降も同様にファルスで壁をつくる。

16 くぼんでいるもう一方の列に砂肝のコンフィを隙間なく並べる。

19 ファルスを薄くのばしてレバーをおおう。

22 網脂で包む。両側から包んで重ねる。

14 胸肉を1列に詰める。先の細い同士を重ねるようにして厚みをそろえて均等に火が入るようにする。

17 砂肝の上にファルスを薄くのばしておおう。

20 胸肉を一列に詰め、ファルスを上に薄くのばしておおう。

23 ナイフなどを使って型の隙間に網脂を入れ込む。

15 胸肉の上だけにファルスを薄くのばす。これは接着剤がわりになる。

18 もう一方の列にソテーしたレバーを同じ厚さになるように重ねて並べる。

21 もう一方の列に砂肝のコンフィを厚さがそろうように並べ、上をファルスできっちりおおい破裂を防ぐ。

24 長ければ切り、足りなければ網脂を別に切っておおい、加熱による破裂を防ぐ。破裂すると肉汁が流出する。

湯煎で焼く

25 隙間が開かないようにアルミホイルをかぶせ、密着させる。

28 1時間たったら（6割の火入れ）アルミホイルをはずし、上火を200℃に上げて15分間焼き、焼き色をつける。

31 白濁したら1kg程度の重しをのせる。熱が完全に冷めたら冷蔵庫に移し、1週間おいて味をなじませる。

33 テリーヌをはずす。切り出して盛りつける。**32**の脂と肉汁を沸かして乳化させ、粗熱をとってテリーヌに塗り、フレーキーシーソルトをふる。つけ合せを添える。

26 バットにペーパータオルを敷いてテリーヌ型をのせ、沸騰した湯を注ぐ。

29 オーブンから取り出す。縁に流出した肉汁がゆっくり肉の中に戻るので、急冷せずじっくり冷ます。

32 出てきた脂と肉汁を別にする。

27 湯煎状態にして、上火下火とも160℃設定のオーブンに入れる。

30 型の周りの透明な脂が白濁しはじめる。

鶏の赤ワイン煮
Coq au vin
コック オ ヴァン

もともとは肉がかたくなった雄の鶏を赤ワインで煮込んだ家庭料理だったが、近年は若鶏でつくることが多い。骨つきで煮るので肉の縮みを防ぐことができるし、骨から出る旨みをソースに生かすこともできる。添えるクルトンをハート形に切るのは、煮込みに使う赤ワインの産地ブルゴーニュがフランスの中心、つまり心臓の位置にあるからという説がある。

材料：2人前
鶏モモ肉（骨つき） 2本
　（250g×2）
玉ネギ（1.5cm角） 60g
ニンジン（1.5cm角） 30g
セロリ（1.5cm角） 30g
ニンニク（皮つき） 3片
マッシュルーム 6個
ペコロス 4個
ベーコン（小さい棒切り）
　30g
塩、黒コショウ、オリーブ油
　各適量
赤ワイン（ブルゴーニュ）
　1リットル
フォンドヴォー 60cc
バター（モンテ用） 15g
つけ合せ
┌ クルトン（食パン）、パセリ
└ （みじん切り）各適量

上段左からベーコン、マッシュルーム、ペコロス、フォンドヴォー、赤ワイン。下段左から玉ネギ、ニンジン、セロリ、皮つきのニンニク（半分に切る）、鶏モモ肉（骨つき）。

マリネする

1 モモ肉を関節で切り分ける。上モモは大きいが肉が薄い。スネは厚いが肉が小さいので、同時に火が入る。

4 モモ肉を取り出す。

7 **6**に淡い焼き色をつけて取り出しておく。赤ワイン煮にはこうばしい香りが合うので焼き色をつける。

2 深いバットにモモ肉を移し、角切りにした玉ネギ、ニンジン、セロリ、ニンニクを散らす。

5 赤ワインを漉す。マリネの野菜をつけ合せにしてもいいが、ここでは別のつけ合せを煮込むため使用しない。

8 **4**のモモ肉の水気をペーパータオルでふき、塩と黒コショウを両面にふる。フリカッセ（→79頁）より少なめ。

焼き色をつける

3 赤ワインを注いで半日冷蔵庫でマリネする。

6 鍋を弱火で温め、少量のオリーブ油でベーコンを炒める。出てきた脂でマッシュルームとペコロスを炒める。

9 **7**の鍋にオリーブ油をひいて温め、**8**のモモ肉を皮側から焼く。

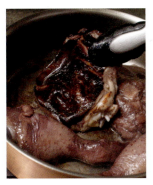

10 この程度まで焼き色をつけたら裏返す。

13 煮汁がこの程度までクリアになるようにていねいにアクをひく。

16 鶏にスッと串が通るくらい柔らかくなったのを確認する。

19 表面にテリが出てきたらバターを加えて泡立て器で溶かし込む。

煮込む

11 ガルニチュールを戻して漉した5の赤ワインを加えて中火にかける。

14 蓋をして180℃のオーブンに入れて45分間加熱する。

17 深いバットに移して粗熱がとれるまでやすませて味を含ませる。

20 ソースをつややかに仕上げる。モモ肉とつけ合せを盛り、ソースをかけ、パセリをまぶしたクルトンを飾る。

12 マリネしたワインなので、アクをていねいにひく。一旦沸かして紙漉しして使ってもいいが、色素が抜けてしまう。

15 取り出して弱火にかけて煮詰め、テリが出てきたら、コクを加えるためにフォンドヴォーを入れる。

ソースを仕上げる

18 煮汁を小鍋に取り分け、弱火にかけて煮詰める。

フリカッセ

Fricassée de volaille

フリカッセ ドゥ ヴォライユ

フリカッセは鶏や仔牛、仔羊などの白いソースの煮込み料理。煮込むと肉が縮むので、一口大よりも少し大きめに切るとちょうどよくなる。鶏と野菜に同時にベストな状態で火が入るようにそれぞれを切り分けることが煮込み料理のこつだ。軽い仕上りにするために、小麦粉は肉にはまぶさず野菜に加えて炒めるのみ。

材料：2人前
鶏モモ肉（掃除したもの）　2枚（180g×2）
マッシュルーム　4個
ニンジン（小角切り）　40g
玉ネギ（小角切り）　40g
ニンニク（みじん切り）　1片
ローリエ　1枚
バター　10g
強力粉　12g
白ワイン　80cc
鶏の白色フォン（→38頁）　150cc
生クリーム　150cc
塩、白コショウ　各適量
オリーブ油　15cc
パセリ（みじん切り）　適量

焼いて脂を出す

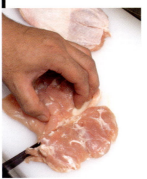

1　モモ肉はスネと上モモで切り分ける。加熱で肉が縮むので、一口大より大きめに切る。モモ1枚6切れ見当で。

3　フライパンを中火で熱し、オリーブ油をひいて皮側から焼き始める。

フリカッセの材料。左バット上段左から鶏の白色フォン、白ワイン。下段左から生クリーム、小麦粉。右バットの上段左からバター、マッシュルーム、ローリエ、ニンジン、ニンニク、玉ネギ、鶏モモ肉2枚（掃除をして形を整えたもの）。

2　切り分けたモモ肉。塩、白コショウを両面にふっておく。

4　脂が出てきたらこがさないよう注意して裏返す。

5 皮下の脂を出すための工程なので、肉まで火を通す必要はない。表面だけゆっくり加熱して白く焼く。

8 弱火で炒めて野菜の甘みを引き出す程度の塩をふって、強力粉をふり入れて炒める。

11 弱火で煮てモモ肉に火を入れる。

14 切り分けてみると断面がふっくらとして、ちょうどモモ肉に火が入ったところ。モモ肉と野菜に同時に火が入るように逆算して**1**のモモ肉の大きさを決める。器に盛り、みじん切りのパセリをふる。

6 肉を取り出しておく。

9 写真程度までしんなりしたら、**6**のモモ肉を戻す。

12 写真程度まで煮詰まったら塩で味を調え、生クリームを加える。

| 煮る

7 油を捨て、バター10gを入れて溶かし、ニンニク、玉ネギ、ニンジン、マッシュルーム（4等分）を入れる。

10 白ワインを回し入れて火を強めてアルコールを飛ばし、煮詰まったら鶏の白色フォン、ローリエを加える。

13 弱火のまま一煮立ちさせたらでき上がり。

3

第 3 章

イタリア料理の だしと定番料理

イタリア料理
コンヴィーヴィオ 辻 大輔

ブロード
Brodo

イタリア料理のだしは「ブロード」といい、煮込み料理や各種ソースなどのベースとして、さまざまな料理に使われている。「コンヴィーヴィオ」では、鶏ガラを使って汎用性の高いブロードを毎日仕込んで使っている。鶏ガラと野菜で旨みをとった、濃すぎず、しかし薄すぎない、どんな料理にも合わせることができるだしだ。同店で仕込むのはこのブロードのみ。旨みに強弱をつけたいときは、鶏ガラの分量を増減して調節している。
澄んだ鶏の脂と野菜の、やさしい香りもこのブロードの持ち味なので、仕込んだその日のうちに使いきることがのぞましい。

材料：直径34cm×高さ22cmの半寸胴1台分
鶏ガラ　3羽分
セロリ　2本
ニンジン　2本
玉ネギ　3個
ローリエ　3枚

セロリは大きめに切る。葉は香りがよいので利用する。玉ネギは2等分、ニンジンは大きめの輪切りにする。鶏ガラは内臓と血合いなどを洗っておく。

1
半寸胴鍋にガラを入れ、8分目まで水を注いで強火にかける。

5
再度沸いたら火を弱めて、水面が静かに動く程度の火加減（弱めの中火）で1時間半〜2時間加熱する。

2
沸くとアクが浮いてくる。

6
水分はこの程度まで煮詰まる。

3
火を弱めてていねいに浮いたアクをひく。

7
ブロードをシノワで漉す。

4
アクをひいたら野菜とローリエを入れ、しばらく強火で沸かす。

8
劣化しないように氷水にあてて急冷し、その日のうちに使いきる。

鶏の悪魔風
Pollo alla diavola
ポッロ アッラ ディアーヴォラ

鶏を1枚に開いて焼いた料理で、その形がマントを広げた悪魔の姿に似ているのでこの料理名がついたという説がある。トスカーナだけでなくローマ地方の料理としても知られているが、ここで紹介したのは、修業時代にトスカーナでつくっていたもので、ハーブでマリネしてから焼き上げる。コショウや赤唐辛子、カイエンヌペッパーなど辛い香辛料を鶏の表面にまぶして焼き上げる調理方法をとることもある。

悪魔風はフライパンを使って、鶏に重みをかけながら平らに押して皮をパリッと焼くのがポイント。この皮のクリスピーさが特徴なので、さばくときに皮を破かないように注意する。

材料：
丸鶏（1枚に開く→26頁）　1羽（1.3kg）
塩　鶏の1.2％
黒コショウ　大さじ1
マリネ液
├ セージの葉　10枚
├ ローズマリー　4枝
├ ニンニク　1片
└ オリーブ油　50g
ジャガイモのロースト＊

＊ジャガイモ2個の皮をむいて乱切りにする。沸騰した塩湯に入れて弱めの中火で7分間ゆでる。取り出して水気をきる。フライパンにオリーブ油適量をひいて潰したニンニク1片、ローズマリーとセージ各1枝を入れて温めて香りをたて、ジャガイモを入れてからめる。180℃のオーブンで15分間加熱し、塩をふって味をつける。

26頁の手順にしたがって、丸鶏を1枚に開いておく。

左からマリネ液の材料のセージ、ローズマリー、ニンニク（皮つきで潰す）。丸鶏は1.3kgの中抜きを用意。4人前程度の分量がある。

マリネする

1 モモの上の皮に、包丁の切っ先を刺して切り目を入れる。

2 鶏の形をそろえ、厚さを均等にして焼きやすくするために、手羽の先を**1**の切り目に差し込む。

3 もう一方の手羽も同様に。写真は形を整えた鶏。

6 鶏の皮側と肉側に塩をふる。肉が厚い部分には少し多めに。

9 ラップフィルムをかけて冷蔵庫で3時間マリネする。焼く前に常温に戻す。

オーブンで焼く

12 焼き色がきれいについたら裏返す。肉側はさっと色が変わる程度でよい。皮側を上に向けてバットに移す。

4 マリネ液をつくる。セージ、ローズマリー、ニンニク、オリーブ油を深い容器に入れる。

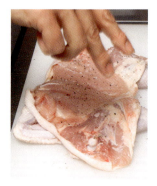

7 粗く叩いた黒コショウを両面にまぶす。

焼き色をつける

10 フライパンを少し温めて皮側から焼く。手羽がはずれないように注意。ハーブはこげやすいので高温にしない。

13 180℃のコンベクションオーブン（ホットエアーモード／湿度0％）で20分間加熱する。

5 ハンドブレンダーにかけて粗めにカットする。

8 バットに移し、5のマリネ液を鶏全体にのばしてすり込む。

11 平らなバットをあてて上から押して、肉の縮みを押さえる。形を整えて焼き色をつける作業。

14 焼き上がった鶏。ジャガイモのローストとともに盛りつける。

カッチャトーラ 鶏の猟師風
Pollo alla cacciatora
ポッロ アッラ カッチャトーラ

カッチャトーラはイタリア語で「猟師風」という意味がある。サッと焼いてから軽く煮込む料理で、猟師が狩りを終えたあとの獲物でつくる豪快な料理に由来しているともいわれている。今ではイタリア各地でつくられる料理としてポピュラーとなったが、トマトで煮込む鶏の猟師風「カッチャトーラ」は、もともとトスカーナ地方の郷土料理。鶏モモ肉のフレッシュでジューシーな味を生かすために、肉汁が流出しないように、しっかり表面を焼き固めてから一口大に切り分け、ちょうど火が通ったくらいのギリギリの火入れを目指した。

イタリア料理では魚介類や肉加工品を加えて料理に旨みを加えることが多いが、このカッチャトーラもアンチョビで鶏肉のにおいを中和させて旨みをつけている。

焼き色をつける

材料：2人前
鶏モモ肉（皮つき）　1枚（150g）
塩　鶏の1％
玉ネギ（大きめのさいの目切り）　1/3個
オリーブ油　15g
白ワイン　20g
ソッフリット＊　30g
ローズマリー　1枝
黒オリーブ（種つき）　12粒
トマトソース＊＊　30g
ブロード（→82頁）　100g
アンチョビのペースト（→94頁）　5g

＊玉ネギ3個、ニンジン1本、セロリ2本をフードプロセッサーで細かく切る。手鍋にオリーブ油を50gほど入れて玉ネギ、ニンジン、セロリ、水分を出して甘みを凝縮させるための塩を少量入れて中火で炒め、水分を飛ばす。水分が飛んだら弱火にしてじっくり炒める。目安は1時間半。まとめて仕込んで旨みの素として使う。日持ちは2週間。

＊＊潰したニンニク1片をオリーブ油50gで炒めて香りをたて、ざく切りのトマト4個と塩1つまみを加えて20分間弱めの中火で煮る。ブレンダーにかけてなめらかにする。

上から黒オリーブ、ソッフリット、玉ネギ、ローズマリー、鶏モモ肉（皮つき）。

上から白ワイン、トマトソース、ブロード。

1 モモ肉は骨を抜いて軟骨をはずしておく。モモの両側に塩（鶏の1％）をふる。

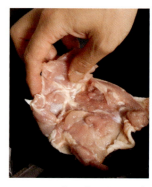

2 モモ肉は皮目を下に向けてオリーブ油をひいたフライパンに入れ、中火でじっくり焼いて皮下の脂を落とす。

3 別鍋にオリーブ油をひき、玉ネギを中弱火でソテーする。塩（分量外）を加えて玉ネギの水分を出す。

6 モモ肉を取り出して、4cm角に切り分ける。

煮る

9 トマトソースとブロードを加えて強火で煮込む。

12 煮汁が煮詰まったら完成。煮込み時間約10分間。玉ネギに火が入らなかったら水かブロードを加えてさらに煮る。

4 こがさないようにしんなりと透明感が出るまで炒める。

7 4の鍋にモモ肉を入れて白ワインを注ぎ入れる。強火で煮立ててアルコールを飛ばす。

10 肉は少し顔を出していてもよい。沸いたら中火にし、水分が煮詰まってトロリと乳化するまで煮る。

5 2のモモの周りが白っぽくなって、皮に薄めの茶色い焼き色がついたら裏返してサッと肉側を焼く。

8 ローズマリー、ソッフリット、黒オリーブを加える。

11 途中でアンチョビのペーストを加えて鶏の香りを中和させる。

鶏のカツレツ

Cotoletta di pollo　コトレッタ ディ ポッロ

鶏胸肉でつくるチキンカツ。「マスティカーレ masticare（噛む）」を大切にするイタリアでは、歯応えのよさに重きをおく。仔牛のカツレツと同様に、鶏胸肉も薄く叩いてのばし、卵液にチーズを加えて風味をつけて、細かいパン粉をしっかりまぶして、少量の油でカリッと揚げる。肉を薄くのばすので、それに合うように衣のパン粉も乾いたフォカッチャを細かく砕いて用意する。コトレッタのつけ合せは定番のトマトとルーコラ。

材料：
鶏胸肉　70g
中力粉　適量
卵　1個
塩　3つまみ
グラナパダーノチーズ（粗めに潰す）
　大さじ2
パン粉＊　適量
揚げ油＊＊　適量
トマト、ルーコラ　各適量

＊フォカッチャを乾燥させてフードプロセッサーで細かく挽いて使用（右写真）。
＊＊オリーブ油とひまわり油を同量ずつ合わせて使用。オリーブ油だけで揚げるとクセが出るが、ひまわり油を加えるとやわらぎ、原価も下がる。

衣をつける

鶏胸肉は繊維の分かれ目で切り分ける。

1 皮をはずし、繊維の分かれ目から切り分けた胸肉を薄く開く。

4 塩とグラナパダーノチーズを混ぜた溶き卵にくぐらせる。

7 周りが茶色っぽく色づいてきたら裏返す目安。

溶き卵に塩と粗めに潰したグラナパダーノチーズを加えておく。

2 肉の周りから肉叩きで叩いてのばしたのち全体を薄く叩く。薄く切るより、叩いたほうが肉の弾力がよくなる。

5 パン粉を手で押さえてしっかりつける。

8 均等に焼き色がついた。じっくりと完全に火を入れて歯応えよく揚げる。

揚げる

3 中力粉を薄くまぶす。

6 フライパンに揚げ油を2cmほどの深さまで注いで火にかける。160〜170℃に熱して**5**の胸肉を入れる。

9 取り出して油をきる。油がきれたら器に盛る。角切りのトマトとルーコラを上に盛る。

鶏のボッリート

Bollito　ボッリート

「ボッリート」には「ゆでる」という意味がある。したがって「ボッリート」と名がつく料理は数々あり、鶏料理とは限らない。肉料理でいうならば牛肉や豚肉などさまざまな肉を少しずつ盛り合わせた、北イタリアのボッリートミストという料理のほうが知られているかもしれない。ここでは骨から肉がホロッとはずれるくらい柔らかくじっくり煮込んだ丸鶏と大きく切った野菜を一晩おいて味をしみ込ませた料理を紹介する。酸味と旨みがあるトマトを加えることで、料理全体の味が締まってくる。

材料：4人前
丸鶏（中抜き）　1羽（1.3kg）
塩　鶏の1.2％
玉ネギ（大）　1個
セロリ　1.5本
ニンジン　1本
トマト　1個
ローリエ
黒粒コショウ　5～6粒
水　3リットル

丸鶏は首ヅルを切り落とす。羽などが残っていたら取り除き、全体に塩を多めにふる。セロリは5～6cm長さに切る。ニンジンは縦に4～6等分に切って半分にする。玉ネギは横半分に切ってからくし形切りに。トマトは半分に切る。

1　丸鶏の表面に塩を多めにまんべんなくふってすり込む。

3　3リットルの水を注ぎ、黒粒コショウを入れて中火で沸かす。

5　鶏を途中で裏返す。

2　鍋に鶏、セロリ、ニンジン、玉ネギ、ローリエ、トマトを入れる。

4　沸いたらアクをひき、1時間ほど煮る。煮汁が少なくなるまで煮つづける。

6　煮終えたら鶏をモモ、胸肉に切り分けて煮汁に戻し、一晩味をなじませる。提供時に温めて盛り合わせる。

レバーパテ

paté di fegato　パテ ディ フェーガト

レバーを使った人気料理の一つ。パンのスプレッドにしたり、前菜に使ったりと利用価値の高い一品だ。汎用性を考え、レバー特有のクセを抑えるために、下処理の牛乳でにおいをマスキングし、より個性的なケッパーとアンチョビを加えた。そしてブランデーで香りをつけて、生クリームやバターなどの乳製品を加えてまろやかな味のパテに仕上げた。レバーに充分加熱し空気を抜いて冷蔵保存すれば3日間日持ちするが、香りが飛ぶのでできるだけ早く使いきりたい。

材料：30人前
鶏レバー（掃除したもの）
　　500g
牛乳　適量
オリーブ油　30g
塩　小さじ1
ソッフリット（→88頁）　30g
アンチョビのペースト*
　　大さじ1
ケッパー　大さじ1
白ワイン　80g
ブランデー　80g
バター　100g
つけ合せ
├パン、イチジク、
└イタリアンパセリ　各適量

レバーの下処理

左から鶏レバー、バター（無塩）、ソッフリット、アンチョビのペースト、ケッパー。脂がのった白レバーを使う場合もあるが、バターで油脂分を加えるので、普通のレバーで充分。

1　鶏レバーは脂や太い血管などを取り除いておく。

3　翌日牛乳を漉して流水で洗い、残っている脂や太い血管、スジなどを取り除いて水気をきる。

＊アンチョビのペースト。缶詰のアンチョビをフードプロセッサーで回してペースト状にしたもの。

2　鶏レバーを牛乳に浸けて冷蔵庫に1晩おいて臭みを抜く。

炒める

4　フライパンにオリーブ油をひいて、**3**のレバーを入れて中火で炒める。

5 塩を加えて下味をつけ、火が通って全体が締まってくるまでよく炒める。

8 水分がほとんどなくなるまで煮詰める。

フードプロセッサーにかける

11 常温に戻したバターを練る。

14 ラップで巻いて両端をねじって空気を抜く。空気が入ってしまったら金串を刺して空気を抜く。

6 ソッフリット、アンチョビのペースト、ケッパーを加えてさらに炒める。

9 8をフードプロセッサーにかけてクリーム状にする。

12 ここに10を入れてよく練る。写真は練り終えた状態。

15 両端をかた結びにする。香りが飛ぶので、なるべく早く使いきる。

7 香りづけと旨みを出すために白ワインとブランデーを加え、木ベラでレバーを潰して火通りをよくする。

10 フードプロセッサーから取り出して裏漉ししてなめらかにする。

成形する

13 ラップフィルムを広げて棒状に12をのせる。

16 パンを薄く切って、輪切りのパテをのせ、器に盛る。くし形切りのイチジクを盛り合わせ、イタリアンパセリの葉を添える。前菜に。

4

第 4 章

日本料理の
だしと定番料理

日本料理
いふう　亀田雅彦

鶏だし

おもに煮炊きものや椀物や鍋物などのベースとなる和風だし。だし材料は鶏ガラにカツオ節を加えて和風料理に合うように味の厚みをつけた。用途に応じて、カツオだしや水で割って使用できるようにしっかりと旨みを抽出している。

材料：直径31cmの半寸胴1台分
鶏ガラ（土佐はちきん地鶏）　2羽分
昆布　15cm×5枚
カツオ節　80g
ニンジン　1本
セロリ　1本
玉ネギ　1個
ショウガ　1個
水　5リットル
日本酒　1リットル

だしをとる

3
半寸胴鍋に鶏ガラを入れ、水、日本酒、野菜類、昆布を入れて強火にかける。

ガラは脂と血合、背肝などを取り除いておく。

4
沸いたら弱火にして、アクをていねいにすくい取る。

カツオ節はサラシに包んでおく。昆布は15cm長さに切り分け、ショウガは皮つきのままスライスにする。ニンジンは縦半分に切り、玉ネギは半分に切る。

5
カツオ節を入れて弱火で2時間加熱する。澄んだスープをとるためにグラグラ沸かさないこと。

ガラを掃除する

6
ペーパータオルの上から漉す。

1
鶏ガラは沸かした湯に入れて、周りが白くなったら水にとる。

7
鶏だし。でき上がりは約2〜2.5リットル。

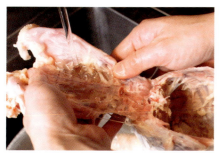

2
背ガラを割ってはずし、残っている脂と背肝をきれいに水洗いする。

ねぎま（モモ肉と長ネギ）　　胸肉と獅子唐バター焼　　かしわ（手羽元）

焼鳥

鶏肉の各部位のおいしさをストレートに楽しめる焼鳥は、和食の代表選手。焼鳥は塩とタレで味をつけるのが一般的だが、部位ごとによる向き不向きは、食べ手や焼き手の好みによるところが大きいので適宜選択していただきたい。さて焼鳥をおいしく焼き上げるには、肉の選択や切り分けはもちろんだが、直火で焼くので串の打ち方が肝心となる。使用する焼き台にもよるが、一般的に火が通りにくい手前側には小さい切り身を刺し、上にいくにしたがって大きい切り身を刺して、末広がりの形にしていく。肉の縮む方向や、部位を考慮して、最後まで一定の厚さときれいな形を保てるように打つと肉に均等に火が入る。ここでは「土佐はちきん地鶏」を使用し、炭火焼きを前提に串を準備した(焼き方省略)。

◎ねぎま(モモ肉と長ネギ)

モモ1枚から10本のねぎま串をつくる。筋肉ごとに身縮みの度合いが違うので複数の筋肉に分け、ソリレスなどの各部分を組み合わせて、長ネギを間に挟み、火通りがいいように末広がりの串を打つ。ここでは塩ですすめる。

下から上まで、厚さは極力均等にそろえて刺す。1本38g。

1 長ネギを準備する。外側を1枚むき取って、4cmと5cm長さに切りそろえる。

3 スネ肉の皮をはいで、2と同様に筋肉1本ごとに分けて薄皮をはずす。

2 ソリレスをはずし、皮を残して上モモを筋肉1本ごとに分ける。

4 筋肉ごとに切り分けたモモ肉。上モモ肉は比較的縮みが小さい。

◎かしわ（手羽元）

手羽元3本で、2本弱のかしわ串をつくる。手羽はよく動かす部位なので、旨みもあり歯応えもよい。手羽らしさを出すために皮は残した。皮下の脂を利用して皮をカリッと焼き上げ、肉にコクとこうばしさを与える。

5 スネ肉は厚さをそろえるために観音開きにする。

↓

7 小の切り身→4cmの長ネギ→中の切り身→5cmの長ネギ→大の切り身の順に刺す。

6 串に打つ順番に並べた。一番下は多少縮んでもよい部分の「小」の切り身を刺し、真ん中は縮むと串の形が悪くなるので、縮まない部分の「中」の切り身を刺す。一番上はやや縮んでもよい部分の「大」の切り身を刺す。

↗

手羽。ここから手羽中と手羽先を切り落とした手羽元を使う。

1 手羽から手羽中と手羽先を切り落とす。

4 身が厚い部分に包丁を入れて開いて厚さをそろえる。

7 中の切り身を刺す。

2 手羽元の骨に沿って包丁を水平に切りすすめて肉を切り取る。

5 大、中、小に身を切り分ける。

8 一番上には大の切り身を刺して、串の形を整える。1本45g。

3 裏返して反対側も同様に肉を切り取る。

6 小の切り身をまず最初に刺す。

◎胸肉と獅子唐バター焼

胸肉は脂肪分が少ないので、間に小さく切った皮を挟んで補っている。焼き台に乗せたときに、肉が両側からたれ下がらないように串を打つのがポイント。ここでは塩ですすめる。仕上げに溶かしたバターを塗り、黒コショウをふる。

悪い例。串の刺し方が適切でないため、肉が下にたれ下がり、ここが先にこげてしまう。

1　胸肉は繊維が2方向に分かれて通っているので、分かれ目で切り分ける。

2　大きい身の細いほうから皮をむく。

3　形をきれいに整えてそぎ切りにする。

4　大、中、小と大きさの違う切り身をつくって、分けておく。厚さはすべてそろえること。間に挟む皮は小さく切っておく。

5　小の切り身を刺す。身の厚さの半分のところをねらって打つ。

6　次に小さな皮→獅子唐→皮→中の胸肉→皮→獅子唐→皮→大の胸肉の順に刺す。大の胸肉は繊維に沿って打つ。

◎砂肝

砂肝は、歯応えのよさを生かすために銀皮を一部残して準備し、肉の薄い部分を重ねるようにして串を打って厚さをそろえ、火通りを均一にする。ここでは塩ですすめる。

砂肝は縦に浅い切り目を入れて開き、中に入っている餌などを取り除いておく。外側（左）と内側（右）。外側の白い膜を銀皮と呼ぶ。

1　開いた砂肝を2等分に切る。

4　串が安定するように内皮の部分に刺す。

2　これをさらに半分に切る。

5　肉が薄い部分に、厚い切り身を重ねて、厚さを均等にそろえる。

3　銀皮をそぎ取る。もう一方の銀皮もそぎ取る。内側の内皮は残す。

6　隙間なく厚さをそろえて串を打つ。

◎レバー

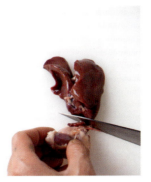

1 ハツを切り落とし、レバーの大葉と小葉を切り分ける。

4 小の切り身から刺し始め、中、大と刺して末広がりの形にする。

つながっているレバーとハツを切り分けて2種類の串をつくる。レバー串の上にハツを1カン刺してもいいだろう。なおレバーは柔らかく、身くずれしやすいので、平串を使用して安定させる。ここではタレですすめる。

◎タレ：
味醂12.6リットルを弱火で時間をかけて煮きる。ここに濃口醤油10.8リットルを加えて煮詰める。約13リットルになったら火を止めてザラメ糖1kgを溶かす。継ぎ足しで使用する。

2 大葉の裏に残っているスジや血管、薄膜をはずす。

5 提供時の表になる側がつややかに見えるように丸めて刺す。

3 レバーを大、中、小に切り分ける。

6 レバー串も切り身を重ねるように刺して、均等な厚さにする。1本40g。

◎ハツ

レバーから切りはずしたハツは、中に血の塊が残っているので、ていねいに取り除く。ハツのつけ根は歯応えがよく「ハツ元」として人気がある。ここでは塩ですすめる。

1 ハツの周りの薄膜をむいてつけ根（ハツ元）を切り落とす。

4 6カン（3個分）のハツを刺す。

2 半分に切って開き、中に残っている血の塊を切っ先で取り除く。

3 比較的小さめのハツから刺し始める。ハツのつけ根寄りのところに刺していく。

◎ハツ元

歯応えのよさが魅力のハツ元。薄膜を串に巻き込みながらレバーとハツをつなぐ管に刺していく。1串8カンほどのハツ元を使用。仕上げに溶かしたバターを塗り、葱味噌をのせる。

◎葱味噌のつくり方：

仙台味噌750g、煎りゴマ180g、日本酒180cc、米酢180cc、ニンニクすりおろし1株分、砂糖小さじ10、一味唐辛子小さじ1をよく混ぜてストックしておく。焼き上がった串に味噌をのせ、その上にみじん切りの長ネギを添える。

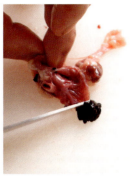

1 ハツ元のつけ根についている血の塊を包丁の切っ先で取り除く。

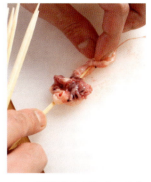

4 薄膜ははずれないように巻き込みながら挟み込んで刺す。

2 掃除したハツ元。

3 まず太い管に串を通す。

松風

鶏挽肉でつくる伝統的な日本料理で、お弁当やお節などの料理として古くからつくられてきた。ここでは鶏挽肉の半量を酒煎りして、なめらかな生地の中に鶏肉の食感を生かし、こうばしく揚げた木の実やレーズンなどで歯応えのよさを加えた松風を紹介する。

材料：19cm角の流し缶1台分
生地
├鶏胸挽肉（2度挽き）　500g
├日本酒　150cc
├卵（全卵1個、卵黄1個分）
├片栗粉　50g
├玉子の素（卵黄1個分、
│　サラダ油50cc）
調味料
├濃口醤油　25cc
├たまり醤油　25cc
└砂糖　18g
具材
├レーズン　100g
├ラム酒　100cc
├生むきグルミ　100g
├生カシューナッツ　100g
└揚げ油　適量
ケシの実　適量

手前左から、鶏胸挽肉は2度挽きしてなめらかに。右はつなぎとしての片栗粉、中段左から生のむきグルミ、卵（全卵＋卵黄）、生カシューナッツ、上段左からレーズン、砂糖、醤油（濃口＋たまり）、玉子の素。玉子の素は、マヨネーズをつくる要領で、溶きほぐした卵に少量ずつサラダ油を混ぜながら泡立て器で攪拌してつくる。

具材の準備

1 鍋にレーズンとラム酒を入れ、強火にかけてアルコールを飛ばしたのち、弱火にしてラム酒を煮詰める。

2 揚げ油を150℃に熱し、むきグルミを入れて、うっすらと揚げ色をつける。カシューナッツも同様に。

3 この程度までこうばしい色をつける。

4 クルミとカシューナッツをフードプロセッサーにかけて、写真程度までざっくり砕く。

生地の準備

5 鶏胸挽肉の半量と日本酒を合わせて箸でよく混ぜて火にかけ、酒煎りする。食感が出るだけでなく、脂を抜くことができ、蒸し焼き時間が短縮できる。

6 火が通ったらザルにとって汁気をきって冷ます。ここでしっかり冷ましておかないと日持ちがしなくなる。

7 ボウルに生の挽肉と酒煎りした挽肉、卵、玉子の素を加える。

8 よく混ぜたら片栗粉を加えて均等に混ぜる。

蒸す

9 その他の調味料を加えてさらによく混ぜる。

11 流し缶に流して平らにならし、下にトントンと軽く落として中の空気を抜く。

14 蒸し上がり。冷めたら流し缶の周りに包丁を入れてはずす。

17 サラマンダーでケシの実に少し色がつく程度まで焼く。角に切り出して盛りつける。

10 ふっくらとふくれたレーズンと砕いたナッツを加えてよく混ぜる。

12 隙間があかないようにクッキングシートを敷いて、上にもう1枚流し缶の上枠をのせて押し、均等に力がかかるように輪ゴムなどで数カ所押さえる。

15 必要な幅に切り分けて、裏を上に向け、味醂（分量外）を塗る。

13 中火の蒸し器で30分間蒸す。

16 ケシの実をまんべんなく多めにふる。

唐揚げ

モモ肉をカリッと揚げた唐揚げは、お惣菜にも、ビールのつまみにもぴったり。幅広く好まれる鶏料理として専門店ができるほどの人気商品だ。モモ肉は1度揚げたのち余熱を利用して火を入れ、2度目に高温でカリッと揚げて、中はジューシーに、皮はパリパリに仕上げる。

材料：
鶏モモ肉　370g
下味調味料
├ 日本酒　30cc
├ 淡口醤油　10cc
├ 塩　1g
├ 白コショウ　少量
├ おろしショウガ　5g
├ おろし玉ネギまたはおろし
│　ニンニク　15g
└ 卵　1個
片栗粉　適量
サラダ油　適量
シシトウ　5本
レモン　1切れ

鶏モモ肉を切り分ける

1 モモ肉は肉が厚い部分を切り開いて厚さをそろえ、短時間で均等に火が通るようにする。

3 繊維をなるべく長く残すようにして1切れ約25gに切り分ける。1枚のモモ肉を切り分けたところ。

2 上モモ肉とスネ肉を切り離し、関節あとの軟骨、余分な皮や脂などが残っていたら切り落とす。

下味をつける	揚げる		二度揚げする

4 モモ肉をボウルに入れて下味調味料を加えてよく混ぜる。

7 1度使用して鶏の旨みと香りがついたサラダ油と新しいサラダ油を同量ずつ合わせて火にかける。

10 3分間ほどたって浮いてきたら取り出して油をきる。

13 12の油を180℃以上に熱してモモ肉を戻す。モモの皮と衣がパリッとするように。

5 このまま30分間おいたのち、ザルに上げて汁気をきる。

8 片栗粉を肉にのせるようにつける。

11 この段階では衣はまだ白い。しっかり油をきる。

14 1分半ほどたつと泡が少なくなってくるので取り出して油をきる。同じ油でシシトウを素揚げにし、レモンとともに添える。

6 モモ肉をボウルに移して片栗粉20gを加えてもみ込む。

9 170℃に熱した7の油に入れる。

12 中はまだピンク色が残る程度の火通り。約1分間余熱で火を入れる。揚げカスをきれいにすくい取っておく。

鶏天

鶏に天ぷら衣をつけて揚げた鶏の天ぷら。最近大分県の郷土料理として知られるようになってきた。ふんわりと柔らかく仕上げるためにササミを使用したが、モモ肉や胸肉なら一味違った味わいが楽しめる。肉は柔らかく、衣は炭酸水を加えてカリッと仕上げ、食感のコントラストをつけた。

材料：2人前
鶏ササミ　3本
下味調味料
├ 日本酒　50cc
├ 濃口醤油　50cc
├ ショウガ絞り汁、おろし
└ 　ショウガ　各適量
薄力粉　適量
天ぷら衣
├ 薄力粉　100g
├ 炭酸水　100g
└ 水　適量
サラダ油　適量

鶏ササミ。モモ肉や胸肉を使用する場合は、火の入れ方を加減する。

つけ醤油とつけ塩。左からトリュフ塩、濃口醤油に和辛子、天つゆに大根おろしとおろしショウガ。好みの味で食べていただく。

ササミの下処理

1 ササミには太いスジが通っているので、これを取り除くためにスジに沿って包丁を入れてむき出しにする。

2 スジのつけ根をはずす。

3 手でスジを引っ張って包丁で肉をしごき取る。細いスジや膜も取り除く。

4 端に残っている胸肉とササミの薄膜をむき取る。

5 浸かる程度の下味調味料にササミを浸ける。

揚げる

6 天ぷら衣をつくる。薄力粉に炭酸水を加え、水適量で濃度を調節して、さっくり混ぜる。

7 ササミに薄力粉をまぶして余分な粉を落とす。

8 ササミの細い部分を持って天ぷら衣にくぐらせる。

9 新しいサラダ油を160℃に熱し、太いほうを何度か泳がせるようにして加熱したのち全体を油に入れる。

10 ササミが浮いてきて泡が少なくなったら取り出す。

11 中ほどを切ると中心はまだ赤みが残るが、油をきっている間に余熱で中までちょうど火が通る。

鶏鍋

モモ肉はこうばしくすき焼き風に土鍋で焼いて脂を出し、だしに旨みをつける。胸肉は薄く切って沸かしただしにさっとくぐらせてしゃぶしゃぶに。2つの味を楽しめる鶏鍋を紹介。鍋とコンロ、盛り皿を客席に運び、卓上でつくってすすめる。〆は雑炊か稲庭うどんで。

材料：2人前
鶏胸肉　80g
鶏モモ肉　100g
小松菜（つまみ菜）　12本
つけダレ
- 濃口醤油15cc、スダチ絞り汁2個分、大根おろし60g、紅葉おろし少量、ゆずコショウ1.5g、小口切りの万能ネギ10g

だし
- 水1リットル、日本酒100cc、15cm長さの昆布3枚・15g

鶏鍋の盛り皿（2人前）。鶏胸肉、鶏モモ肉、小松菜のつまみ菜。野菜はミズナやヒメナなどくせのないものが合う。

薬味入りのつけダレ。

盛り皿とだし

1　胸肉は薄いそぎ切りにする。

2　モモ肉は皮をつけたまま繊維に沿って切る。小松菜とともに胸肉、モモ肉を盛りつける。

3　だしを用意する。水に昆布を浸けて一晩おいたのち、日本酒を加える。

卓上でつくる

4　土鍋を熱し、モモを皮側から焼いて鶏の脂を出す。こげつかせないように注意。

5　皮から充分脂が出たら、裏返してだしを注ぐ。

6　強火で沸かす。

7　沸いたら小松菜、胸肉にサッと火を通して食べていただく。ピリカラのつけダレですすめる。

表面と内部、それぞれの火の通し方

「鶏の唐揚げはなぜ 2 度揚げ、3 度揚げをするのですか?」

◎鶏の調理科学

おいしい唐揚げは、表面がカリッとし、中は柔らかくジューシーに仕上がっています。カリッとした食感は、水分が少なく、油が多く含まれている状態のときに生じる食感です。肉表面の水分を充分に蒸発させ、水分が抜けた部分に油が入り込めるようにするためには、油の温度をある程度高くしなければなりません。

一方、肉を柔らかくジューシーに仕上げるためには、油の温度をある程度低くしなければなりません。なぜなら、加熱過程で肉の温度が65℃を超えた部分から、肉の組織を支えるコラーゲンが急激に収縮し始めるからです。コラーゲンが収縮すれば、肉はかたくなり、肉汁が流れ出します（→162頁）。

このように、肉の表面と内部では、期待する仕上がりに適した油の温度が大きく違います。そこで、1度めは肉に火を通すことに照準を合わせて低めの温度で揚げ、2度めは表面をカリッとさせることに照準を合わせて高めの温度で揚げる、という2度揚げがよいのです。

"肉に火を通す"過程で意識したいことは、1度めに油に入れてから2度めの揚げ終わりまでの間、肉の中心温度が上昇し続けているという点です。一度めの揚げ操作で肉を油から引き上げた後も、表面の熱は内部に伝わり続け、表面の温度が下がる一方で中心温度は上昇し続けます。肉の中心温度が65℃を超える頃には、表面から中心にかけての大部分は、すでにかたくパサついた状態になっています。唐揚げをおいしくするためには、何も考えずに単に2回揚げるのではなく、1度めの揚げ操作でどの程度肉に火を通すか、そして肉を油から揚げた後にどれくらい放置するかを意識しながら、2度揚げすることが大切です。

唐揚げのカリッとした食感には、油の温度以外にも、肉にまぶす粉の種類も大きく影響します。唐揚げには、一般に、小麦粉や片栗粉が使われます。片栗粉は純粋なデンプンですが、小麦粉にはデンプンのほかにたんぱく質が含まれています。

小麦粉を下味のついた肉にまぶすと、漬け汁や肉から出てきた水分を吸い、網目構造を形成するグルテンというたんぱく質がつくられます。これを揚げると、網目構造から水分が抜けると同時にグルテンが熱で固まり、網目構造は緻密で強固になるので、肉の表面はカリッとしたかたく歯応えある食感になります。

一方、片栗粉を肉にまぶして揚げると、漬け汁などの水分とともに加熱されたデンプンは粘りのある糊状に変化します。糊状の部分はデンプン分子が緩やかに絡み合っている状態で、揚げている間にここから水分が抜けると、肉の表面はもろくサクッとした口当たりの軽い食感になります。

（佐藤秀美）

5

第 5 章

中国料理の
だしと定番料理

中国料理

麻布長江 香福筵　田村亮介

毛湯

マオタン

毛湯は麺類や煮込み、炒め物などさまざまな中国料理に幅広く使われる万能スープ。このため、クセのない適度なコクが求められる。コクをつけるために、ベースの鶏ガラと丸の老鶏に豚足を加えて、鶏の旨みを底上げした。もっとコクがほしいときは、さらに干貝柱や金華ハムなどを加えると一層アップする。

材料：30リットル容量の寸胴鍋1台分
鶏ガラ（掃除前）　3kg
老鶏丸鶏（中抜き）　2羽（3kg×2羽）
豚足　3本
長ネギの青い部分　300g
大豆（乾燥）　50g
干シイタケ　2枚
ショウガの皮　50g
水　20リットル

◎ 香味野菜と乾物

青ネギとショウガの皮は野菜の香りと旨みを与えるとともに鶏のくさみを抑える。だし材料を長時間煮ると動物臭が強くなってくるのだが、大豆がこれを和らげてくれる。干シイタケは旨み成分。

◎ 鶏ガラ

ベースの鶏ガラ（掃除前）。背肝などを取り除いてから使う。

鶏ガラを掃除する

1
流水で洗って、ガラに残った背肝などの内臓を取り除く。

◎ 老鶏

老鶏。若鶏よりも肉はかたいが、よいだしがとれる。

豚足の準備

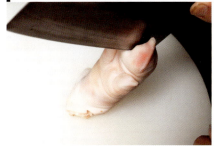

2
足のヒヅメの真ん中に包丁を入れて骨を縦半分に叩き割る。

◎ 豚足

豚足。毛湯の旨みとコクを底上げする素材。

3
縦半分に割った豚足。真ん中に包丁を入れないと切りづらい。

123

老鶏をさばく

4 老鶏は頭を下に向けて立て、尻のほうから包丁を入れる。

5 半分に叩き割る。

6 それぞれの半身から背骨（胸椎）を切り落とす。

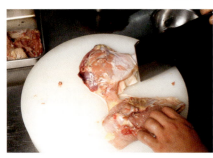

7 モモ肉と胸肉を切り分ける。

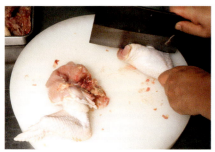

8 モモ肉を半分に切り、胸肉から手羽元と手羽先を切り落とす。

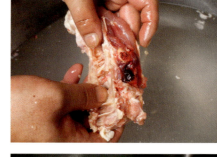

9 6で落とした背骨に残っている血合いや背肝などの内臓を洗う。

10 切り分けた老鶏の半身。大きさがそろうよう手羽、胸肉、背、モモ肉2枚に切り分ける。

ゆでこぼす

11 グラグラ沸いた熱湯に鶏ガラ、豚足、老鶏を入れる。水からでは旨みが抜けてしまうので、熱湯から。

12 沸いたら5分間沸かし続けてアクや血合いをきっちり取り除く。毛湯に雑味が出ないようにていねいに。

13 ザルにあけ、ぬるま湯で表面の血合いやアクを洗い流す。水で洗うとアクや血合いなどが固まってしまう。

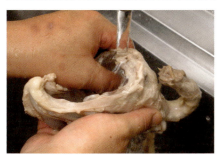

14 肉の周りや、ガラの骨の中に残っている髄や背肝などの内臓をていねいに洗い落とす。

だしをとる

15 寸胴に**14**と水20リットルを注いで強火にかける。大豆、干シイタケ、ショウガの皮、長ネギを入れて沸かす。

16 沸いたら中火から強火くらいの火加減にし、ここでアクをていねいに取り除いておく。

17 表面がポコッポコッと静かに動き、中で対流する程度の火加減を保つ。鶏のにおいを水蒸気とともに飛ばすため、鍋の表面を長ネギでおおわない。

18 3時間煮た状態。

19 ペーパータオルを敷いた漉し器で漉す。浮いた油は少し残すようにし、用途によってこの油を一緒に使う。

20 写真のように高いところから落差をつけて漉すと、対流して湯がにごってしまうので注意する。

［鶏油］

ヂィヨウ

鶏油は鶏からとる香りのよい油。ネギとショウガで風味をつけて鶏の脂を溶かした上澄み油で、煮込みやスープ、炒め物など中国料理全般の仕上げの香りづけに用いる。油の中に鶏の脂肪を入れて、これをゆっくり加熱してとる方法もある。

材料：
鶏の脂肪
　（尻の周りの脂）　1kg
薄切りのショウガ　15g
長ネギの青い部分　100g

尻近くには脂肪が分厚くついている。この脂で鶏油をつくる。

ショウガとネギは鶏特有のにおいをやわらげてくれる。

1 バットに分厚い尻の部分の脂肪を並べ、全体に風味が回るように長ネギと潰したショウガを等間隔に乗せる。

5 この状態で粗熱をとって、冷蔵庫に入れて一晩おく。

2 セイロに入れて蓋をして2時間蒸す。

6 鶏油が白く固まった。端に串で穴を開ける。

3 脂肪がトロトロに溶けた。

7 この穴から下にたまった水分を抜く。これをきちんと抜いておかないと日持ちが悪くなる。

4 漉し器で漉してバットに入れる。

8 ナイフで小分けにしてラップフィルムで包み、冷凍保存する。

丸鶏のパリパリ一羽揚げ

脆皮鶏　ツゥイピィヂィ

脆皮鶏は丸鶏の皮が命。つややかなパリッとした皮は中国料理特有の技法から生まれる。この皮をつくるためには、3段階の工程が必要となる。まず塩をすり込んで鶏表面の水分を抜いて熱湯で皮を張らせる。次に飴がけをしたのちにさらに乾かす。最後に皮を破かないように低温の油をかけながら火を通す。取り出す前は油の温度を上げて皮にしっかり色をつけている。皮が持ち味なので、なるべく触らずにすむように、宙吊りで作業をすすめる。

材料:
丸鶏(中抜き) 1羽(1.6kg)
塩 鶏の1%(16g)
炸鶏水
├ 水飴 130g
├ 米酢 400cc
├ 紹興酒 140cc
├ 紅酢 130cc
├ グラニュー糖 大さじ1
└ レモン 1/2個
揚げ油 適量

スモーク半熟卵* 3個
クレソン 適量

*卵(L)を常温に戻して沸騰した湯で5分30秒間ゆでたのち、水にとって皮をむく。各種香辛料を入れた醤油ダレに一晩浸けたのち、烏龍茶葉と砂糖と山椒粒で燻す(強火で1分間)。粗熱がとれるまでおいて、色を落ち着かせる。

内臓を抜いてある丸鶏。埼玉県産の銘柄鳥「香鶏」を使用。1羽1.6kg。羽が残っていたら抜き取り、水洗いして水気をふく。

塩をまぶし、湯をかける

1 鶏の重量の1%の塩を表面、腹の中、モモの内側、肉と皮の間に指を入れてすり込む。肉厚の部分は多めに。

2 冷蔵庫に半日おいて味をしみ込ませる。水分が出たら、ペーパータオルで叩くようにして吸い取る。

3 手羽のつけ根の関節にフックを引っ掛ける。

◎ 炸鶏水

炸鶏水をかけて乾かすと脆皮鶏の特徴であるつややかな皮が生まれる。

1 ボウルに米酢、紅酢、紹興酒、グラニュー糖、水飴を加える。

2 くし形に切ったレモンを入れる。

紅酢。美しい赤い色とクセのないやわらかな酸味が特徴。

3 湯煎にかけて溶かしたのち常温に冷ましておく。炸鶏水の完成。

炸鶏水をかけて乾かす | 揚げる

4　鶏を吊るしてグラグラ沸かした湯を首のほうから均等にかけて熱で皮をピンと張らせる。

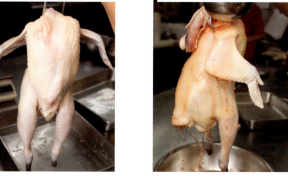

7　水分をふき取った鶏の表面に炸鶏水をかける。手羽のつけ根などにもまんべんなく。

10　中華鍋が小さい場合、鍋底についてこげやすいため、バットを1枚入れて直接底に鶏をあてないようにする。

13　背側を下に向け、胸側に油をかける。

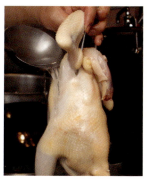

5　手羽の下、首の後ろにもまんべんなく。

8　扇風機にあてて1晩おく。ときおり鶏を回して乾かす。冷蔵庫に入れると水分が戻ってしまうので、扇風機で。

11　周りのコーティングがはがれないように注意しながら100〜120℃の油をかける。

14　火が入りにくいのは胸肉の厚い部分とモモのつけ根あたり。

6　水分や血をふき取る。きちんとふき取らないと、仕上りに血のラインが残る。以降は宙吊り状態で作業をする。

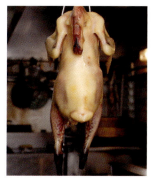

9　1晩乾かした鶏。胸側の首下に縦の包丁目を入れて、揚げるさいの火通りをよくする。

12　10のバットに鶏をのせて油の中に沈める。

15　3分半ほどたったら背を上に向け、絶えず油をかける。首の切り口からも油を注ぐ。都合8分間ほど油をかける。

余熱で火を入れる

16 フックで吊るす。この段階で鶏には3割程度火が入っている。15分間やすませると余熱で6割ほど火が入る。

18 横からも油をかけたら、胸を上に向けて油をかけて火を入れる。高温で仕上げる。

21 鶏を立てて、尻の方から包丁を入れて縦半分に割る。

24 モモは皮を破らないように骨ごと食べやすく切り分ける。

仕上げに揚げる

17 130℃の油に背を上に向けて入れる。いきなり高温の油に入れると中まで温まる前に仕上がってしまう。

19 フックで吊って1分間おいて油をきる。

22 半身から手羽とモモを切りはずす。もう片身も同様に。

25 胸肉は繊維の分かれ目で切り、それぞれの繊維に沿って食べやすい大きさに切り分ける。

切り分ける

20 首ヅルを切り落とし、モモのスネから下を切り落とす。

23 胸から背骨（胸椎）を切り落とす。

26 手羽も食べやすくぶつ切りにし、大皿に手羽、胸、モモを盛りつけ、スモーク半熟卵、クレソンを散らす。

白切鶏

バイチェヂィ

鶏を1羽丸ごと80℃の湯で時間をかけてゆで上げたゆで鶏。余熱を計算してゆで時間を調整することがしっとりと仕上げるコツ。料理名の通り、鶏の表面を白く仕上げるために、塩をすり込んでしっかりと汚れなどを落としてから調理を始める。この真っ白い皮がこの料理の命なので、皮を破らないように注意して扱いたい。手羽、モモ、胸肉の各部位を盛りつけ、ソースをかける。

材料：4皿分
丸鶏（中抜き）　1羽（1.2kg）
塩　適量
長ネギ、ショウガの皮　各適量
よだれ鶏・麻辣ソース
香菜　適量

桔醤ソース
棒棒鶏ソース
葱ソース

丸鶏の中抜きを用意する。1kg前後の鶏がこの料理に合う。

ゆでた鶏を保管するときは冷たいスープ（毛湯1.2リットルに塩大さじ1、濃口醤油15cc、紹興酒15cc、長ネギ、ショウガを合わせて沸かし、冷ましたもの）に浸けて保存するとしっとりした状態を保つことができる。3日程度持つが、次第に肉が固くなってくるし風味も飛ぶので、できれば1.5日程度で使いきりたい。

ゆでる

1 丸鶏の表面、腹の中に塩をまぶしてすり込み、汚れなどを落としておく。

4 後ろ脚を持って頭から湯に入れて沈める。

7 皮を破らないように引き上げる。

切り分ける

9 粗熱をとり、首のつけ根から尻まで背骨に沿って包丁を入れる。熱いうちにさばくと水分が飛んでしまう。

2 水洗いして塩と汚れを落とす。腹に残った内臓もきれいに洗い落とす。

5 浮かないように尻側から湯を腹の中に入れて沈める。

8 モモの太い部分に箸を差して肉汁が透明なら取り出し、20〜30分間余熱で温める。赤っぽかったら戻す。

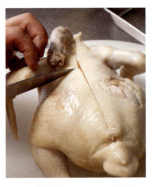

10 手羽とモモのつけ根の間のラインに包丁を入れて、十字の切り目を入れる。

3 80℃の湯に長ネギ、ショウガの皮を入れる。鶏にゆっくり火を入れるのがしっとり仕上げるコツ。

6 80℃を保持して25分間ゆでる。ネギがゆらゆら動くくらいの火加減が目安。

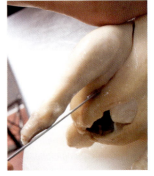

11 胸を上に向けてモモの周りに包丁の切っ先を入れて皮を切る。

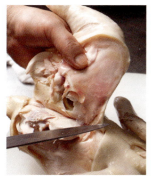
12 手でモモを開き、ソリレスをつけてはずす。反対側のモモも同様に。

15 胸を上に向けて胸骨に沿って包丁を入れる。

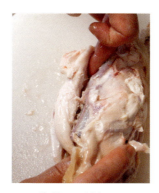
18 胸骨の両側についているササミを手ではがす。

21 足首の周りに包丁を一回り入れて切っておく。

13 手羽元のつけ根の関節に包丁を入れて切る。反対側の手羽も同様に。

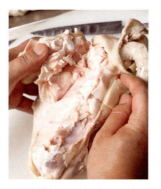
16 背を上に向けて、手で手羽を開くようにして、胸肉と手羽をはずす。

19 ササミの周りの薄膜を指でつまんでむき取る。

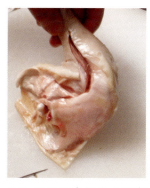
22 モモの内側を上に向け、骨(大腿骨と脛骨)に沿って包丁を入れる。皮を破らないよう注意。

14 ここから鎖骨(フルシェット)に沿って包丁を入れる。

17 ササミはガラに残す。反対側の手羽と胸肉も同様にはずす。

20 残った首の皮をはずす。ガラに残った肉をていねいにむしり取る。

23 モモの関節を切りはずす。

盛りつける

24 手で脛骨を持ち上げる。上モモの関節周辺の肉を落としてから脛骨を取り除く。太いスジも抜き取る。

27 骨を抜いたモモ。

30 手羽中は2本の骨の間に包丁を入れて関節を切って手羽先を切りはずす。

33 手羽元と手羽中は形を整えて繊維に沿って2cm幅に切り分ける。一番下に盛りつける。

25 大腿骨も取り除く。

28 胸肉と手羽元の関節を切って手羽をはずす。

31 肉を開いて手羽中の2本の骨、手羽元の太い骨をはずし、血管などを取り除く。

34 モモは上モモとスネ肉に分けて、ともに繊維に沿って2cm幅に切る。手羽の上に盛る。

26 関節の軟骨、太い血管を抜き取る。

29 手羽元の内側を上に向け、骨に沿って包丁を入れる。

32 骨を取り除いた手羽元と手羽中。

35 胸肉は繊維の分かれ目で切って、それぞれ繊維に沿って2cm幅に切る。一番上に盛って麻辣ソースをかける。

［白切鶏に合うソース］

◎ よだれ鶏・麻辣ソース

材料：つくりやすい分量
調味料A
- 中国醤油　120cc
- 鎮江黒醋　45cc
- 砂糖　大さじ3
- ショウガ（みじん切り）　大さじ2
- 白ゴマ（粒）　大さじ2

調味料B
- 大豆油　90cc
- 胡麻油　75cc
- 花椒粉　小さじ1
- 辣椒粉＊　小さじ4

＊朝天辣椒粉を使用。

1 調味料Aをボウルに入れてよく混ぜる。
2 調味料Bは小鍋に入れて弱火で熱し、180℃位に温度を上げたら、Aのボウルに少しずつ入れながら混ぜる。
3 粗熱がとれたらでき上がり。

鎮江黒醋（鎮江香醋ともいう）。中国の三大名酢の一つでもち米でつくった酒を籾殻を入れて発酵させたもの。濃厚な風味と香りが特徴。

◎ 葱ソース（写真上段）

材料：つくりやすい分量
長ネギ（みじん切り）　大さじ6
ショウガ（みじん切り）　小さじ2
ネギ油　30cc
塩　1つまみ
酢　小さじ1/3
濃口醤油　小さじ1/3

1 ボウルにみじん切りの長ネギとショウガを入れる。
2 鍋でネギ油を熱し、1のボウルに加えて香りを出す。
3 残りの調味料を加えてよく混ぜる。

◎ 棒棒鶏ソース（写真中段）

材料：つくりやすい分量
砂糖　大さじ2
酢　15cc
濃口醤油　75cc
胡麻油　15cc
長ネギ（みじん切り）　大さじ3
ショウガ（みじん切り）　大さじ2
芝麻醤　大さじ6
ラー油　適量

1 ボウルにラー油以外の材料を入れてよく混ぜる。ラー油は最後に加える。

◎ 桔醤ソース（写真下段）

材料：つくりやすい分量
キンカン　500g
日本酒　50cc
グラニュー糖　25g

1 キンカンのヘタを取り、横半分に切って種を取り除く。
2 小鍋に1と日本酒、グラニュー糖を入れ、弱火で30分間ほどかけてキンカンが柔らかくなるまで煮る。
3 ミキサーにかけ、ペーストにする。

鶏ももとカシューナッツ 四川唐辛子 花椒炒め

宮保鶏丁　ゴンバオヂィディン

鶏モモ肉は1枚の中でも場所によって加熱による肉の縮み方に差がある。関節から下のスネは、上モモよりも縮みが大きいため、上モモより2割程度大きく切ると同じ大きさに仕上がる。この料理は中国料理につきものの油通しをせずに、下味をつけた鶏肉を直接鍋で炒める「小炒」(シャオチャオ)という手法をとる。鶏肉のストレートな食感と味が出る調理法なので、味の濃い地鶏を使うといいだろう。

材料：
鶏モモ肉　1枚 (200g)
濃口醤油 (モモ肉下味用)　4g
タカノツメ　15g
赤サンショウ　2g
揚げカシューナッツ　35g
調味料A
├ 三温糖　6g
├ 濃口醤油　12g
├ 日本酒　8g
├ 酒醸*　25g
├ 米酢　6g
├ 鎮江黒酢　8g
├ 中国たまり醤油　10g
└ 水溶き片栗粉　12g
長ネギの白い部分 (1.5cm角)　5g
ショウガ (1cm角)　2g
サンショウ油　15cc
炒め油　60cc
サンショウ粉、トウガラシ粉　各適量
香菜　適量

*チュウニャンと読む。もち米に麹を加えてつくった調味用甘酒のこと。味をまろやかにする効果がある。

右奥は輪切りのタカノツメと赤サンショウ。左奥は揚げカシューナッツと長ネギとショウガ。右手前は香菜。左手前は角切りにした鶏モモ肉。

鶏モモ肉を切り分ける

1 鶏モモ肉は関節から上の部分と下のスネの部分の肉質が違うため、加熱による縮み方にも違いがある。

3 スネ肉のほうが上モモよりも縮み方が大きいので、まず2つに切り分ける。

2 残っている血管や関節の軟骨などをきれいに取り除く。

4 上モモは切り開いて厚さを均等にそろえる。

5　上モモとスネをそれぞれ角切りにする。スネのほうが上モモよりも縮むので、切り分ける大きさを変える。

8　調味料Aを合わせておく。

炒める

10　最初は強火。温度が上がってきたら外火をつけたり消しながら調節し、肉に醤油の香りをまとわせる。

13　長ネギとショウガを入れて、鍋をあおるようにして混ぜる。

6　左側が3cm角に切った上モモ。右は4cm角に切ったスネ肉。

9　中華鍋に油（分量外）を注いで火にかけ、鍋に油をなじませたのち、油をあける。これを鍋ならしという。鍋ならしをした中華鍋に60ccの新しい油を入れて7の鶏モモ肉を入れて炒り焼きにする。

11　タカノツメを入れる。タカノツメをこがした香りも多少必要だが、黒くならないように。

14　調味料Aを加えて強火にする。

下味をつける・調味料を合わせる

7　鶏モモ肉に濃口醤油をもみ込む。

12　赤サンショウを加える。

15　カシューナッツを加えて、サンショウ油をたらし、あおって仕上げる。サンショウ粉、トウガラシ粉をふり、香菜を添える。

骨付きももの三杯煮 台湾のかおり
三杯鶏　サンベイヂィ

台湾のホーリーバジル（九層塔）で香りをつけて仕上げた台湾の定番料理で、ご飯のおかずにも、酒のつまみにも合う骨つき鶏モモ肉の甘辛煮。もともとは同量ずつの調味料を合わせて煮ることから、この名前がついたが、ここでは醤油を控えめにしている。

材料：
鶏モモ肉（骨つき）　2本（800g）
九条ネギ　70g
生赤唐辛子　2本
九層塔（ホーリーバジル）　15g
ニンニク　8片（30g）
ショウガ　60g
黒胡麻油　90cc
台湾米酒（米焼酎）　90cc
濃口醤油　15cc
中国醤油　15cc
醤油膏（台湾とろみ醤油）　60cc

鶏モモ肉は骨つきを使用する。

上は鶏モモ肉、左は九層塔、右はショウガ（2cm幅×5cm長さ）、ニンニク、生赤唐辛子、九条ネギ。

台湾米酒（米焼酎）

醤油膏（台湾とろみ醤油）

黒胡麻油

骨をつけて切る

1　鶏モモ肉は内側を上に向けて、上モモからスネまで骨の上に包丁を入れて関節から切り分ける。

2　中華包丁に持ちかえて、骨ごと3cm角くらいのぶつ切りにする。

3　肉1切れのどこかに骨を残して切り分ける。骨つきにすると加熱しても身縮みが少なく肉汁の旨みが肉に残る。

炒める

4　中華鍋に火をつけて油をなじませたのち、油をあけ（鍋ならし）、黒胡麻油を入れる。

5　ショウガ、潰したニンニクを入れてゆっくりこがさないように温め、香りをたてる。

6　香りがたったらモモ肉を入れて強火にする。

蒸し煮にする

7　鍋をあおりながら強火でこうばしく炒める。

10　あおって調味料を混ぜる。

11　土鍋（ここではアルミ鍋）に移す。最初からこの鍋でつくるとこげすぎてしまうので、途中で鍋をかえる。

14　煮汁を煮詰めてこがしながら鶏にからめる。

8　肉の表面に火が通って色が変わり、こうばしい香りがたち始めたら、生赤唐辛子を入れる。

12　蓋をして、強火で外側の周囲の鍋肌を焼くように約7分間蒸し煮にする。

15　半分ほど時間がたったら九条ネギを入れてあおる。

9　米酒、濃口醤油、中国醤油、醤油膏を加える。

13　沸騰したら中強火に落とし、時折蓋をはずして混ぜながら煮る。

16　鶏から出た脂と胡麻油だけが残るくらいまで煮汁を煮詰めたら、九層塔を入れてサッとあおって提供する。

141

鶏足と唐辛子の漬物

野山椒鳳爪　イエシャンヂャオフォンヂュワ

冷前菜の一品。モミジはゼラチン質に富んでいる部位なので、冷やすとかたくなり、独特の歯応えが楽しめる。これをスパイシーなタレに浸けて香りをつけた料理。

材料：4皿分
鶏モミジ　500g
水、日本酒、長ネギ、ショウガ　各適量
野菜A
├赤パプリカ　25g（1/2個）
├黄パプリカ　25g（1/2個）
├ササゲ　15g（5本）
├セロリ　25g（1本）
└野サンショウ*　40g
タレ
├水　1リットル
├塩　15g
├砂糖　5g
└酢　18g
スパイスB
├八角　3g
├山奈**　3g
├桂皮　3g
├フェンネルシード　3g
├草果***　3g
├ローリエ　3枚
├赤サンショウ　5g
└タカノツメ　5g
香味野菜C
├長ネギ　15g
├ショウガ　15g
└ニンニク　8g

*指天椒と呼ばれる青唐辛子の酢漬物。
**サンナ（またはサンナイ）と読む。ショウガ科植物バンウコンの根茎を輪切りにし、乾燥させたもの。
***ソウカと読む。ショウガ科植物の果実を乾燥させたもの。

右奥は香味野菜C（長ネギ、ショウガ、ニンニク）。左奥は野菜A（赤・黄パプリカ、ササゲ、セロリ。右手前は野サンショウ）。左手前はスパイスB（草果、八角、ローリエ、山奈、赤サンショウ、桂皮、タカノツメ、フェンネルシード）。

モミジをゆでて骨を抜く

1　水に日本酒を加えて沸かし、下処理したモミジ（→35頁）を入れる。

4　足の甲を上に向け、指の上に包丁で切り目を入れる。

2　長ネギとショウガの薄切りを加えて火にかけ、沸いたら中火で20分間ゆでる。コリッとした食感を残す。

5　関節を折って、骨をはずして抜く。

3　ゆで上がったモミジ。表面を水洗いしておく。

6　骨をはずしたモミジ。

7 あるいは縦半分に切って、そのまま使ってもよい。冷蔵庫で1週間ほど日持ちする。

野菜Aとスパイスbと香味野菜Cを準備する

8 赤パプリカ、黄パプリカ、セロリ、ササゲは1cm幅、6cm長さに切りそろえておく。

タレを用意する

11 水1リットルに塩15g、砂糖5gを加える。

14 ボウルに漉して酢18gを加える。

9 ボウルに移して塩1つまみ(分量外)をふってさっくり混ぜ、30分間ほどおいて水分を抜いておく。

12 スパイスBと香味野菜Cを入れて火にかける。

タレに浸ける

15 水気をふいた9の野菜と野サンショウを14のタレに入れる。

10 ニンニクは皮をむいて包丁の腹で潰す。草果も同様にして割っておく。

13 沸いたらすぐに火を止めて蓋をしてそのまま1晩おいて、液体に香りを移す。

16 洗った7のモミジの水気をふいてタレに浸ける。2日間冷蔵庫で味と香りを移す。味がなじんだら盛りつける。

6

第 6 章

部位別アレンジメニュー

胸

鶏胸肉のサラダ仕立て ジェノヴェーゼソース

Insalata di pollo, salsa genovese

インサラータ ディ ポッロ、サルサ ジェノヴェーゼ

鶏胸肉は、真空にして低温で時間をかけてボイルしてしっとりと仕上げた。肉は繊維に沿って手で裂くと、一層柔らかさが際立ってくる。合わせた赤ナスの酸味がアクセントとなりサラダの味を引き締めている。　伊／辻 大輔（コンヴィーヴィオ）

材料：4人前
鶏胸肉　1枚（180g）
ジェノヴェーゼソース＊　適量
赤ナス　1/2本
とき色ヒラタケ　適量
サヤインゲン　3本
トレヴィス　2枚
ジャガイモ　1/4個
イタリア米（カルナローリ種）　30g
赤ワインヴィネガー　適量
グラナパダーノチーズ（粉）　適量
塩、オリーブ油　各適量
きのこの泡＊＊　適量

＊バジリコ30g、松ノ実10g、オリーブ油100g、パンの白い部分5g、グラナパダーノチーズ（粉）大さじ1をミキサーにかける。
＊＊ポルチーニ茸（乾燥）をぬるま湯で戻す。この戻し汁に塩少量を加え、液体の1％のシュクロエミュル（粉末乳化剤）を加えてハンドブレンダーで回して泡をつくる。

1. 胸肉は皮とスジを取り除き、1％の塩をふる。真空袋に入れて脱気し、63℃の湯で35分間ゆでて火を入れる。
2. 1の袋を氷水にとって冷ます。
3. 赤ナスは輪切りにして両面に塩をふって30分間おいてアクを抜く。
4. ナスから出てきたアクと水分をふき取って、オリーブ油でソテーし、赤ワインヴィネガーに浸けて1晩おく。
5. とき色ヒラタケは熱湯でさっとゆでて、塩とオリーブ油をまぶして味をつける。
6. サヤインゲンはゆでて縦に割る。ジャガイモは小角切りにして塩ゆでする。
7. イタリア米は研がずにそのまま沸騰した塩湯に入れて弱めの中火で12分間、少し芯が残るアルデンテにゆでる。
8. ゆでた米を氷水に浸けて、冷ましながらデンプン質を洗い流し、水気をきっておく。
9. トレヴィスはオリーブ油でソテーする。塩と赤ワインヴィネガーで味を調える。
10. 2の胸肉を細かく手で裂き、ジェノヴェーゼソース、グラナパダーノチーズを混ぜて味をつける。
11. 米に塩、赤ワインヴィネガー、オリーブ油を適量ずつ加えて混ぜ、味を調える。
12. 器に米、赤ナスを盛り、上にとき色ヒラタケ、サヤインゲン、ジャガイモ、10の胸肉を盛り合わせる。上にきのこの泡を添えて香りをつける。

鶏胸肉とフォワグラのコポーのサラダ仕立て

Salade de poulet et foie gras copeaux

サラド ドゥ プーレ エ フォワ グラ コポー

淡白な胸肉をしっとりと加熱し、冷やしてサラダ仕立てに。フォワグラは胸肉の淡白さを補うために使ったが、厚切りではボリュームがあって重すぎるので、胸肉のよさを生かすために薄く削って添えている。口に入れるとソースとともに溶けていく軽さがちょうどよい。　仏／高良康之（銀座レカン）

材料：2人前
鶏胸肉　1枚（250g）
塩　鶏の1％
鶏のコンソメ（→46頁）　80cc
フォワグラのテリーヌ（冷凍）　60g
A（ソース用）
├ オリーブ油　15cc
├ アーモンド油　10cc
├ シェリーヴィネガー　5cc
└ 塩、コショウ　各適量

つけ合せ
├ ズッキーニ（縦にスライスして塩ゆで）　4枚
├ 赤・黄パプリカ（大小の丸抜きを塩ゆで）　各4枚
├ サヤインゲン（塩ゆで）　16本
├ カイワレ菜　1/4パック
├ アーモンドスライス（ロースト）　適量
├ ミニョネット（黒コショウ）　適量
└ グロ セル（ゲランド産）　適量

1　胸肉の皮、スジ、薄膜、脂肪などを取り除き、1％の塩をふる。

2　胸肉を真空袋に入れて鶏のコンソメを注ぎ、充分に脱気する。空気が混入すると温めたときに袋がふくらんで、コンソメに触れない部分ができてしまうので、きちんと空気を抜くこと。

3　コンベクションオーブンのコンビモード（ヴァプール65℃、スチーム100％）で20分間加熱する。加熱後すぐに氷水にとって冷まし、雑菌が繁殖する温度帯を速やかに通過させる。

4　冷めたら胸肉を取り出し、ペーパータオルでふいて4枚に切り分ける。

5　袋に残ったコンソメを鍋に移し、弱火にかける。強火ではアクや脂がまわってしまうので弱火で。沸いたらアクを取り除いて1/4量まで煮詰め、下に氷をあてたボウルにペーパータオルで漉し入れる。

6　粗熱がとれたらAをすべて加え、塩とコショウで味を調えてソースとする。

7　皿に4の胸肉とつけ合せを盛り合わせ、冷凍したフォワグラのテリーヌをスライサーで削ってのせる。周りにソースを流し、ミニョネットとグロ セルをふって仕上げる。

自家製ハムと根菜のサラダ

胸肉は淡白でクセがないあっさりした味が持ち味なので、燻製にして個性をつけてみた。切り分けるときにくずれやすいので、胸肉をボイルするさいは、しっかりと巻き込んでおくこと。　日／亀田雅彦（いふう）

材料：つくりやすい分量
鶏胸肉　1kg
A
├ 塩　30g（鶏の3％）
├ ハチミツ　50g（鶏の5％）
└ レモングラス　胸肉1枚につき1本
スモーク材料（リンゴのスモークチップ30g、砂糖20g）
サラダ
├ あやめ雪*、紅白ミニ大根、黄色キャロット、
│　オレンジキャロット、セニョリータピーマン**、
└ フリルレタス、サニーレタス
ドレッシング
├ サラダ油　200cc
├ 酢　100cc
├ おろし玉ネギ　1/2個分
├ 粒マスタード　50g
└ 塩、コショウ、レモン絞り汁　各適量

*上半分が紫色の小カブ。甘みがあり緻密な肉質が持ち味。
**肉厚で甘みのある丸形のピーマン。赤、緑、オレンジ、ゴールドの4色がある。

1　ハムをつくる。胸肉の厚さを均等にするために観音開きにし、Aをまぶして冷蔵庫で1日間おく。取り出してラップフィルムを敷いた巻簾でしっかり巻いて端を留め、沸騰した湯で30分間ゆでる。粗熱をとり、巻簾とラップをはずす。

2　中華鍋にスモーク材料を入れて網を敷き、鶏肉をのせて蓋をし、中火で5分間燻す。

3　サラダ用のカブと大根とピーマンを食べやすく切る。各種ニンジンはゆでて食べやすく切る。レタスはちぎって冷やしておく。ドレッシングの材料をミキサーにかけて撹拌する。

4　器にレタスを敷いて、サラダと輪切りにしたハムを盛り、ドレッシングを添える。

細切り胸肉の極上スープ
レモンの泡と胡椒パウダー

酸辣烩鸡絲　スワンラァホイヂィスゥ

1皿で3つの違った味を楽しむ胸肉のスープ。最初は澄んだ繊細なスープそのものを味わい、次にレモンの泡とともにスープを味わい、最後は胡椒風味のパウダーを加えて四川の酸辣の味を楽しむ。鶏胸肉をしっとりと食べてもらう現代的な調理であり、細く切った鶏の独特の食感をおいしさにつなげる包丁技を見せる料理でもある。

中／田村亮介（麻布長江）

材料：2皿分
鶏胸肉　100g
下味調味料
├塩　2g
├卵白　10g
├水　20cc
└片栗粉　少量
清湯（チンタン）＊　300cc
塩　2つまみ
水溶き片栗粉　大さじ2
レモンの泡＊＊
├レモン絞り汁　75cc
├ぬるま湯　200cc
└大豆レシチン　4g
胡椒パウダー＊＊＊
├レモンオイル（レモンの皮2個分、
│　太白胡麻油80cc）　25g
├マルトセック＊＊＊＊　15g
└コショウ　2つまみ

＊中国ハムなどを加えて、コンソメのようにしてとる澄んだ上等のスープ。
＊＊レモン絞り汁、ぬるま湯、レシチンを合わせてハンドミキサーで泡立てる。
＊＊＊レモンの皮と太白胡麻油を真空袋に入れて真空にして3日間ほどおいて香りをつけたら皮を取り除く。これがレモンオイル。ここにマルトセック、コショウを加えて泡立て器でよく混ぜてパウダー状にする。
＊＊＊＊増粘・凝固剤の一種。オイルを吸収し固形化、パウダー化することができる。加える分量が増えるにしたがって濃度がつき、固形状になり、最後はパウダー状に形状が変化する。

1　胸肉の皮をはずし、脂やスジを取り除いて、繊維に沿って極細切りにする。
2　ボウルに**1**の胸肉と下味調味料（片栗粉以外）を加えてもみ込んで15分間おいて下味をつけたのち、片栗粉を混ぜてまとめる。
3　鍋に40℃のぬるま湯を入れ、**2**の胸肉を入れて、箸でほぐしながら温度を上げる。70℃になったら40℃のぬるま湯にかえて70℃以上温度を上げないようにする。表面の色が変わったらすぐに取り出して湯をきる。もう一度ぬるま湯でサッとボイルして取り出す。
4　鍋に清湯、塩、**3**の胸肉を加え、水溶き片栗粉で薄くとろみをつける。
5　器に注ぎ、レモンの泡を浮かせ、器の縁に胡椒パウダーを添える。

◎食べ方
1　スープをそのまま飲む。
2　レモンの泡を混ぜてから飲む。
3　胡椒パウダーを加えて混ぜて飲む。最初は淡い繊細なスープだが、最後は酸辣味になる。

羽毛仕立ての鶏胸肉のすり身と もやしの炒め

鶏絨銀条　ヂィロヌインティアオ

胸肉を加工して、コクとジューシーさを背脂で補って、羽が起毛したような状態にふんわりと炒めた一品。背脂のかわりに豆腐やイモ類を合わせてもいいだろう。シンプルにモヤシと合わせて白でまとめた炒め物。

中 / 田村亮介（麻布長江）

材料：つくりやすい分量
鶏絨
├ 鶏胸肉　1枚（250g）
├ 豚背脂　120g
├ 卵白　1個
├ 調味料
│　├ 塩　6g
│　├ 日本酒　40cc
│　├ コショウ　少量
│　├ 濃口醤油　3g
│　├ 清湯　60cc
│　└ 片栗粉　15g
モヤシ　60g
炒め油　適量
塩　2つまみ
酒醸（→137頁）　大さじ1/2
ピンクペッパー　適量

1　鶏絨をつくる。胸肉の皮とスジを取り除き、フードプロセッサーにかけられるように適当な大きさに切る。
2　1、豚背脂、卵白と調味料をフードプロセッサーに入れてよく混ざるまで回す。
3　全体がまとまったらボウルに取り出し、空気が入るようにしっかりと手で練る。
4　ザーレンなどの穴杓子の上に3のすり身をのせ、玉杓子などを使って押し出して沸騰している湯の中に落とし、羽毛が起毛したようなふんわりした状態をつくる。
5　鶏肉に火が通ったら取り出して水気をきる。鶏絨のでき上がり。
6　鍋ならしをした鍋に芽と根を切ったモヤシを入れてあおるように炒め、5の鶏絨70gを合わせて塩と酒醸で味をつけて仕上げる。ピンクペッパーを散らす。

鶏胸肉 三河みりんのマリネ
Petto di pollo marinato con MIKAWA MIRIN
ペット ディ ポッロ マリナート コン ミカワミリン

しっとりと加熱した胸肉にボルロッティ豆のピュレを合わせてみた。豆は米と好相性なので、米を原料とする味醂を胸肉に合わせて甘みをとった。添えた赤ワインのソースにも味醂で甘さを加えて豆と胸肉につなげた。

伊 / 辻 大輔（コンヴィーヴィオ）

材料：4人前
鶏胸肉　1枚（180g）
塩　鶏の1％
味醂（三河みりん）　20g
ボルロッティ豆（ボイル）＊　100g
ブロード（→82頁）　40g
オリーブ油　10g
ソース
├ 味醂　20g
├ 赤ワイン　30g
└ 塩　少量

＊豆を少量の重曹を加えた水に浸けておく。水をかえて、塩、ローズマリーを加えて火にかけ、柔らかくゆでる。

1　胸肉に1％の塩をふり、1時間おいてなじませる。
2　真空袋に1の胸肉、味醂を入れて脱気する。
3　68℃のコンベクションオーブン（スチームモード）で20分間火を入れたのち、氷水にとって冷ます。
4　ボイルしたボルロッティ豆（一部つけ合せにとっておく）にブロード、オリーブ油を加えてブレンダーでピュレ状にする。
5　ソースをつくる。赤ワインと味醂を合わせて、中火で煮詰めて濃度をつけ、塩で味を調える。
6　器に豆のピュレを流し、上に切り分けた胸肉を盛り、オリーブ油をかける。残りのボルロッティ豆とアマランサスを添え、ソースをたらす。

治部煮

金沢の郷土料理「治部煮」は、鴨肉あるいは鶏肉に葛粉(片栗粉)をまぶして煮る料理で、煮汁にとろみがつくのが特徴。肉をコーティングするので旨みをのがさず、火の入り方も柔らかくなるためジューシーさが残るという効果もある。胸肉はそぎ切りにしたのち、すりこぎで叩いて繊維を潰してから加熱すると、ふんわり柔らかい状態で煮上がる。

日 / 亀田雅彦(いふう)

材料：
鶏胸肉　60g(30g×2切れ)
片栗粉　適量
すだれ麩　2切れ
レンコン*　2切れ
ニンジン**　3切れ
カブ***　2個
干シイタケ****　2個
サヤインゲン　4〜5本
鶏胸肉の煮汁
├ だし　600cc
├ 味醂　100cc
├ 濃口醤油　100cc
└ 水溶きタピオカ粉　適量
ユズ

*レンコン
輪切りにして皮をむき、酢をたらした熱湯でゆでる。柔らかくなったら水にさらして冷ます。煮汁(だし800cc、塩3g、淡口醤油100cc、味醂50cc)を合わせ、レンコンを弱火でコトコト煮含める。

**ニンジン
棒状に切り、水から火にかけてゆでこぼす。煮汁(だし500cc、塩適量、淡口醤油50cc、味醂10cc)を合わせ、ニンジンを弱火で5分間ほど煮て味を含ませる。

***カブ
皮を六方にむき、米の研ぎ汁でゆでる。柔らかくなったら水にさらして研ぎ汁のクセを落とす。煮汁(カツオだし800cc、昆布15cm1枚、日本酒100cc、味醂50cc、淡口醤油80cc、塩適量、追いガツオ30g)を合わせ、カブを弱火でコトコト15分間ほど煮て味を含ませる。

****干シイタケ
水に浸けて戻す。煮汁(シイタケ戻し汁100cc、カツオだし400cc、砂糖50g、濃口醤油20cc)を合わせ、干シイタケを弱火でコトコトと、だしがなくなるまで煮詰める。

1. 胸肉は繊維の分かれ目で切り分け、身が厚い側の肉を使う。繊維を断つように2mm厚さのそぎ切りにする。
2. ラップフィルムで1の胸肉を挟んですりこぎで叩き、繊維をほぐして柔らかくする。だいたい半分の厚さにのばす。
3. タピオカ粉以外の鶏胸肉の煮汁を合わせて沸かす。2の胸肉に片栗粉をまぶして煮汁の中に入れて火を通す。
4. 途中ですだれ麩を入れる。5分間ほど煮たら、最後に水で溶いたタピオカ粉を加えてとろみの調整をする。火を止めて1晩おいて味をなじませる。
5. 野菜類を煮る。レンコンは輪切りに、ニンジンは縦に切り、カブは六方に皮をむく。干シイタケは戻して軸を切り落とす、サヤインゲンはサッとゆがいておく。
6. レンコン、ニンジン、カブ、干シイタケはそれぞれ別に煮汁で煮ておく。
7. 提供時胸肉とすだれ麩、野菜を器に盛り、とろみのついた鶏の煮汁をはって蒸し器で蒸して温める。せん切りのユズを添える。

真空パックによる加熱と保存

「鶏肉を真空パックで加熱するときには、何℃で加熱したらいいですか？また加熱後の適切な保存方法を教えてください」

◎鶏の調理科学

真空調理法とは、生のまま、あるいは表面に焼き色をつけるなどの下処理をした食品を特殊フィルムに入れて空気を抜き、湯煎やスチームオーブンで加熱する方法です。
特殊フィルムの中は厳密には真空ではなく、余分な空気が抜かれて減圧された状態です。特殊フィルムが食品に密着しているので、食品には湯、あるいはスチームから特殊フィルムを介して熱が伝わります。なお、真空パック内の気圧は60〜84kpa前後なので、87〜95℃で沸騰します。

真空調理法、従来の加熱法、いずれに関わらず、肉のたんぱく質は40℃付近から変化し始め60℃以上になると熱で固まります。65℃を超えると、肉の組織を支えているコラーゲン（たんぱく質）が急激に収縮し、その結果、肉はかたくなり肉汁が流れ出てきます。75℃〜85℃を超えるとコラーゲンのゼラチン化が急速に進むので、肉は柔らかくなります（→162頁）。ちなみに、ゼラチン化は65℃以下ではほとんど起こらず、これを起こすためには長い時間が必要です。

この温度による変化は、モモ肉でも胸肉でも同じです。つまり、真空パックした鶏肉を加熱するときには、60〜65℃で加熱すれば肉汁の流出が抑えられ、柔らかくジューシーに仕上がるのです。

湯煎やスチームオーブンで加熱すると、最終的に肉の表面と中心の温度はともに湯の温度、あるいは庫内温度に到達します。肉が目的の温度に達するまでには、かなり長い時間を要します。

さて気になる衛生面ですが、食肉の加工販売の基準（食品衛生法）では、肉の中心が63℃で30分間以上加熱されていれば、おおむね安全としています。実際に、真空調理後に急冷し（90分間以内に中心温度3℃）、5℃で2週間保存しても、一般細菌はわずかしか検出されず、再加熱後には細菌がまったく検出されなかったという結果も報告されています。
真空調理法の発祥の地であるフランス衛生局の基準では、保存期限は3℃以下の冷蔵で6日間（レストランの場合）です。これを踏まえ、日本では0〜3℃の冷蔵で6日〜7日を保存期限としているケースが大半を占めているようです。

味の面では、冷蔵（5℃）で2週間保存した研究では、調理直後と変わらないことを報告しています。冷凍すると微生物の繁殖を抑えられるため、保存期間は冷蔵するよりも長くなりますが、冷凍保存中の状況によっては品質劣化が起こります。
たとえば、急速冷凍しなかったり、保存中の温度が一定でなければ、肉中に大きな氷結晶ができ、肉組織を破壊することで食感が悪くなったりします。また、包装フィルムの微細孔を通って冷凍庫臭がついたり、肉の水分がフィルムの外に逃げて部分的な乾燥が現れたりすることもあります。真空調理後の品質を考えるならば、冷凍よりも冷蔵保存（0〜3℃）するほうがよいかもしれません。

（佐藤秀美）

ちきん南蛮

宮崎県の郷土料理。今では全国的に知られるメニューとなった。鶏の唐揚げを甘酸っぱいタレにくぐらせて、マヨネーズベースのタルタル風ソースをかけてすすめる。モモ肉を使うこともあるが、タルタル風ソースをかけるので、ここでは胸肉を使ってあっさりと。

日 / 亀田雅彦（いふう）

材料：
鶏胸肉（皮なし）　170g
下味調味料
├ 日本酒　10cc
└ 塩、コショウ　各少量
衣
├ 卵（L）　1個
├ 薄力粉　15g
└ 片栗粉　5g
揚げ油　適量
甘酢ダレ
├ 合せ酢（酢1：濃口醤油1：水1）
│　　70cc
├ 砂糖　70g
└ カットレモン　25g
タルタル風ソース　適量
キャベツ（せん切り）　適量

◎タルタル風ソース：
卵（L）　5個
玉ネギ（みじん切り）　1個
ピクルス（みじん切り）　75g
パセリ（みじん切り）　10g
マスタード　10g
マヨネーズ　160g
レモン絞り汁　50cc
白コショウ　適量

1　胸肉は皮をはずして下味調味料をまぶし、15分間おいて味をなじませる。
2　1に衣の材料を加えてよく混ぜる。
3　160℃に熱した揚げ油に2の胸肉を入れて5分間加熱し、その後温度を180℃に上げて表面をカリッと揚げる。
4　甘酢ダレの材料を合わせて火にかけて沸かし、揚げたての3をくぐらせて取り出し、切り分ける。
5　器にせん切りキャベツを盛り、胸肉を盛り、タルタル風ソースをかける。

◎タルタル風ソース
1　卵はかたゆでにして潰しておく。玉ネギは水にさらして水気をきる。
2　すべてをよく混ぜ合わせる。1～2の工程はフードプロセッサーで行なってもよい。

ヴォル オー ヴァンのフィナンシェール

Vol-au-vent à la finansière

ヴォローヴァン ア ラ フィナンシエール

柔らかいクネル、ゼラチン質に富んだトサカ、しっとりとした胸肉。それぞれの食感の違いを楽しんでいただくように、1羽の鶏のさまざまな部位を使って調理をし、トリュフの香りのソースで一つにまとめてパイに詰めたクラシカルな料理。生クリームと卵でまろやかに仕上げた。

仏 / 高良康之（銀座レカン）

材料：2人前
鶏胸肉　1枚（250g）
塩　鶏の1.2%
鶏の白色フォン（→38頁）　300cc
グロセル（ゲランド産）　適量
クネル　60g
鶏のトサカ*　50g
リドヴォー**　60g
マッシュルーム（4等分）　60g
バター　15g
マデラ酒　50cc
塩、コショウ　各適量
フィナンシェールソース
├バター　10g
├薄力粉　10g
├マデラ酒　50cc
├鶏のグラス***　150cc
├黒トリュフ（みじん切り）　15g
├ジュドトリュフ　10cc
├生クリーム（乳脂肪分35%）　50cc
├卵黄　20g
└マスタード　30g
パイ生地　300g
水溶き卵黄　1個分

*鶏のトサカを塩を加えた湯でゆでこぼして薄皮をむき、鶏の白色フォン適量で8時間程度煮る。
**リドヴォーは塩を加えた水からゆでて氷水にとり、薄膜、血を除く。
***鶏の白色フォン350ccを150ccまで煮詰めたもの。

1　ヴォルオーヴァンを焼く。パイ生地を厚さ3mmに延ばして直径10cmのセルクルで丸く抜く。これを4枚用意する。

2　2枚の生地の表面に溶いた卵黄を塗り、1枚ずつ重ねて貼る。上にも卵黄を塗ってナイフで模様をつける。

3 220℃のオーブンで20分間焼き、上部中央を直径6cm程度くり抜く。くり抜いた部分は蓋にする。ヴォルオーヴァンの完成。
4 胸肉に火を入れる。皮、スジ、薄膜を取り除き、全体に塩をふる。鍋に鶏の白色フォンを入れて、鶏の味が抜け出さないようにグロセルでしっかり味をつける。
5 フォンを68℃に温め、胸肉を入れて20分間加熱し、取り出して保温しておく。
6 フィナンシェールソースをつくる。鍋にバターを入れて溶かし、薄力粉をふり入れて色づけないようサラサラになるまで炒めてルウをつくる。
7 ここにマデラ酒を加えて軽く煮詰め、鶏のグラスを加えて味を補う。一煮立ちしたら黒トリュフ、ジュドトリュフを加える。
8 ボウルに生クリームと卵黄とマスタードを混ぜ合わせておく（A）。7を火からおろし、Aを加えてよく混ぜてつなぎ、とろみをつける。塩、コショウで味を調えてソースとする。
9 5の胸肉を3cm角に、鶏のトサカを2cm程度に、リドヴォーを1.5cm角に切り分ける。
10 フライパンにバター15gを入れてマッシュルームをソテーして取り出す。
11 リドヴォーに塩、コショウをふり、薄力粉（分量外）をまぶして10のフライパンに入れてソテーして焼き色をつける。マッシュルームを戻し、マデラ酒を加える。軽く煮詰め、9の胸肉とトサカ、クネルを加えて8のソース全量を加え、塩、コショウで味を調える。
12 ヴォルオーヴァンをオーブンで温めて皿の中央におき、11を盛り込み、蓋を添える。

◎クネル

材料：
パナード
├ バター　20g
├ 牛乳　120cc
├ 薄力粉　60g
└ 塩、コショウ　各適量
鶏胸肉（皮なし）　100g
卵　25g
卵黄　15g
バター　15g
塩、コショウ、ナツメグ　各適量

1 パナードの材料を鍋に入れて弱火で炒め、塩、コショウで味を調えておく。
2 クネルのすべての材料をフードプロセッサーにかけたのち、タミで裏漉しして生地をつくる。
3 左段5で胸肉をゆでたフォンに塩を加えて熱し、ティースプーンなどで生地を指先大にくり抜いて落としてゆでる。上に浮いてきたら火が通った目安。

◎パイ生地

材料：
デトランプ
├ 薄力粉　125g
├ 強力粉　125g
├ 塩　5g
└ 冷水　150cc（季節に応じて減らす）
折込用バター　225g
打ち粉（強力粉）　適量

1 デトランプをつくる。粉類を合わせてふるってボウルに入れておく。
2 水を充分に冷やしておき、塩を加えてよく混ぜる。
3 1の粉に2の冷水を加えて合わせ、作業台の上に取り出して、練らないように注意して丸くまとめる。
4 上面に十字の切込みを深めに入れ、ラップで包み冷蔵庫で1時間程度やすませる。
5 冷蔵庫から取り出して、切り目から四方に広げるように麺棒で延ばす。
6 折込用バターを叩いて四角く延ばして、デトランプの中央に角度を45度ずらせておき、四方からデトランプでバターを包み込む。
7 打粉をふり、麺棒を使って6を元の3倍の長さの長方形に延ばす。
8 打粉を刷毛ブラシなどで払い、3つ折りにたたみ、元の四角の大きさに戻す。
9 90度回転させて、7と同様に延ばし、8の要領で3つ折りにする。
10 7～9の2回を1セットとして冷蔵庫でやすませながら、3セット行なう。
11 3つ折りを計6回終えたら、冷蔵庫でやすませて、その都度取り出して使用する。

鶏胸肉のヴィネガー風味
Poulet au vinaigre
プーレ オ ヴィネーグル

煮込み料理では、肉は骨つきのほうが旨みが出るし、火の通りもおだやかになる。ここで注意したいのは、加えるニンニクの炒め方。ニンニクは酸によって火が通りにくくなるので、ヴィネガーを加える前に柔らかく炒めておくことが大事。そうしないと、ニンニクに火が入るまで煮込むことになり、肉に火が入りすぎてしまうからだ。骨つきならば、これもいくぶん緩和される。

仏 / 高良康之（銀座レカン）

材料：
鶏胸肉（骨つき）　2枚（280g×2）
塩、コショウ　各適量
オリーブ油　適量
ニンニク　5片
トマト（L）　3個
タイム　5枝
白ワインヴィネガー　300cc
鶏の白色フォン（→38頁）　100cc
生クリーム（乳脂肪分35％）　200cc

つけ合せ
┌ カブ（4等分を塩ゆで）　2個分
├ ペコロス（横半分に切ってソテー）　4個分
└ サヤインゲン（塩ゆで）　20本
パセリ（みじん切り）　適量

1 骨つき胸肉の両面に塩、コショウをふる。
2 ココットにオリーブ油をひき、**1**の胸肉の表面に焼き色をつける。ここに半割りにして芽を取り除いたニンニクとヘタを取って横半分に切ったトマト、タイムを入れて炒める。
3 ニンニクに串を刺してスッと通るくらい柔らかくなったら、白ワインヴィネガーを加えて蓋をし、25分間煮込んで胸肉に火を入れる。
4 鶏に8割ほど火が入ったら取り出して温かいところにおいて余熱で火を入れる。
5 鍋に残った白ワインヴィネガーが1/5になるまで中火で煮詰めて水分を飛ばして味を凝縮させてから、鶏の白色フォンを加えて軽く煮る。
6 煮詰めた煮汁をシノワで別の鍋に漉し入れ、ニンニクとトマトを裏漉しして戻す。
7 **6**に生クリームを加えて、適当な濃度がつくまでさらに軽く煮詰め、塩、コショウで味を調える。
8 鍋に下調理をしたつけ合せと、**4**の胸肉を入れてからめるように温め、パセリをふって仕上げる。
9 胸肉の骨を取り除いて4人分に切り分け、つけ合せとともに盛りつける。

胸肉、香味野菜、ミントをのせたウコン風味のご飯

越南鶏飯　ユエナンヂィファン

東南アジアでは鶏肉を使った料理が多い。ここではマレーシアなどでポピュラーな「鶏飯」を、ミントを使ってベトナム風にアレンジした一品を紹介する。ベトナムに隣接する中国の西南方系の料理にはよくターメリックを使うので、ターメリック入りの黄色いご飯に鶏胸肉をのせてみた。胸肉は80℃でゆっくりゆで、肉の繊維に沿って手で裂いて、しっとりとした口あたりに。

中 / 田村亮介（麻布長江）

材料：2人前
鶏胸肉　1枚
赤玉ネギ　100g
万能ネギ　10g
紅芯大根　20g

合せ調味料
- 濃口醤油　10g
- 米酢　10g
- ラー油　6g
- 魚露（魚醤油）　6g
- 三温糖　2g

米　1合
ターメリック　小さじ1/4
ニンニク　2片
ミントの葉　10枚

1. 胸肉を80℃の湯で12〜15分間ゆでて取り出す。このゆで汁はとっておく。冷めたら皮をはずし、繊維に沿って手でほぐす。
2. 米は洗米して、30分間浸水しておく。
3. **1**のゆで汁180ccにターメリックを加えて浸水した米を炊く。
4. 赤玉ネギは繊維を断つようにスライスして水に放ち、辛味をとる。万能ネギは長さ5cmに切りそろえる。紅芯大根は長さ5cmのせん切りにする。ニンニクは薄切りにして低温の油（分量外）で揚げてニンニクチップにする。油はニンニクオイルとして利用。
5. ボウルに**1**の胸肉と**4**の野菜類を入れ、合せ調味料を加えてさっくりと和える。
6. 器に炊き上がったターメリックご飯を盛り、上に**5**を盛る。ニンニクチップとミントの葉を散らし、ニンニクオイルを数滴たらす。

たんぱく質変性の温度

「鶏肉にしっとり火を入れたいのですが、モモ肉、胸肉はそれぞれ何℃くらいで加熱したらいいですか？」

鶏肉として食べている肉は、すべて鶏の筋肉で、この筋肉組織の構造が加熱後の仕上がり状態を大きく左右します（図1参照）。

筋肉は、糸のように細長い“筋線維”という細胞が多数集まってコラーゲン（固いたんぱく質）でできた薄い膜で包まれて束になり、この束がさらにコラーゲン膜で包まれて大きな束になった構造をしています。筋肉全体は分厚いコラーゲンの膜で包まれており、この膜の両端は“スジ（腱）”と呼ばれ、骨についています。

焼いた鶏肉は簡単に手で割けますが、割ける方向はコラーゲンの膜で束ねられている筋繊維の方向です。

生の鶏肉を口に入れると柔らかく感じるものの、歯で噛み切るには力が必要です。つまりある程度のかたさがあります。けれども、加熱していくと、65℃付近までは生のときよりも柔らかくなり、65℃を超えると急激にかたくなり、75℃を超える付近から再び柔らかくなります（図2参照）。

この現象には、筋繊維を構成するたんぱく質やこれを束ねるコラーゲンの熱による変化が影響しています。筋繊維のたんぱく質は40℃付近から変化し始め、60℃ぐらいになると熱で固まります。筋繊維が固まると、肉に歯が食い込みやすくなる、つまり柔らかくなります。65℃を超えると、コラーゲンの膜が急激に縮みます。牛肉の場合、65℃を超えるとコラーゲンの長さが約1/3になると言われるほどの縮み方です。

コラーゲンが縮めば、その分、コラーゲンの膜が厚くなるので肉はかたくなります。75～85℃を超えるとコラーゲンのゼラチン化が急速に起こるため、肉は柔らかくなります。

肉にしっとり火を入れたいときに気をつけることは、肉の中心温度が65℃を超えないようにすることです。65℃を超えるとコラーゲンが縮み、この膜に包まれている筋繊維が締めつけられるからです。締めつけが強くなると、筋繊維の細胞の中に含まれる肉汁が、まるで“雑巾絞り”のような形で細胞の外に流れ出します。

焼いたり煮たりする過程では、肉の表面は当然65℃を超えるので、表面部分はかたくなってパサつきます。けれども中心温度を65℃以下に抑えれば、中心付近は柔らかく肉汁を保っています。中心付近が良好な状態であれば、食べたときに肉全体が柔らかくしっとりと感じられます。これは、胸肉、モモ肉、ササミなどの部位に関わらず、すべてに共通な現象です。　（佐藤秀美）

図1

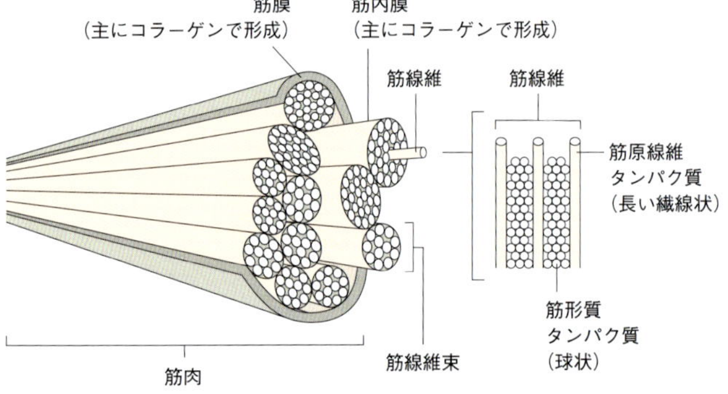

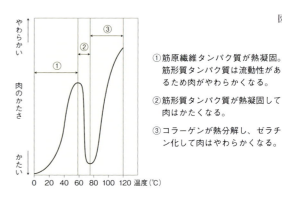

筋膜
（主にコラーゲンで形成）
筋内膜
（主にコラーゲンで形成）
筋線維
筋線維
筋原線維
タンパク質
（長い繊線状）
筋形質
タンパク質
（球状）
筋線維束
筋肉

図2

やわらかい
肉のかたさ
かたい
①
②
③
0 20 40 60 80 100 120 温度（℃）
①筋原繊維タンパク質が熱凝固。筋形質タンパク質は流動性があるため肉がやわらかくなる。
②筋形質タンパク質が熱凝固して肉はかたくなる。
③コラーゲンが熱分解し、ゼラチン化して肉はやわらかくなる。

図出典：「おいしさをつくる熱の科学」（柴田書店）、p.134、p.135

ササミ

ささみ湯引き 木姜油のジュレ パフェ仕立て

木姜油鶏柳　ムゥジャンヨウヂィリュウ

ササミを湯引きし、木姜油というレモンのような香気成分のある植物油を加えたジュレを合わせた冷たい前菜。ササミのなめらかさを生かすために食感の異なる野菜類、砕いたおこげなどを加えて、口当たりにメリハリをつけてみた。　中 / 田村亮介（麻布長江）

材料：
鶏ササミ　1本
浸け地（同量の濃口醤油と毛湯を合わせたもの）　適量
木姜油ジュレ
├味醂　25g
├淡口醤油　20g
├清湯（→151頁）　180cc
├板ゼラチン　3g
└木姜油　7.5cc
キュウリ　10g
紅芯大根　8g
ナガイモ　20g
おこげ　少量
菊花　少量

木姜油。クスノキ科の山蒼子という樹木の種子に含まれる油で、レモンのようなさわやかな香りが特徴。

1　ササミのスジを取り除き、沸騰した湯でボイルして氷水に浸けて締める。水気をきり、浸け地に5分間浸けておく。
2　キュウリ、紅芯大根、ナガイモは5mm角に切る。おこげは230℃に熱した揚げ油で揚げて油をきり、砕いておく。
3　木姜油ジュレをつくる。味醂、淡口醤油、清湯を合わせて沸かし、戻した板ゼラチンを加えて溶かし、氷水で冷やし固める。
4　ジュレ状に固まったら木姜油を加えてくずしてよく混ぜる。
5　グラスに2の野菜類を盛り、4のジュレを適量かけ、そぎ切りにしたササミを盛る。上におこげと菊花、キュウリ、紅芯大根、ナガイモを散らす。

ジュレをまとったササミのミキュイと白桃のクーリ

Gelée d'aiguillette au coulis de pêches
ジュレ デギュイェートゥ オ クーリ ドゥ ペーシュ

繊細なササミはコンソメで寄せ、淡い甘みのクーリを合わせた。夏のさわやかな冷前菜。白コショウのストレートな辛みがアクセントとなる。またクーリの甘さをオクサリスの酸味が柔らかく引き締めてくれる。ゼリー寄せのササミには完全に火を通さないので、小さなテリーヌ型で仕込み、その日のうちに使い切ること。　仏／高良康之（銀座レカン）

材料：長さ16cm×幅8cm×高さ7cm
　　　のテリーヌ型1台分／8人前
ゼリー寄せ
├ 鶏ササミ　12本
├ 塩　鶏の1%
├ 鶏のコンソメ（→46頁）　300cc
└ 板ゼラチン　15g
ミニヨネット（白コショウ）　適量
フレーキーシーソルト　適量
白桃のコンポート　1/12個分
白桃のクーリ　適量
バルサミコ酢＊　500cc
オクサリス　適量

◎白桃のコンポート：
白桃（L）　6個
シロップ
├ 水　1リットル
├ グラニュー糖　220g
└ レモン絞り汁　1個分

◎白桃のクーリ：
白桃のコンポート　1個
コンポートのシロップ　36cc
レモン絞り汁　15cc
モモのリキュール　3〜4滴

＊バルサミコ酢500ccをバット（25cm角、高さ3cm）に注ぎ、80℃のディッシュウォーマーに入れて約1.5〜2日間かけて自然に水分を飛ばす。営業終了後は冷蔵庫に移して保管し、翌日また戻す。500ccが1/8程度（62.5cc）になる。

1　ササミは薄膜とスジを取り除く。1%の塩をふって30分間おく。
2　ササミの味が過度に抜けないように、鶏のコンソメに塩（分量外）で薄味をつけて火にかけ、68℃まで上げたらこの温度を保つ。ここに数回に分けてササミを入れて火を入れる。コンソメの分量が多いと、ササミから出てくる旨みが薄まってしまうので注意。
3　残ったコンソメを沸かして火を止めるとアクなどが沈むので、上澄みをシノワでボウルに漉し入れる。200ccを取り分け、戻した板ゼラチンを加えて溶かす。下に氷をあてて冷まし、ゆるく濃度をつける。
4　氷水をはったバットにテリーヌ型を入れて、3のコンソメを70ccほど流し入れて8割程度まで固める。固まったらその上にササミを3列並べる。
5　ササミがかぶる程度のコンソメを注ぎ入れて、8割程度まで固める。これを4回くり返して、半日冷蔵庫に入れて冷やし固める。
6　器に冷たい白桃のクーリを丸く流し、ゼリー寄せを厚さ1.5cmに切り出して、粗く潰した白コショウ、フレーキーシーソルトをふる。煮詰めたバルサミコ酢で線を描き、皮をむいて切り分けた白桃のコンポートとオクサリスを添える。

◎白桃のコンポート
1　白桃は皮をつけたまま半割りにする。シロップの材料を合わせて沸かし、弱火で白桃を20分間煮る。
2　そのまま冷まし、冷蔵庫で保管する。

◎白桃のクーリ
1　コンポートの皮をむき、種を除く。
2　1をミキサーに入れ、コンポートを煮たシロップ、レモン絞り汁、モモのリキュールを加えてなめらかに回す。

鶏ささみのスモーク ブラータチーズとサルサペペローニ

Pollo affumicato con burrata e salsa peperone rosso
ポッロ アッフミカート コン ブッラータ エ サルサ ペペローネ ロッソ

瞬間燻製器で燻煙を立ててササミを燻製にし、密封容器に詰めて煙を閉じ込めた。客席で蓋を開けると、燻香が広がるというしかけ。淡白な味のササミに、マイルドな味のブラータチーズと、焼いた赤パプリカの甘みを合わせた。　伊／辻 大輔（コンヴィーヴィオ）

材料：4人前
鶏ササミ　2本
ブラータチーズ*　1個
塩、オリーブ油　各適量

赤パプリカソース
├ 赤パプリカ　2個
├ ニンニク　1/2片
├ アンチョビ　4尾
├ 生クリーム　少量
└ 塩、オリーブ油、水　各適量

＊水牛または牛乳でつくったイタリア産のフレッシュチーズ。モッツァレラチーズに似ているが、とても柔らかく乳脂肪分が高い。

1　ササミに1％の塩をふって、サッと表面を炭火であぶる。
2　ブラータチーズは塩とオリーブ油で和える。
3　赤パプリカソースをつくる。赤パプリカを丸ごとあぶって皮をこがし、冷水にとって皮をむく。水気をふいて乱切りにする。
4　鍋にオリーブ油をひき、ニンニクを炒めて香りを出す。ここに赤パプリカ、塩とアンチョビを入れて炒める。
5　火が通ったら生クリーム、水を少量加えて5分間ほど弱めの中火で煮込む。
6　ミキサーにかけてピュレ状にしてソースとする。
7　密封ビンに6のソース、ブラータチーズ、ササミを入れて、燻煙を注入し、すぐに蓋を閉める。

瞬間燻製器で密封ビンに燻煙を充填しているところ。

鶏ささみのラビオリ イン ブロード

Ravioli di pollo in brodo
ラヴィオリ ディ ポッロ イン ブロード

ラビオリの中にペースト状のササミ入りベシャメルソースを詰めた。鶏でとったブロードに浮かべてスープ仕立てに。これはイタリアではクリスマスのメニューによく登場するパスタだ。ササミのベシャメルは、ラザニアのソースや、鶏のソテーのソースにも合う。　伊／辻 大輔（コンヴィーヴィオ）

材料：
生パスタ生地（→173頁）　1枚（20cm角）
ベシャメルの詰め物　小さじ1×3個分
スープ（→209頁鶏首肉とパン）　100g
オリーブ油　適量

◎ベシャメルの詰め物：16人前（48個分）
牛乳　100g
バター、薄力粉　各10g
鶏ササミ　3枚
塩　適量
グラナパダーノチーズ（粉）　30g
ローズマリー（みじん切り）　適量

1　生パスタ生地はパスタマシンで厚さ1mm以下に延ばす。延ばした生地の上に、ベシャメルの詰め物を大さじ1ずつ間をあけて並べ、霧吹きでぬらす。生地をかぶせて空気を抜き、詰め物の周りを密着させる。
2　直径6cmのセルクルで丸く抜く。
3　沸かした塩湯でラビオリを5分間程度ゆでて器に盛る。
4　スープを温め、3のラビオリに注ぐ。オリーブ油をたらして仕上げる。

◎ベシャメルの詰め物
1　ベシャメルソースをつくる。鍋にバターを入れて溶かし、薄力粉を加えて木ベラで混ぜながらゆっくり炒める。薄力粉がサラサラしたら、温めた牛乳を数回に分けて加え、さらに混ぜて濃度をつけ、塩で味を調える。
2　ササミはスジを抜いて薄皮をむき、掃除する。ここにササミの1％量の塩をふる。
3　フライパンにオリーブ油をひいて、2のササミをしっかり焼いて焼き色をつける。
4　ササミをフードプロセッサーにかけてなめらかにし、ベシャメルソース、グラナパダーノチーズ、ローズマリー、必要ならば塩を加えてよく混ぜる。

椀物 鶏ささみの玉子豆腐

細かく裂いた柔らかいササミを玉子豆腐で寄せた椀種は、
丸く抜いて鶏だしをベースとした吸い地ですすめる。

日／亀田雅彦（いふう）

材料：
玉子豆腐　19cm角の流し缶1台分
- 鶏ササミ（大）　3本（135g）
- 鶏だし（→98頁）　600cc
- 卵（L）　9個
- 塩　5g
- 淡口醤油　15cc
- 味醂　20cc

吸い地
- 鶏だし150cc、だし150cc、淡口醤油・塩各適量

マツタケ　1/2本
ツマミ菜　少量
八方地*
- だし600cc、淡口醤油20cc、塩3g、味醂30cc、
  日本酒10cc、追いガツオ適量

長ネギ　適量

*材料を合わせて一煮立ちさせて漉す。

1　ササミはスジを抜いて表面の薄皮をむく。鶏だし（分量外）を温めて、ササミに完全に火を通す。火を入れすぎないように注意。

2　ササミを取り出して細かく裂いておく。

3　流し缶の高さの半分くらいまで細かく裂いたササミを詰める。

4　冷たい鶏だし600ccに卵、塩、淡口醤油、味醂を合わせてよく混ぜ、3に注ぎ入れる。

5　中火の蒸し器で約15分間蒸したのち、弱火で10分間蒸して取り出して冷ます。

6　吸い地を用意する。鶏だしとだしを合わせて熱し、淡口醤油と塩で味を調える。

7　ツマミ菜は熱湯でゆがき、八方地に浸ける。長ネギをせん切りにして水に放つ。

8　5の玉子豆腐を丸く抜き、蒸し器で温め、椀に盛る。スライスしてサッと吸い地にくぐらせたマツタケ、ツマミ菜を盛り合わせ、熱い吸い地を注ぐ。長ネギの水気をきり、ふんわり丸めて上に添える。

ささみの石焼き 酒盗ソース

ササミはサッと湯引きして盛りつけ、お客さまが各自食卓で焼いて、酒盗ソースをつけて食べていただく。ササミは火が通りやすいので、短時間で焼けるため、卓上調理に最適だ。柔らかくて淡白な味なので、少し個性のある酒盗ソースを合わせてみた。

日／亀田雅彦（いふう）

材料：
鶏ササミ　60g
昆布　適量
酒盗ソース
├ 酒盗　250g
└ 日本酒　250cc
レモン　2切れ

1　ササミはスジを抜いて、沸かした湯の中に入れて霜降りし、水気をふいて昆布で挟む。冷蔵庫で6時間おいて旨みをつける。
2　酒盗ソースをつくる。酒盗と日本酒を合わせて弱火にかけ、半量になるまで煮詰めて漉し、冷ましておく。
3　1のササミを取り出し、そぎ切りにして皿に並べ、2の酒盗ソースをかけて5分間おく。
4　コンロに熱く焼いた石（ガスコンロで焼く）をのせて、3の盛り皿とともに提供。別皿で酒盗ソースとくし形切りのレモンを添える。

加熱による胸肉・モモ肉・皮の変性

「鶏胸肉は加熱しすぎると
　　　パサパサにかたくなるのはなぜですか？
　モモ肉はなぜかたくならないのですか？」

◎鶏の調理科学

加熱しすぎたときに胸肉がモモ肉よりもパサパサとしてかたく感じるのは、胸肉が一つの筋肉（大胸筋）そのものであるのに対し、モモ肉が複数の筋肉（大腿二頭筋など）の集合体であるという、肉の組織構造の違いが大きく関わっています。

一つ一つの筋肉の外側はコラーゲンの厚い膜に包まれており、その膜の内側には脂肪がありません。つまり、筋肉一つで構成される胸肉は脂肪のついた皮を除けば脂肪がほとんどない肉です。モモ肉の場合、皮を除いても、複数の筋肉の間に脂肪が存在します。さらに、モモの部位はよく筋肉を動かすところなので、胸肉に比べ、一つ一つの筋肉全体を包むコラーゲンの膜が発達し厚くなっています。

鶏肉を加熱すると、30〜32℃で脂肪が溶け始め、60℃を超えるとたんぱく質が熱で固まるようになり、65℃を超えるとコラーゲンが収縮するのでかたくなり、筋繊維（筋肉ではなく、内側の繊維細胞→162頁）の細胞内から細胞外に肉汁が出ていきます。この熱による変化は肉の部位が違っても同じです。

加熱しすぎたモモ肉にパサつきを感じない理由は、①筋肉間に存在する脂肪が溶けて口中に広がり、そのなめらかさで肉のパサつきが感じにくいこと、②筋肉一つ一つを包むコラーゲンの厚い膜が細胞の外に出てきた肉汁を筋肉の内側に閉じ込めるように作用するので、複数の筋肉の内側にたまった肉汁が口中で広がること、の2つが大きく貢献していると考えられます。

ササミも胸肉と同様に、一つの筋肉（小胸筋）で構成されているので、肉の内部には脂肪がありません。しかし加熱しすぎても、胸肉ほどパサつきを感じないのは、モモ肉でパサつきを感じない理由②と同じだと考えられます。

つまり、ササミが胸肉の約1/5と小さいので、口に入れるときは筋肉の内側にたまった肉汁ごと入れる形になるためです。胸肉の場合、モモ肉やササミのようにパサつきを感じさせにくい要素が一つもないので、肉汁が失われた肉のパサつきを、そのまま口の中で敏感に感じとってしまうのでしょう。

胸肉を加熱するときには、中心温度が65℃を超えないようにくれぐれも気をつけたいものです。また、食べるときには脂肪の多い皮と一緒に口に入れると、脂肪のなめらかさでパサつきが幾分抑えられるでしょう。

ちなみに鶏皮を加熱すると独特の食感が生まれる理由は、皮の主成分がコラーゲンで、皮の温度が65℃を超えると縮む性質のためです。温度が高くなるほどコラーゲンは大きく縮むため、特有の食感は強まります。100℃を超えると、皮から水分が蒸発し乾燥してくるので、皮特有の食感にカリッとした食感も備わってきます。

（佐藤秀美）

モモ

鶏腿、苦瓜、自家製パイナップル味噌のスープ 客家族風

蔭鳳梨苦瓜鶏湯　インフォンリィクゥグワヂィタン

鶏モモ肉とニガウリにパイナップルでつくった発酵調味料を加えたやさしい味のスープ。台湾の客家族に伝わるスープで、この3種は定番の組合せだ。鶏肉のかわりに豚スペアリブを使うこともある。湯(タン)ではなく水で煮て、シンプルに鶏の旨みとパイナップル味噌の風味を生かした。　中／田村亮介（麻布長江）

材料：2人前
鶏モモ肉　200g
水　900cc
ショウガ（1.5cm×4cmの薄切り）　15g
ニガウリ　50g
パイナップル味噌（1cm角）　40g
クコの実　適量

◎パイナップル味噌＊：
パイナップル果肉　2.9kg
豆麹　400g
塩　400g
上白糖　500g
刻んだ甘草　40粒

＊台湾ではパイナップルなどのフルーツを使った調味料がいくつかあり、パイナップル味噌はその一つ。ペーストにしてタレやソースに加えてもいいし、ディップなどに利用してもいい。

1　モモ肉はスジ、脂を取り除いて4cmのぶつ切りにする。水からゆでて、浮いてきた血合いや脂などを取り除く。
2　鍋に水、1のモモ肉、ショウガ、パイナップル味噌、ニガウリ（縦半分に切って種を取り除き、長さ3cmのくし形切りにする）を加えて沸騰するまで強火にかける。
3　沸騰したら弱火にして20分間ほど煮る。味つけはパイナップル味噌のみ。器に盛ってクコの実を添える。

◎パイナップル味噌
1　豆麹に塩、上白糖、刻んだ甘草を混ぜ合わせておく。
2　パイナップルを厚さ1cmに切って容器に詰め、1を挟んでパイナップルを何段か重ねていく。
3　ラップフィルムをかけて常温で2週間ほど発酵させたのち、冷蔵庫に移して1ヵ月程度熟成させる。この間に週1回程度かき混ぜ、パイナップルが液体となじんでつややかになったら完成。

鶏もも肉のトロンケッティ

Tronchetti di pollo
トゥロンケッティ ディ ポッロ

トロンケッティは「小さい切り株」を意味するイタリア語。ここでは文字通り、鶏モモ肉のラグーを薄くのばした生パスタで巻いて木の切り株のような形に成形した。

伊／辻 大輔（コンヴィーヴィオ）

材料：
生パスタ生地　1枚（20cm×30cm角）
鶏のラグー　50g
ズッキーニのソース　15cc
トマト、ズッキーニ（各角切り）　各少量
マージョラム　少量

◎生パスタ生地：
中力粉　400g
セモリナ粉　125g
卵白　260g
水、オリーブ油、塩　各適量

◎鶏のラグー：
鶏モモ肉　1枚（150g）
塩　適量
オリーブ油　適量
ソッフリット（→88頁）　20g
赤ワイン　20cc
トマトソース（→88頁）　15cc
ローズマリー　1枝
レンズ豆（ボイル）　大さじ1

◎ズッキーニのソース：
ズッキーニ　1本
ニンニク（潰す）　1/4片
オリーブ油　20g
塩　適量

1　生パスタの生地をパスタマシンで厚さ1mm以下に延ばす。
2　沸騰した塩湯で**1**のパスタをゆでる。氷水にとって冷まし、水気をふき取る。10cm×30cm角に切る。
3　**2**のパスタで鶏のラグーを巻き、3cm長さに切る。これを7個用意する。
4　**3**のパスタを立てて、その周りに3cm幅の帯状に切ったパスタを巻く。
5　器にズッキーニのソースを流し、**4**を盛る。周りにサッとゆでたズッキーニ、トマト、マージョラムを散らし、オリーブ油をたらす。

◎生パスタ生地
1　生パスタの材料をすべてボウルに入れてよくこねてまとめ、冷蔵庫で1晩ねかせる。時間をおくとグルテンがゆるんで生地がまとまりやすくなる。

◎鶏のラグー
1　モモ肉に塩をふり、オリーブ油をひいたフライパンで皮側をカリッと焼いて、焼き色をつける。
2　ここにソッフリットと赤ワイン、トマトソース、ローズマリー、レンズ豆、浸るくらいの水を入れて、弱めの中火で1時間ほど煮込む。煮汁が煮詰まったら適宜水を加える。
3　柔らかく煮上げたモモ肉を細かく刻む。

◎ズッキーニのソース
1　鍋にオリーブ油、ニンニクを入れて火にかけて香りをたてる。
2　香りが出たら輪切りにしたズッキーニを入れて炒め、塩で味を調える。焼き色がつく手前で火を止めてミキサーで回し、なめらかなソースにする。

鶏まんじゅう

鶏モモ肉を豚角煮風に甘辛く煮て中に詰めた芋まんじゅう。まんじゅうの皮はサトイモとジャガイモをブレンドしたもの。サトイモだけでは粘りが強すぎて重たくなってしまうので、男爵系のジャガイモを合わせて食べやすくした。

日／亀田雅彦（いふう）

材料：つくりやすい分量
鶏モモ肉　1kg
煮汁
├ 水　1.3リットル
├ 炭酸水　200cc
├ 濃口醤油　150cc
├ 砂糖　80g
├ たまり醤油　30cc
└ 青ネギ、ショウガの皮　各適量
まんじゅうの皮
├ 蒸して裏漉ししたサトイモ　3
└ 蒸して裏漉ししたジャガイモ　1
新挽粉、揚げ油　各適量
銀あん（→202頁冬瓜そぼろあんかけ）　適量

1　モモ肉はスネと上モモ2切れに切り分ける（3分割）。皮目を下に向けてフライパンに入れて火にかけ、鶏の脂を抜いて焼き目をつける。

2　1のモモ肉を圧力鍋に入れ、煮汁のすべての材料を加えて30分間煮る。炭酸水を加えるのは肉を柔らかくするため。

3　モモ肉が柔らかく煮えたら、粗熱をとる。

4　まんじゅうの皮をつくる。サトイモとジャガイモはそれぞれ蒸して裏漉しをし、表記の割で合わせて木ベラでよく混ぜる。1個65gに分けて丸める。

5　3のモモ肉を1個15gに切り分ける。4の皮を平らに潰し、モモ肉1個を中に入れて包む。丸く成形して新挽粉をまぶし、ラップフィルムで包んで仕込み終了。

6　提供時、ラップのまま電子レンジに40秒間かけて温めたのち、180℃の揚げ油で5分間ほど揚げる。浮いてきたら取り出す。

7　器に盛り、熱した銀あんをかける。

豊年蒸し

もち米を薄く開いたモモ肉で巻いて蒸したのち、中のもち米まで味がしみるように、弱火でじっくり時間をかけて炊き上げた。もっちりした食感のもち米には、胸肉よりも脂がのった旨みの強いモモ肉が適している。

日／亀田雅彦（いふう）

材料：
鶏モモ肉　150g
もち米（蒸したもの）＊　60g
煮汁
├ だし　1リットル
├ 砂糖　80g
├ 濃口醤油　20cc
└ 日本酒　10cc
小松菜
八方地
├ だし　600cc
├ 淡口醤油　20cc
├ 塩　3g
├ 味醂　30cc
├ 日本酒　10cc
└ 追いガツオ
ユズ

＊もち米は1晩水に浸けてザルに上げ、ガーゼで包んで1時間蒸す。仕上り直前に酒塩をふる。

1　モモ肉は縦に半分に切る。これをさらに左右に観音開きにして厚さを均等にする。
2　モモ肉を広げて、棒状にまとめたもち米を巻く。タコ糸で結わき、サラシで包んで巻簾で形を整える。強火の蒸し器で25分間蒸す。
3　蒸し上げたら切り分けて、合わせた煮汁に入れ、中のもち米まで味がしみるように弱火でコトコト1時間かけて炊く。鍋のまま一旦冷まして味を含ませる。
4　提供時、蒸し器で温めて盛りつける。ゆでて八方地に浸けておいた小松菜を添え、ユズのせん切りを盛る。

やわらか鶏ももと栗の春巻き

栗子鶏春巻　リィズヂィチュンジュワン

中国料理の名菜である鶏モモ肉とクリの煮込み料理をアレンジ。春巻は一般的にとろみをつけた具材を包むのだが、鶏やクリの味をストレートに生かすために、とろみをつけずに仕上げた。そのかわりに煮詰めた煮汁にとろみをつけたソースを添えることで味を補っている。高温の揚げ油で揚げると、すぐに皮の揚げ色が濃くなるため、パリッとする前に上げなければならず、歯切れが悪くなってしまうので低温の油で揚げ始める。

中／田村亮介（麻布長江）

材料：8本分
鶏モモ肉　2枚
栗金木犀甘露煮＊　8粒
クリ　適量
春巻きの皮　8枚
煮込み調味料
　┌ 毛湯（→122頁）　400cc
　├ 醤油膏（→140頁）　10g
　├ 紹興酒　10g
　├ 濃口醤油　20g
　└ 三温糖　20g
揚げ油　適量

＊クリ20粒は鬼皮、渋皮をむく。水500cc、桂花陳酒130cc、塩小さじ1/2、桂花醤15cc、氷砂糖230gを火にかけて煮溶かし、クリを入れて30分間弱火で煮る。煮汁に2日間浸けたのちに使う。

1　モモ肉に包丁を入れてスジを切る。鍋に水を注ぎ、モモ肉を入れて水からゆでてアクをとり、バットに移す。
2　別の鍋に煮込み調味料を入れて火にかけ、沸騰させる。これを1のバットに注いでセイロで30分間蒸す。
3　セイロから取り出して半日ほどそのまま煮汁に浸けて味をなじませる。
4　栗金木犀甘露煮は1粒を2〜3等分に切る。3のモモ肉を4cmの棒状に切る。
5　春巻きの皮でモモ肉3〜4切れとクリ1粒分を巻き、150℃の油で黄金色に揚げる。
6　3の煮汁を鍋で半分量まで煮詰める。
7　クリは鬼皮、渋皮をむき、薄くスライスして水に放ち変色を防ぐ。
8　低温の油（100℃）に入れてゆっくりと加熱し、最後は高温でカリッと揚げてクリチップスをつくる。
9　器に春巻きを盛り、クリチップス、6の煮汁を添える。

鶏もも肉のスピエディーノ

Pollo allo spiedino　ポッロ アッロ スピエディーノ

スピエディーノはトスカーナ地方発祥の串焼き料理で、よくサルシッチャや野菜などを串刺しにするが、ここでは鶏モモ肉を生ハムで巻いて、鶏肉に生ハムの塩味と旨みをプラスした。炭火で焼いて脂を落とし、こうばしい香りをつけた。イタリアではこのように肉や魚介類に加工肉の旨みを加える手法がよくとられる。

伊 / 辻 大輔（コンヴィーヴィオ）

材料：6人前
鶏モモ肉　1枚（150g）
塩　少量
生ハム　6枚
赤玉ネギ　1個
赤玉ネギのマリネ液
　├赤ワインヴィネガー　80g
　├塩　4g
　├砂糖　40g
　├ローズマリー　1枝
　└水　400g
フォカッチャ（→208頁）　12切れ
セージの葉　12枚
ポロネギのソース　適量

◎ポロネギのソース：
ポロネギ　1本
オリーブ油　適量
塩　適量

1　鶏モモ肉は一口大に切って塩をふり、周りに生ハムを巻く。
2　赤玉ネギをくし形切りにし、サッと水にくぐらせる。マリネ液の材料を鍋に入れて火にかける。沸騰したら赤玉ネギを入れて2分間加熱して火を止め、そのまま冷ます。
3　フォカッチャ、2の赤玉ネギ、1のモモ肉、セージ、フォカッチャ、赤玉ネギ、セージ、モモ肉の順に串に刺す。
4　炭火でじっくり焼き上げる。器に盛り、ポロネギのソースを添える。

◎ポロネギのソース

1　鍋にオリーブ油をひき、ざく切りにしたポロネギと塩少量を入れて、ネギから甘みが出るまでじっくり火を入れる。
2　これをミキサーに移して回し、なめらかなソースをつくる。

鶏もも肉の黄金ソース
Pollo dorato
ポッロ ドラート

鶏に相性のよいレモンを合わせたトスカーナの料理。ソテーした鶏モモ肉に卵黄とレモンの絞り汁を加えて、フライパンの中でソースを仕上げる。

伊 / 辻 大輔（コンヴィーヴィオ）

材料：2人前
鶏モモ肉　1枚（150g）
塩、オリーブ油　各適量
白ワイン　30g
ブロード（→82頁）　100g
卵黄　2個分
レモン絞り汁　15g
金箔　適量

1　モモ肉の両面に塩をふる。
2　フライパンにオリーブ油をひいて熱し、皮側からモモ肉を焼く。
3　焼き色がついたら裏返し、肉側にサッと火が通って白くなったら白ワインを入れ、強火にしてアルコールを飛ばす。ブロードを入れて6～7分間ほど軽く煮込む。
4　ボウルに卵黄とレモンの絞り汁を合わせて溶きほぐす。
5　3のブロードが詰まったら（ある程度水分を残すこと）、4の卵黄を入れて攪拌しながら弱火で濃度をつけていく。
6　器に盛り、上に金箔を飾る。

鶏もも肉のイチジク詰めロースト スパイス風味

Cuisse de poulet et figue rôti aux épices
キュイス ドゥ プーレ エ フィグ ロティ オ エピス

この料理には、味わいは穏やかだが、モモ肉らしさを併せもつ若鶏が合う。モモを焼いたフライパンに残った旨みを鶏のジュで溶かして煮詰めた濃いめのソースなので、フレッシュライムとスパイスを添えてさわやかに仕上げた。

仏 / 高良康之（銀座レカン）

材料：2人前
若鶏モモ肉（骨つき）　2本（150g×2）
エシャロット（みじん切り）　40g
セミドライイチジク（1cm角）　1個分
網脂　適量
塩、白コショウ　各適量
オリーブ油　適量
鶏のジュ（→43頁）　50cc
ライム絞り汁　数滴

混合スパイス*
├ クミン（ホール）
├ マニゲット**（ホール）
├ ナツメグ（粉末）
├ ガラムマサラ（粉末）
└ コリアンダー（ホール）
つけ合せ
├ クスクス***　少量
├ ライム　1/2個分
└ クレソンサラダ****　適量

*すべてをよく混ぜ合わせておく。
**カルダモンの香りに似たショウガ科の植物の種子。
***クスクス（スムール）と同量の湯にサフラン（粉末）を少量加えて、クスクスを浸して戻す。
****クレソンの葉をヴィネグレットで和える。
ヴィネグレット：みじん切りのエシャロット30g、塩10g、白コショウ2g、マスタード15gを泡立て器でよく混ぜ、シードルヴィネガー70cc、赤ワインヴィネガー70ccを加えてさらに混ぜる。ここにサラダ油750ccとオリーブ油120ccを合わせたものを、糸をたらすように少量ずつ加えて泡立て器で攪拌し、乳化させる。

1　モモ肉の内側（皮側ではなく肉側）に、骨（大腿骨）に沿って包丁を入れて切り目を入れる。続けてモモとスネの関節より少し上側（モモ側）で大腿骨を切ってはずす。
2　スネの肉を切りはずしてスネの骨をむき出しにする。スネ肉は包丁で叩いてミンチにする。
3　2のミンチにエシャロット、塩、セミドライイチジクを混ぜる。
4　1で骨をはずした部分に塩と白コショウをふり、3を詰めて肉をかぶせる。網脂で包み、形を整える。
5　フライパンにオリーブ油を入れて火にかけ、網脂全面を均等に焼いて焼き色をつける。
6　5をバットに入れて混合スパイスをふり、110℃のコンベクションオーブン（スチーム30％）で5分間焼いたのち、取り出して温かいところに2～3分間おいて保温する。
7　モモを焼き終えた5のフライパンに、鶏のジュ、ライムの絞り汁をたらして、混合スパイスを1つまみ加え、軽く煮詰めてソースとする。
8　つけ合せのクスクスと混合スパイスを皿中央に散らし、ローストした6のモモ肉、クレソンサラダ、ライムを添え、ソースをたらす。

鶏もも肉とエスカルゴのクロケットのコンポジション

Composition de cuisse de poulet et croquette d'escargot
コンポジション ドゥ キュイス ドゥ プーレ エ クロケット デスカルゴ

鶏肉にはパセリとニンニクがよく合う。クロケットに使ったエスカルゴバターとナスのピュレをつなぐために、ピュレにニンニクを加えてイタリアンパセリを添え、ソテー、クロケット、クーリに一体感をもたせた。エスカルゴには胸肉の淡白さよりも、モモ肉の力強さのほうが合うと思う。なおエスカルゴはハマグリに変えてもいいだろう。

仏 / 高良康之（銀座レカン）

材料：4人前
鶏モモ肉　1枚（220g）
塩　鶏の1％
白コショウ　適量
オリーブ油　適量
バター　適量
エスカルゴのクロケット　8個
エスカルゴバター＊　適量
ナスのピュレ　15g×4
コンソメのソース　少量
つけ合せ
├ グリーンアスパラガス（塩ゆで）　4本
└ イタリアンパセリ　16枚

◎エスカルゴのクロケット：
エスカルゴ（水煮）　8個
エスカルゴバター　適量
薄力粉、溶き卵、パン粉（ドライ・細目）
　各適量
揚げ油　適量

◎ナスのピュレ：
ナス　2本
ニンニク（スライス）　1片
オリーブ油　120cc
塩　適量

◎コンソメのソース：
鶏のコンソメ（→46頁）　120cc
レモンヴィネガー　6g
塩　適量

＊材料（バター 1kg、みじん切りのエシャロット60g、みじん切りのニンニク50g、みじん切りのパセリ100g、塩15g、アーモンドパウダー 10g）をすべて合わせてフードプロセッサーにかける。ラップフィルムで100g程度の円柱状に巻き、冷蔵庫で保管。

1　モモ肉の両側に塩、白コショウをふる。フライパンにオリーブ油をひいて温め、皮側から弱火で焼き始める。強火で焼くと肉が縮んでしまうので注意。焼き色をつけるのではなく温めるようなイメージで。

2　網バットにのせて90℃のスチームコンベクションオーブン（スチーム30％）で4分間火を入れる。網バットを使うと肉が直に熱くなったバットにあたらず、オーブン内に浮いた状態で全体に均等に柔らかく火を入れることができる。

3　肉を裏返して温かいところで4分間やすませる。

4　再び皮を上に向けて2と同じオーブンで3分間火を入れる。取り出して肉を裏返して、3分間温かいところでやすませる。

5　少量のオリーブ油とバターをフライパンに入れて肉全体に焼き色を均等につけて温める。肉の中で動いている肉汁が落ち着いたら切り分ける。

6　エスカルゴバターを2ヵ所に少量敷いて、その上にクロケットを盛る。切り分けたモモ肉を盛り、ナスのピュレを添える。グリーンアスパラガス、イタリアンパセリをあしらい、コンソメのソースをたらす。

◎エスカルゴのクロケット
1　エスカルゴの周りにエスカルゴバターを塗って薄力粉をまぶし、溶き卵にくぐらせてドライパン粉をまぶして丸め、160℃の揚げ油でゆっくり揚げる。

◎ナスのピュレ
1　ナスはヘタを取り、皮をむいて乱切りにする。
2　鍋にオリーブ油を入れて温め、ナスとニンニクを入れて中火でゆっくり炒める。塩で味を調える。
3　蓋をして180℃のオーブンで7〜8分間加熱する。取り出して、ナス、ニンニク、オリーブ油をミルミキサーにかけてペースト状にする。塩で味を調える。

◎コンソメのソース
1　鶏のコンソメを鍋に入れて半分まで煮詰める。濃度がついてきたらレモンヴィネガーを加え、塩で味を調える。

鶏もも肉のローストとレバーソース
Pollo arrosto con salsa fegato
ポッロ アッロスト コン サルサ フェーガト

鶏モモ肉の骨を抜き、そこに塩とグラナパダーノチーズで味をつけたポルチーニ茸を詰めてローストした。パンチェッタの旨みを加えてレモンでさっぱりと仕上げたレバーソースとともに。　伊／辻 大輔（コンヴィーヴィオ）

材料：2人前
鶏モモ肉（骨つき）　2本
塩　鶏の1％
ポルチーニ茸のソテー＊　60g
オリーブ油　適量
レバーソース
ミニョネット（黒コショウ）　適量

＊ポルチーニ茸を角切りにしてオリーブ油でソテーし、塩とグラナパダーノチーズ（粉）で味を調えたもの。

◎レバーソース：2人前
鶏レバー　200g　　　白ワイン　20g
パンチェッタ　100g　　オリーブ油　適量
ソッフリット（→88頁）　塩　適量
　　20g　　　　　　　レモン絞り汁　20g
牛乳　500g　　　　　バター　15g

1　モモ肉から骨（大腿骨）を抜いて、鶏の1％の塩をふる。
2　塩がなじんだら、モモ肉にポルチーニ茸のソテーを詰めて、180℃のオーブンで10分間加熱する。
3　器に鶏モモ肉のローストを盛り、レバーソースをかける。ミニョネットを散らし、オリーブ油をかける。

◎レバーソース
1　レバーは掃除して1日牛乳に浸ける。
2　オリーブ油を鍋にひき、1のレバー、小角切りにしたパンチェッタ、ソッフリットを入れて中火にかける。
3　レバーに火が通ったら白ワインを入れて火を強めてアルコールを飛ばす。
4　最後にレモンの絞り汁を加え、バターを溶かし込んでとろみをつける。足りなければ塩を加えて味をみる。

うま味成分を増やす加熱方法

「鶏肉はゆっくり加熱するのと、急速に加熱するのとでは、うま味の増え方が違いますか？」

鶏肉はゆっくり加熱（以下、緩慢加熱）するのと、急速に加熱（以下、急速加熱）するのとでは、うま味の増え方が違ってきます。

鶏肉のおいしさには、うま味成分であるイノシン酸とグルタミン酸の量が大きく関わっています。さらに、ペプチド（アミノ酸が2個以上結合したもの）もうま味の感じ方に影響します。ペプチドはそれ自体に味はないのですが、肉の味をまろやかにしたり、うま味を強く感じさせる作用があります。加熱の過程では、イノシン酸が減る一方でグルタミン酸やペプチドが増えるのです。

生の肉にはイノシン酸とグルタミン酸が多く含まれます。肉を加熱すると、イノシン酸は酵素の働きで分解されるため、時間とともに減っていきます。イノシン酸分解酵素には2種類あり、それぞれの働きが失われる温度は50℃と70℃です。
一方のグルタミン酸は、肉を加熱するとたんぱく質分解酵素の働きで、生のときよりも増えていきます。この酵素は40℃で盛んに働き、60℃以上で失活することが分かっています。また、ペプチドは60℃付近で多くつくられることが分かっています。

鶏肉を緩慢加熱すると、イノシン酸が分解される温度帯を通過する時間が長くなるため、イノシン酸の量が減る一方で、たんぱく質の分解は進むので、グルタミン酸とペプチドの量が増えます。
逆に鶏肉を急速加熱すると、イノシン酸が分解される温度帯を素早く通過するため、肉に残るイノシン酸の量は多くなりますが、たんぱく質の分解が抑えられるので、グルタミン酸やペプチドの量はあまり増えません。
緩慢加熱と急速加熱では、うま味成分の減り方、あるいは増え方が拮抗しているのです。
一方、これまでの研究で、グルタミン酸の増える量は急速加熱でも緩慢加熱でもそれほど大きく違わず、イノシン酸の残量は急速加熱で顕著に多いことが報告されています。以上を考え合わせると、鶏肉を加熱する場合にはグルタミン酸の量にとらわれず、60℃付近までは速やかに肉の温度を上昇させてイノシン酸を多く残し、それ以降はじわじわとゆっくり加熱してペプチドを増やせば、肉のうま味成分の量を増やせそうです。

肉の温度調整を考えるときには、火力の調整だけでなく、肉組織の熱の伝わる速度も意識したほうがよいでしょう。胸肉とモモ肉には、皮つきや皮なし、骨つきや骨なしがあります。熱の伝わる速度を肉・脂肪・骨で比べると、肉が最も速く、脂肪は肉の半分くらいの速さ、骨は脂肪と同じ、あるいは脂肪よりも若干遅めです。
したがって、皮つきの肉は、肉側からの熱の伝わりは速く、脂肪の多い皮側からの熱の伝わりが遅くなります。骨つきの肉の場合には、骨周囲の肉の熱の伝わりが遅いうえ、同じ肉量でも、骨つきのほうが骨なしよりも約1.4倍重いため、その分肉の温度は上昇しにくくなります。

骨なしで皮つきの肉をフライパンで焼く場合、うま味を強めるなら、肉側を下にして焼き始め、肉の温度をある程度高めてから裏返して皮面を焼けばよいでしょう。こうすると、肉の温度は加熱を始めてから速やかに上昇し、裏返した後は皮の熱の伝わりが遅いので、皮側を焼いている間は肉の温度上昇が緩やかになります。
骨がある場合も、うま味を強めるなら、骨なしの場合と同じように焼くとよいでしょう。ただし、焼く時間は裏返す前も後も長めにします。骨周囲の肉の温度の上昇が遅いので、その部位のイノシン酸は減ってしまうかもしれません。けれども、65℃以下でゆっくり加熱されるため、骨周囲の肉のペプチドが増えてうま味が強まるでしょう。

（佐藤秀美）

◎鶏の調理科学

184 | 第6章 部位別 モモ

鶏もも肉のレタス詰め

Pollo arrosto con puré di patate

ポッロ アッロスト コン プレ ディ パターテ

薄く開いた鶏モモ肉でソテーしたレタスとクルトンを巻いて焼き上げた料理。おいしい鶏の肉汁をたっぷり吸ったクルトンを味わう。イタリアではこのようにパンに肉汁を吸わせて一緒に食べることが多いという。この料理はトスカーナ地方の料理をアレンジしたもの。素朴なイメージを表現するために竹炭入りのパン粉を土に見立てた。

伊 / 辻 大輔（コンヴィーヴィオ）

材料：4人前
鶏モモ肉　1枚（150g）
塩　鶏の1%
詰め物
├ レタス（せん切り）　1/8個
├ ニンニク（みじん切り）　1片
└ オリーブ油、塩　各適量
クルトン＊　大さじ8
オリーブ油　適量
ジャガイモのピュレ　適量
竹炭入り黒パン粉＊＊　適量
ジロール茸　16〜20本
ペコロス　4個
マイクロリーフ　少量

◎ジャガイモのピュレ：
ジャガイモ　1個
バター　大さじ1
牛乳　50g
塩　適量

＊フォカッチャを小角切りにして100℃のオーブンで30分間乾燥焼きにする。
＊＊208頁のフォカッチャの配合に少量の竹炭粉を混ぜて焼き、スライスして100℃のオーブンで30分間乾燥させ、クイジナートで回して漉したもの。

1　鶏モモ肉を薄く開き、1%の塩を全体にまぶして1時間おく。
2　詰め物をつくる。フライパンにオリーブ油とニンニクを入れて香りをたて、レタスを炒める。塩で味をつけ、水分を飛ばす。
3　1のモモ肉にクルトン、詰め物をのせて巻き、タコ糸でしっかり結わく。
4　フライパンにオリーブ油をひいて熱し、モモ肉を焼く。転がしながら表面に均等に焼き色をつける。
5　180℃のオーブンにフライパンごと入れて10分間加熱して完全に火を入れる。
6　取り出して、タコ糸を切り、4等分の輪切りにする。
7　器にジャガイモのピュレを敷き、竹炭入りパン粉でおおう。上にモモ肉を盛り、ローストしたペコロス、ジロール茸を添えて、マイクロリーフを散らす。オリーブ油をたらす。

◎ジャガイモのピュレ

1　ジャガイモは皮ごと塩ゆでし、皮をむいて裏漉しする。
2　鍋に入れて火にかけ、バター、牛乳、塩を入れてざっと練る。

骨付き鶏腿の烏龍茶スモーク 焚き火のイメージで

茶燻鶏　チャシュンヂィ

鶏をお茶や米で燻す伝統的な料理を低温加熱という現代的な技法をとり入れたレシピで紹介する。油をかけて火を通す揚げ物は、皮をパリッとさせたいがゆえに、肉への火入れ加減がおろそかになりがちだ。そこで肉をジューシーに仕上げるために、あらかじめ真空パックで低温加熱をしてからスモークをかけ、皮に低温の油をかけてパリッと揚げた。

中 / 田村亮介（麻布長江）

材料：
鶏モモ肉（骨つき）　2本（250g×2）
下味調味料
├ 水　500cc
├ 塩　10g
├ 三温糖　6g
└ 烏龍茶葉　2g
スモーク材料
├ 烏龍茶葉　8g
├ ザラメ糖　10g
└ 花椒（粒）　1g
揚げ油　適量
サツマイモ*　2本
ギンナン**　8粒

*アルミホイルに包み、230℃のオーブンで20分間加熱して焼き芋にする。
**殻をむいて120℃の油で揚げたのち、ぬるま湯で洗って甘皮をはがし、160℃の油で揚げる。

1　下味調味料の材料を合わせて火にかけ、沸騰したら蓋をして冷ます。冷めたら骨つきモモ肉を浸けて1日おく。

2　モモ肉を取り出し、真空袋に入れて脱気して、68℃の湯で30分間加熱する。ここで火入れは完了。袋のまま氷水に落として冷やす。

3　冷めたら袋から出し、余分な水分をふき取る。

4　中華鍋にアルミホイルを敷き、スモーク材料を入れて焼き網をのせ、皮を上に向けて**3**のモモ肉をのせる。

5　蓋をして弱火で7〜8分間燻し、火を消して3分間蒸らす。

6　扇風機などで風をあてて皮を乾かし、水分をきっちりと飛ばす。

7　皮が乾いたら140℃の油でゆっくり火を入れて、皮をカリッと揚げる。

8　土鍋の底に乾煎りした烏龍茶葉を入れて網をのせ、モモ肉、焼き芋、ギンナンを盛り、イチョウの葉、紅葉、蓮の実などを添えて蓋をして提供する。

9　お客さまの前で蓋を取り、茶葉を燻した香りを楽しんでいただく。

187

骨付き鶏腿のカリカリスパイス添え

風味烤鶏腿　フォンウェイカオヂィトィ

辛さが代名詞となっている四川料理だが、近年は軽やかさも求められるようになってきた。油を多用せず、素材感を大切にするという嗜好の変化によって、紅花椒ではなく、まろやかなしびれ感のある青い実サンショウなどでさわやかさを出す料理も出てきた。そうした最近の流れをくんだ一例が、いわゆる「ふりかけ調味料」。ここではより辛みを抑えてまろやかにするためにパン粉をベースに使ったが、現地では各種唐辛子やナッツ類を使う。

中／田村亮介（麻布長江）

材料：

地鶏モモ肉（骨つき）　1本
塩　鶏の0.8%
炸鶏水（→128頁）　適量
カリカリスパイス　適量
香菜　適量

香酥辣椒。唐辛子を揚げたもの。素材自体に辛みを加えずに、香酥辣椒を混ぜたふりかけ調味料を使用することで、まろやかな辛みとこうばしさを料理に添加できる。

◎カリカリスパイス：

A
- 豆鼓（みじん切り）　7g
- おろしニンニク　12g
- 胡麻油　3g
- ラー油　5g

B
- パン粉（ドライ）　75g
- ココナッツファイン　20g
- 一味唐辛子　3g
- ピンクペッパー　2g
- 塩　1g
- 上白糖　10g

C
- クミンパウダー　少量
- 花椒粉　少量
- カシューナッツ（揚げたもの）　50g
- 香酥辣椒　25g

1　モモ肉は脆皮鶏と同じ要領で乾かす（129頁8までの工程を行なう）。
2　1を180℃のオーブンで20分間焼いたのち、230℃に温度を上げて5分間焼く。
3　皮がパリパリに焼き上がったら、骨ごと2〜3cm幅に切って器に盛る（→130頁）。
4　カリカリスパイスを上からかけ、香菜を添える。

◎カリカリスパイス

1　中華鍋にAを入れて弱火で炒めて香りを出す。
2　香りがたったらBを加えて、絶えず弱火で混ぜながらこがさないように炒る。
3　全体がカリカリになって香りが出たらCを加えて炒る。

八幡巻き

八幡巻きとは、炊いたゴボウを肉やウナギ、穴子などで巻いた料理の名称。ここではゴボウとの相性がよく、肉質のしっかりしたモモ肉を薄く開いて巻いて炭火で焼いた。蒲焼き風も合うし、甘辛く煮てもいいだろう。

日 / 亀田雅彦（いふう）

材料：2人前
鶏モモ肉　350g
ゴボウ　1本
長ネギ　1本
塩、濃口醤油　各適量

1. モモ肉は縦に半分に切る。これをさらに左右に観音開きにして厚さを均等にする。
2. ゴボウは米の研ぎ汁で柔らかくゆがき、中の芯を取り除いて5mm角の細長い棒状に切る。長ネギはゴボウに長さをそろえて切る。
3. 1のモモ肉を広げ、2のゴボウ数本と長ネギを巻き、タコ糸で結わく。
4. ラップフィルムで包み、さらに巻簾で巻いて1晩冷蔵庫で締める。
5. 巻簾とラップをはずし、扇串を打ち、塩をふって炭火で皮がパリパリになるように焼き上げる。仕上げに香りづけの醤油を1刷毛塗って仕上げる。
6. 食べやすく切り分けて盛りつける。

親子丼

鶏モモ肉の皮はカリッと炭火でこうばしく焼き上げ、肉はつゆでしっとり火を入れる。卵でサッととじてご飯にのせた親子丼は、皮の食感が特徴。長ネギを使って、より日本料理的な味わいに仕上げた。

日 / 亀田雅彦（いふう）

材料：
鶏モモ肉　80g
長ネギ（斜め切り）　30g
卵　2個
丼つゆ
　味醂　400cc
　日本酒　100cc
　濃口醤油　200cc
だし　50cc
ご飯　250g
三ツ葉　適量

1. モモ肉は串を打って皮側のみを焼いてこうばしさをつけたのち、そぎ切りにする。
2. 丼つゆの味醂と日本酒を合わせて火にかけ、アルコールを飛ばす。ここに濃口醤油を加えて丼つゆを仕込む。丼つゆを100cc取り分けて親子鍋に入れ、だし50ccで割る。
3. 親子鍋に長ネギ、**1**のモモ肉（肉側を下に向ける）を入れて火にかける。沸いたら溶き卵を半量入れ、少し固まってきたら（約30秒後）、残りの溶き卵を注ぎ入れ、刻んだ三ツ葉を散らして蓋をする。好みの卵の状態で火からおろす。
4. 丼にご飯を盛り、**3**を上に盛って刻んだ三ツ葉を散らす。

鶏山椒の炊き込みご飯

有馬山椒と鶏モモ肉を甘辛く煮て、ゴボウ、ニンジンと一緒に炊き込んだ炊き込みご飯。炊きたてのご飯からたち上るこうばしいゴボウと醤油の香りがご馳走。甘辛い味の鶏山椒には脂がのったモモ肉が適している。

日／亀田雅彦（いふう）

材料：2人前
鶏山椒　80g
ゴボウ、ニンジン（ともにせん切り）
　　計45g
米　150cc
A
┌ だし600cc、塩2g、淡口醤油15cc、
└ 濃口醤油20cc
だし　150cc
粉サンショウ、木ノ芽　各適量

◎鶏山椒：
鶏モモ肉（1cm角）　1kg
水　500cc
砂糖　70g
有馬山椒　40g
濃口醤油　200cc
日本酒　100cc

1　米を研いで土鍋に入れ、A150ccとだし150ccを注ぎ、ゴボウとニンジンを入れて火にかける。強火で5分間、沸いたら弱火で10分間炊いたのち、鶏山椒を入れて7分間蒸らす。
2　炊き上がったら粉サンショウをふり、木ノ芽を散らす。

◎鶏山椒
1　モモ肉を1cm角に切る。熱湯にくぐらせて霜降りをしてアクなどを落とす。
2　鍋にモモ肉とその他の材料を合わせて火にかける。沸いたら弱火にして煮汁を煮詰めて仕上げる。

手羽

手羽先のオリエンタル

Aileron de poulet à l'oriental

エルロン ドゥ プーレ ア ロリョンタル

ここでは辛みのあるスパイスははずし、香りのよいものだけを数種類合わせ、メープルシュガーのおだやかな甘みを加えた混合スパイスで手羽中を味つけした。糖分が熱によってキャラメリゼし、手羽中にうまくからんでくれる。なおスパイスの分量は小さじ1〜3程度であれば、何をどれくらいの割合で合わせてもいいが、そのときに使いきれる量をその場で合わせて用意したい。　仏／高良康之（銀座レカン）

材料：

鶏手羽中　6本
鶏の白色フォン（→38頁）　300cc
塩　適量
サラダ油　10cc
混合スパイス*
　塩5g、コリアンダーパウダー 5g、
　　ナツメグパウダー 1g、白コショウ 1g、
　　メープルシュガー 15g

ピンクペッパー　12粒
パセリ（みじん切り）　適量
タマリンドペースト　少量
サラダメランジェ**　適量

*材料をすべてよく混ぜ合わせておく。強い香りのスパイスを多くすると、他のスパイスがその香りに同化してしまうので、ブレンドに注意。
**レタスなどの数種類の葉野菜を合わせ、塩をふってヴィネグレット（→179頁）で和える。

1. 手羽から手羽中を切り分ける。両側の関節の少し内側（手羽中寄り）で切ると骨が抜きやすくなる。
2. 手羽中は、味が抜けないように塩を加えて中火で沸かした鶏の白色フォンで3分間ほどゆでる。骨から身離れしやすいように、この段階で7〜8割ほど火を通す。
3. 2の手羽中を取り出し、半分のところにナイフで一周切込みを入れて、左右に一本ずつ骨がつくように切り分ける。
4. フライパンに少量のサラダ油をひいて中火にかけ、2の手羽中を入れて温める。サラダ油が多いと、油にスパイスが浮き出して肉にからみにくくなるので少量で。
5. 混合スパイスを手羽中にふりかけ、ゆっくりと焼き色をつけて焼く。
6. スパイスがからんだら、ピンクペッパーとパセリを加えて全体にからめ、フライパンから取り出す。
7. 皿の中央に、塩、ヴィネグレットを和えたサラダメランジェを盛り、周りに6の手羽中を盛る。
8. パラフィン紙でコルネをつくり、タマリンドペーストを詰め、皿の周りに小さく絞る。

ライムとミント香る 手羽元の唐揚げ

青檸薄荷鶏　チンニンパオイエヂィ

手羽元を使った油淋鶏(ユウリンヂィ)。揚げたてにソースをからめて、軽く仕上げた。ライムでさわやかな酸味をとり、アクセントにミントの香りをつけたが、ミントのほかにバジルやレモングラスなど、清涼感のあるハーブを合わせてもよい。　中／田村亮介（麻布長江）

材料：
鶏手羽元　5本
下味調味料
├ 塩　2つまみ
├ ショウガ（みじん切り）　5g
├ 紹興酒　5g
└ コーンスターチ　大さじ2
揚げ油　適量
ソース
├ ミントの葉（みじん切り）　10枚
├ 清湯　50cc
├ ライム絞り汁　20cc
├ 三温糖　20g
├ 塩　2g
└ 水溶き片栗粉　小さじ1

1　手羽元の先の部分の周りに包丁を入れてスジを切り、骨が出るように肉をむく。
2　コーンスターチ以外の下味調味料を**1**にまぶし、30分間おいて味をなじませる。
3　**2**にコーンスターチをまぶし、160℃の油に入れて温度を上げる。衣が固まったら取り出し、1分間ほどおいて余熱を入れて160℃の油に戻す。これを3回くり返して火を入れる。
4　仕上げに180℃の油でカリッと揚げる。
5　ソースを仕上げる。鍋にソースの材料（水溶き片栗粉とミント以外）を入れて熱し、沸いたらミントの葉を加え、水溶き片栗粉でとろみをつける。
6　**5**に揚げたての手羽元を入れて手早くからめる。
7　器に盛り、飾り用のミント（分量外）を散らす。

手羽と大根の炊き合せ

手羽は形をきれいに煮上げるために、手羽先から手羽元までつながった状態で煮たのちに切り分けた。合わせた大根は、98頁の鶏だしをとる工程の途中で入れて煮たもの。大根も鶏だしも相乗効果でおいしくなる。

日／亀田雅彦（いふう）

材料：2人前
鶏手羽　2本（1羽分）
手羽の煮汁
├ 日本酒　400cc
├ 水　100cc
├ 味醂　50cc
├ 砂糖　50g
├ ショウガの皮　3片分
├ 濃口醤油　30cc
└ たまり醤油　20cc
大根　1本
大根の煮汁
├ 鶏だし（→98頁）　1リットル
├ 砂糖　100g
├ 濃口醤油　120cc
└ たまり醤油　10cc
長ネギ　適量

手羽は元、中、先を切り分けずにそのまま煮ると形をくずさずに煮上げることができる。

1　大根は10cm長さに切って皮をむいて面取りをする。米の研ぎ汁で串が通るまで下ゆでする。

2　鶏だしをつくる工程3で1の大根を入れて煮る。だしをとったら大根を取り出して、大根の煮汁で柔らかく煮て味を含ませる。

3　手羽は沸かした湯に入れて、表面が白く変わったら取り出してアクや脂を洗う。

4　3を鍋に入れ、手羽の煮汁を注いで火にかける。手羽全体に火が通って柔らかくなるまでコトコトとじっくり煮る。

5　提供時に4の手羽を食べやすく切り、2の大根を添えて蒸し器で温める。

6　長ネギをせん切りにして水に放ち、水気をきってふんわり丸めて添える。

手羽のラビオローネ
Raviolone di pollo
ラヴィオローネ ディ ポッロ

90年初頭にイタリアで流行した料理。柔らかく煮込んだ手羽の骨を抜いて、リコッタチーズ、卵黄とともに生地に詰めてブロードでゆでた大きいラビオリ。ナイフを入れると、中からトロリと濃厚な卵黄が溶け出してソースがわりになる。　伊／辻 大輔（コンヴィーヴィオ）

材料：1人前
生パスタ生地（→173頁）　1枚（30cm×30cm角）
手羽のラグー　大さじ2
リコッタチーズ　大さじ1
卵黄　1個分
バター　15g
ブロード（→82頁）　30g
グラナパダーノチーズ（粉）　大さじ1
白トリュフ（スライス）　3枚

◎手羽のラグー：
鶏手羽（手羽中と手羽先）　200g
塩、コショウ、オリーブ油　各適量
白ワイン　20g
ソッフリット（→88頁）　20g
ローズマリー　1枝

1　生パスタ生地をパスタマシンで1mm以下の厚さに延ばす。30cm×30cm角に切り、霧吹きで水を吹いておく。生地の向こう側に、手羽のラグー、リコッタチーズをおいて卵黄を落とし、手前の生地をかぶせる。
2　周りを押さえて中の空気を抜く。直径12cmの菊型で抜いて、沸かした塩湯で2.5分間ほどゆでる。
3　フライパンにバター、ブロードを入れて火にかける。2のラビオローネをフライパンに入れて、グラナパダーノチーズをからめて器に盛る。上にトリュフを飾る。

◎手羽のラグー
1　手羽に塩、コショウをふる。鍋にオリーブ油をひき、手羽をソテーしておいしそうな焼き色をつける。
2　焼き色がついたら、白ワイン、ソッフリット、ローズマリーを入れ、ひたひたに水を注いで中火で1時間ほど煮込み、骨を抜く。

鶏手羽のリゾット
Risotto di pollo　リゾット ディ ポッロ

大きなホールのチーズをくり抜いて、リゾットを盛り、手羽を添えた。手羽はこうばしく焼いたのち、レモンとセージで煮たもの。鶏とレモンは相性がよく、イタリアではポピュラーな組合せの一つ。レモンの酸味が濃厚なリゾットの味をすっきりとひきしめている。

伊 / 辻 大輔（コンヴィーヴィオ）

材料：2人前
鶏手羽（手羽中と手羽先）　5〜6本
塩、オリーブ油　各適量
白ワイン　20g
ソッフリット　15g
セージの葉　4枚
レモン（スライス）　2枚
リゾット

◎リゾット：2人前
エシャロット（みじん切り）　小さじ1
オリーブ油　20g
イタリア米（カルナローリ種）　60g
ブロード　300g（様子を見ながら分量調整）
塩　適量
白ワイン　15g
バター　20g
パルミジャーノチーズ（粉）　20g
セージの葉（みじん切り）　3枚

1　手羽に塩をふってオリーブ油をひいたフライパンで焼き色をつける。
2　ここに白ワインを加え、ソッフリット、セージの葉、レモンのスライス、浸るくらいの水を入れて、中火で30〜40分間煮込む。煮汁が煮詰まって足りなくなったら、水を加える。
3　くり抜いたチーズにリゾットを盛り、手羽を添える。周りにオリーブ油をたらす。

◎リゾット
1　手鍋にオリーブ油をひき、みじん切りのエシャロットを入れて炒める。
2　香りが出たらイタリア米を入れて炒め、ブロード、白ワインを注いで塩を加える。
3　木ベラで混ぜながら弱めの中火で煮て、バター、パルミジャーノチーズ、みじん切りのセージを混ぜ込んで仕上げる。

手羽先と舞茸の炊き込みご飯 黒胡麻油風味

麻油鶏舞茸米飯　マァヨウヂィウーロンミィファン

鶏1羽を酒と黒胡麻油で煮る台湾で人気の「麻油鶏」というスープ料理と同じ、鶏と胡麻油の組合せを米料理に生かした。ここでは鶏1羽を手羽先に変えた。手羽先は鶏の部位で一番ゼラチン質が多く、旨みも強いので、胡麻油に負けない味があるので最適。

中 / 田村亮介（麻布長江）

材料：5〜6人前
鶏手羽（手羽中と手羽先）　6本
下味調味料（塩少量、濃口醤油7.5cc）
マイタケ（原木）　70g
干シイタケ　2枚
ギンナン　12粒
ショウガ　25g
万能ネギ　適量
黒胡麻油　45cc
米（新米）　3合
調味料
├清湯　600cc
├濃口醤油　15g
├醤油膏（→140頁）　5g
└塩　5g

1　手羽の先端を切り落とし、2cmのぶつ切りにする。塩少量と濃口醤油をまぶして30分間おいて味をしみ込ませる。

2　他の具材を準備する。マイタケは小房に分ける。干シイタケは戻して細切りにする。ギンナンは殻をむいて低温の油で揚げて薄皮をむく。ショウガは1cm×4cm角の薄切りにする。万能ネギはみじん切りにする。

3　米は洗米し、30分間浸水しておく。

4　鍋に黒胡麻油を入れ、ショウガを加えて弱火で炒めて香りをたてる。手羽先を加え、こげ目がつくまで強火で炒める。

5　**4**に清湯を注ぎ、マイタケ、干シイタケ、ギンナン、残りの調味料をすべて加えて弱火で5分間煮る。ボウルなどに移して冷ます。この段階でスープは430cc。

6　米を土鍋に入れ、**5**を加えてご飯を炊く。強火にかけて、沸騰したら11分間弱火で炊いたのち、7分間蒸らす。炊き上がったら上から万能ネギを散らす。

挽肉

野菜の肉詰め 肉巻き

鶏のモモと首肉を粗挽きにして歯応えのよい種をつくり、野菜と合わせて、串焼きにした。近年新種の野菜が続々と登場しているので、その季節に合っためずらしい種類を入れると目先が変わって楽しめる。

日／亀田雅彦（いふう）

材料：
挽肉種：つくりやすい分量
- 鶏モモ肉（粗挽き） 550g
- 鶏首肉（粗挽き） 550g
- パン粉（ドライ） 30g
- 塩 5g
- コショウ 適量
- 卵 1/2個

ピー太郎＊ 2個
特大シイタケ 1個
レンコン 適量
ナス 適量
ズッキーニ 適量
片栗粉 適量
濃口醤油 適量

＊サラダ用で、本来の苦みを抑えた細い形をした新種のピーマン。

1 挽肉種をつくる。材料をすべてよく混ぜ合わせる。
2 野菜を準備する。ピー太郎は半分に切って種を抜いて挽肉種を詰める（1個8g×3カン）。特大シイタケは軸を切り落として挽肉種を詰める（1個180g）。レンコンとナスは4〜5cm幅の桂むきにし、丸めた挽肉種の周りに巻く（各1個15g×3カン）。ズッキーニは縦に薄切りにして丸めた挽肉種の周りに巻く（15g×3カン）。なお、挽肉を詰める際は、糊がわりに野菜に片栗粉をまぶしておく。
3 それぞれに串を打ち、炭火で焼く。仕上げに濃口醤油を1刷毛塗ってこうばしい香りをつける。

空洞 鶏団子

空芯鶏元　コンシンヂィユァン

団子の中から肉汁があふれ出てくる意外性のある楽しい料理。団子生地をふんわり仕上げるために、挽肉にナガイモを加えたが、あんをかけずにシンプルに仕上げるので、すりおろすのではなく、潰して粗く切って食感に変化をつけた。ナガイモのかわりに豆腐を加えると口あたりのよい柔らかい生地になる。　中 / 田村亮介（麻布長江）

材料：2皿分

団子生地
- 鶏モモ挽肉　300g
- ナガイモ（潰して粗く切る）　100g
- 卵　1個
- 塩　3g
- 濃口醤油　5g
- ショウガ（みじん切り）　10g
- 薄力粉　15g

ゼリー種（中に詰める）
- 清湯　150cc
- 板ゼラチン　12g
- 濃口醤油　5g
- 塩　2g

揚げ油　適量

1　ゼリー種をつくる。清湯、濃口醤油、塩を合わせて火にかけ、70℃になったら水で戻した板ゼラチンを加えて火からおろして溶かす。バットに移して冷やし固める。

2　団子生地をつくる。ボウルに薄力粉以外の材料を入れ、粘り気が出るまで、一定方向にしっかりと練る。ここに薄力粉を加えてさらに練る。冷蔵庫で冷やしてしめる。

3　固まった1のゼリーを2cm角に切る。このゼリーを中心に入れて2の生地で包み、直径3〜4cmほどの団子に丸める。

4　160℃の油で2度揚げして油をきる。

食べると、中から溶けたゼリーがスープとなって出てきて空洞になる。

レモングラスの香る、鶏肉のシシケバブ

Shishikebab de poulet à la citronnelle
シシケバブ ドゥ プーレ ア ラ シトロネル

ケバブを巻きつけたレモングラスの清涼感と鶏胸肉のやさしい味わいがよく合う。トマトを使ったチャツネ風のソースの甘酸っぱさが味のアクセント。ケバブの周りに巻いた網脂は油分をおぎなうとともに、焼いたときのこうばしい香りとなる。香りのよい混合スパイスと辛みのあるピメントをふることで味に奥行きを出した。　仏／高良康之（銀座レカン）

材料：2人前
ミンチ
├ 鶏胸挽肉（直径5mmメッシュ）
│　　250g
├ 塩　4g
├ 白コショウ　1.5g
├ エシャロットのソテー
│├ エシャロット（みじん切り）120g
│├ ニンニク（みじん切り）5g
│├ バター　6g
│└ 塩　1g
└ 生パン粉　40g

├ 牛乳　30cc
├ 冷凍グリーンペッパー
│　（粗みじん切り）20粒分
レモングラス　6本
網脂　適量
クスクス*　60g
混合スパイス**　適量
サラダ油　適量
チャツネソース　適量
カイワレ菜　12本

◎チャツネソース：
トマト　200g
塩　1g
グラニュー糖　15g
ハチミツ（アカシア）10g
おろしショウガ　3g
おろしニンニク　2g
ピメントエスペレット　2g
バルサミコ酢　35cc
混合スパイス**　3g
カレー粉　1g

＊クスクス（スムール）に同量の熱湯（60cc）を加えてラップフィルムをかける。柔らかく戻ったら塩少量を加えて味をつけてほぐす。
＊＊シナモンスティック1/5本、コリアンダー（ホール）5g、八角1/5個、メース2g、ナツメグ0.5g、タイム（乾燥）1gをすり鉢に入れて粗めにする。

1　ミンチを合わせる。エシャロットのソテーを用意する。エシャロットとニンニクをバターで色づかないように炒め、塩を加えて味をつける。すき通るように火が入ったら冷ましておく。
2　挽肉を充分に冷やし、ボウルに入れて塩を加え、粘りが出るまでよく練り、白コショウを加える。
3　生パン粉は牛乳に浸しておく。
4　2の挽肉に、1のエシャロットのソテーと3のパン粉を加えてよく混ぜ合わせ、グリーンペッパーを加える。
5　45gずつに分けてレモングラスに巻きつける。形を整え、周りを網脂で包んで冷蔵庫でやすませる。
6　フライパンにサラダ油をひき、網脂を焼ききるように弱火でころがしながら全面を焼いて火を入れる。提供時に混合スパイスをふってサラマンドルで焼く。
7　皿にクスクスを散らして、6のケバブを盛る。混合スパイスを全体にふり、チャツネソースを添え、カイワレ菜をあしらう。

◎チャツネソース
1　トマトはヘタを取り、湯むきする。横半分に切り、種を取り除き、包丁で叩くようにして粗みじんに切る。
2　残りの材料をすべて加え、よく混ぜ合わせる。

冬瓜そぼろあんかけ

銀あんがにごらないように、あらかじめ味をつけて炒り煮にしたそぼろを別に用意しておき、提供時に銀あんと合わせて、トウガンにかける。トウガンは鶏そぼろとの相性がよくなるように鶏だしベースの煮汁で柔らかく炊いて味を含ませておく。

日 / 亀田雅彦（いふう）

材料：10人前
トウガン　1個（1〜1.5kg前後）
トウガンの煮汁
├ 鶏だし（→98頁）1リットル、日本酒100cc、
│　味醂50cc、塩10g、淡口醤油100cc、昆布20g、
└　追いガツオ*30g
鶏胸挽肉　200g
挽肉の煮汁
├ だし300cc、日本酒50cc、砂糖50g、
└　濃口醤油50cc、おろしショウガ2g
銀あん
├ だし　500cc
├ 味醂　100cc
├ 淡口醤油　100cc
└ 水溶き片栗粉　適量
おろしショウガ　適量

*リードペーパーでカツオ節を包む。

1　トウガンは大きめに切り分ける。種を取り除いて面取りをし、皮を薄くむき、格子の包丁目を浅く入れて、米の研ぎ汁で柔らかく煮る。水で研ぎ汁を洗い流しておく。

2　トウガンの煮汁を一煮立ちさせて漉す。ここに1のトウガンを入れて中弱火で30分間煮て、そのまま1晩おいて味を含ませる。

3　鶏そぼろをつくる。鶏胸挽肉を鍋に入れ、水、日本酒（分量外）を加えて火にかけ、挽肉に火が入ったらザルに上げて水気をきる。

4　挽肉の煮汁を合わせ、3の挽肉を入れて弱火で煮る。味がなじんだら火を止める。

5　銀あんをつくる。水溶き片栗粉以外の材料を合わせて火にかけ、一煮立ちしたら水溶き片栗粉を加えてとろみをつける。

6　提供時、トウガンを蒸し器で温めて器に盛る。銀あんと鶏そぼろを合わせて熱してかける。おろしショウガを天に盛る。

鶏挽肉とニラの冷たいサンラーメン

鶏肉韮菜冷麺　ヂィロウジュウツァイロンミェン

冷たい麺に合うように、鶏肉と相性のよい塩味ベースの酸っぱくて辛い、冷スープをかけた。スープにはオイスターソースを隠し味に加えてコクを補っている。コースの最後や、夏季のランチなどに最適の麺料理。挽肉は加熱しすぎるとパサパサになりがちなので、過度にならないように注意する。

中 / 田村亮介（麻布長江）

材料：
鶏モモ挽肉　50g
ニラ　20g
中華麺　1玉
スープ
├ 毛湯（→122頁）　250cc
├ 塩　5g
├ 砂糖　小さじ1
├ コショウ　小さじ1/3
├ オイスターソース　小さじ1
└ 酢　45cc

1. 挽肉に少量の水（分量外）を入れてほぐし、火にかける。水はやっとペースト状になるくらいの分量でよい。沸騰したらすぐに水気をきる。
2. スープの材料（酢以外）を鍋に入れて沸騰させる。ここに1の挽肉を加えて冷ます。冷めたら酢を加えて冷蔵庫で保管する。
3. 提供時、ニラを熱湯でゆでて氷水にとり、水気をきる。1cm幅に切って2に合わせる。
4. 中華麺を柔らかめにゆでて氷水で冷やす。しっかりと水気をきり、器に盛る。
5. 冷やした3のスープを全体にかけて提供する。

鶏挽肉の自家製スパゲッティーニ

Spaghettini con ragù di pollo

スパゲッティーニ コン ラグー ディ ポッロ

鶏挽肉の煮込みソースを生パスタのスパゲッティーニに合わせた。このソースは他の料理にも合わせやすいので重宝する。リゾットなどに加えても、一味違った楽しみ方ができる。　伊／辻 大輔（コンヴィーヴィオ）

材料：
生パスタ生地（→173頁）　30g
鶏挽肉のソース　30g
フルーツトマト（角切り）　1/2個
黒オリーブ　8粒
グラナパダーノチーズ（粉）　適量
バター　小さじ1
リコッタサラータチーズ*　適量
オリーブ油　少量

◎鶏挽肉のソース：
鶏モモ挽肉　200g
ニンニク（みじん切り）　1/4片
オリーブ油　15g
塩　適量
ローズマリー　1枝
白ワイン　20g

*リコッタチーズの水分を抜いて塩漬けにし、1ヵ月以上熟成させたもの。

1　生パスタ生地をパスタマシンにかけて厚さ1.5mm、幅1.5mmのスパゲッティーニをつくる。塩湯でゆでる。

2　鶏挽肉のソースを取り分けて温め、フルーツトマト、種を抜いた黒オリーブ、1のスパゲッティーニを入れてからめる。最後にバター、グラナパダーノチーズを加えて溶かし込む。

3　フォークにスパゲッティーニを巻いて盛りつける。リコッタサラータを散らし、ローズマリー（分量外）を飾り、オリーブ油をかける。

◎鶏挽肉のソース

1　鍋にニンニク、オリーブ油を入れて中火で炒める。香りがたったら挽肉を入れて塩をふって焼く。

2　焼き色がついたら白ワイン、ローズマリー、浸るくらいの水を入れて20分間程度煮込む。煮汁が煮詰まったら適宜水を加える。

皮・首肉

鶏皮の煮凝り

鶏皮の内側についている脂の量は部位によって違う。ここで用いた首皮には脂がたっぷりついているので、一度ゆがいて脂を落とし、皮のみにしてから煮凝りにした。別に皮を素揚げにしてトッピングにし、皮の食感の違いを楽しんでいただく。

日/亀田雅彦（いふう）

材料：14cm角の流し缶1台分
鶏首皮　500g
鶏だし（→98頁）　500cc
淡口醤油、塩　各適量
粉ゼラチン　8g
万能ネギ（小口切り）　適量
揚げ油　適量

1　首皮を一度ゆでこぼして内側の脂を落としてせん切りにする。
2　鶏だしに淡口醤油と塩で味をつけ、1の首皮を合わせて火にかけ、だしが400ccになるまで弱火で煮詰める。
3　ここに水で戻した粉ゼラチンを加えて溶かし、流し缶に流して冷やし固める。8～9割程度固まったら、上に万能ネギを敷き詰めて冷やしておく。
4　別に皮を用意し、せん切りにする。160℃の揚げ油でじっくりと揚げる。高温で揚げるとはねるので注意。
5　提供時、3を角に切り出し、上に4の揚げた皮を添える。

せせり怪味砂糖からめ

怪味鶏脖　グワイウェイヂィボゥ

手でつまめるおつまみにもなる前菜。各種スパイス入りの砂糖をからめているので、舌がしびれるような辛さが特徴だ。首肉のかわりにナッツでつくることもある。からめた砂糖衣が湿気ないように、カラッとセセリを揚げるのだが、長時間揚げると肉がパサつくので、3度に分けてジューシーさを残しつつ、カリカリに仕上げることが、この料理の決め手となる。

中／田村亮介（麻布長江）

材料：つくりやすい分量
鶏首肉　180g
下味調味料
├ 日本酒　5g
├ 塩　2g
├ 濃口醤油　少量
├ 溶き卵　10g
└ 片栗粉　10g
砂糖衣
├ 砂糖　100g
├ 水　40g
├ 花椒粉　5g
├ 辣椒粉　5g
├ クミン粉　2g
└ 塩　4g
揚げ油　適量

1　首肉（セセリ）は2〜3cm角に切りそろえる。下味調味料を合わせて、首肉にもみ込む。

2　揚げ油を160℃に熱し、1の首肉に45秒間火を入れて表面を固める。ザーレンで取り出して、1分間余熱で火を入れて油をきる。

3　2回目は160℃の油に30秒間入れて取り出して1分間おく。

4　3回目は180℃の油に30秒間入れて取り出す。3回に分けて余熱を使い、ジューシーさを残しつつ、表面をカリッと揚げる。

5　飴がけをする。中華鍋に砂糖衣の材料の砂糖と水を入れて中火〜弱火で熱し、こがさないように飴をつくる。そのほかのスパイス類、塩を合わせておく（A）。

6　飴の気泡が細かくなってきたらAを入れてよく混ぜ、揚げたての4の首肉を入れて、鍋をあおりながらからめる。

7　飴がからんだら火からおろして風をあてて急冷する。急に温度を下げることによって、砂糖が再結晶して白くなる。熱がとれると表面が固まってカリッとしてくる。

トマトに見立てた鶏皮の香料煮

蕃茄鶏皮　ファンチェヂィピィ

鶏胸肉のミンチを鶏皮で小さな丸形に包んでボイルし、八角や桂皮、甘草で香りをつけた「紅鶏水」に浸けて味を含ませた。鶏皮というとカリカリに揚げた食感が好まれるが、むっちりとした食感もまたいいもの。色と形でミニトマトに見立てた前菜。

中 / 田村亮介（麻布長江）

材料：
鶏皮（胸の部分）　100g
鶏胸挽肉　60g
下味調味料
- 塩　1g
- 日本酒　5g
- 濃口醤油　3g
- 溶き卵　5g
- 片栗粉　2g

紅鶏水＊
- 水　1リットル
- 濃口醤油　450cc
- 氷砂糖　350g
- 麦芽糖　450g
- 塩　7g
- 紅米　420g
- 八角　1個
- 桂皮　3g
- 甘草　5g

ミニトマト、トマトの枝　各適量

＊ホンヂィシュイと読む。材料をすべて合わせて火にかけ、氷砂糖が溶けたら火を止めてそのまま1晩おく。

1　鶏皮の裏側についている脂肪をそぎ落として、丸く包めるような大きさ（6cm角程度）に切る。
2　鶏挽肉をボウルに入れ、下味調味料をすべて加えてよく練る。1個8gに丸める。
3　鶏皮の内側に2の挽肉をのせて丸く包み、タコ糸で茶巾に結びトマトに見立てる。
4　紹興酒（分量外）を少量入れた湯で3を10分間ゆでる。
5　紅鶏水を80℃に熱し、4を入れて火からおろし、1晩おいて味を含ませる。
6　器にミニトマトと枝を盛り、トマトに見立てた5の鶏（タコ糸を切りはずす）を盛る。

チッチョリのフォカッチャ

Focaccia di ciccioli　フォカッチャ ディ チッチョリ

チッチョリはラードや豚皮、鴨の皮などでつくるスナックのようなもので、イタリアではパンとチッチョリを農作業中につまんでいるという。これを鶏皮でつくってみた。まとめて仕込んでおくと、手軽なおつまみになるし、工夫次第でいろいろ応用できるので重宝する。

伊／辻 大輔（コンヴィーヴィオ）

材料：1枚分
フォカッチャ生地　300g
チッチョリ
├鶏皮　200g
├ローズマリー　5枝
├オリーブ油　適量
└塩　適量
ドライプチトマト
├プチトマト　12個
├塩　適量
├グラニュー糖　適量
└オリーブ油　適量

◎フォカッチャ生地：
中力粉　500g
塩　10g
グラニュー糖　15g
オリーブ油　50g
生イースト　8g
水　400g

1　チッチョリをつくる。皮を一口大に切る。手鍋にオリーブ油をひき、皮、ローズマリーを入れて弱火にかける。脂が出てきて皮がカリカリになるまで火を入れる。
2　脂をきって、塩をふる。
3　ドライプチトマトをつくる。プチトマトは横半分に切り、オーブンペーパーを敷いた天板に並べ、グラニュー糖、塩、オリーブ油をふる。
4　110℃のオーブンで約20〜30分間火を入れて乾燥させる。
5　天板に一次発酵させたフォカッチャ生地をのばしてのせ、上にドライプチトマト、チッチョリ、ローズマリーを散らし、210℃のオーブンで15〜20分間焼く。

◎フォカッチャ生地
1　ボウルに中力粉、塩、グラニュー糖、オリーブ油を合わせる。
2　別のボウルに生イーストを入れて、人肌まで温めた水を加えて溶かす。これを1のボウルに入れてこね、30℃の場所に約1時間おいて一次発酵させて使用する。

鶏首肉とパンのスープグラタン

Zuppa di pollo al forno　ズッパ ディ ポッロ アル フォルノ

スープの中にパングラタンを浮かべた料理。北イタリアのスープ料理Sopa coada(ソパ コアーダ)のアレンジで、本来はハトでつくるもの。ここでは歯応えがよく旨みのある鶏の首肉を使った。

伊 / 辻 大輔（コンヴィーヴィオ）

材料：6人前

鶏のラグー
- 鶏首肉（ぶつ切り）　150g
- 玉ネギ（角切り）　1/2個
- ニンジン（角切り）　1/4本
- セロリ（角切り）　1本
- トマト（角切り）　1個
- ローリエ　2枚
- 塩　適量
- オリーブ油　30g

ベシャメルソース
- 牛乳　500g
- バター、薄力粉　各50g
- 塩　適量

フォカッチャ（スライス→208頁チッチョリ）*　12枚

＊100℃のオーブンで乾燥させる。

グラナパダーノチーズ（粉）　適量

スープ
- ブロード（→82頁）　400g
- トマト　1/2個
- バジリコの葉　2枚
- グラナパダーノチーズ（皮）　1枚

1 鶏のラグーをつくる。フライパンにオリーブ油をひいて、首肉、玉ネギ、ニンジン、セロリを炒め、塩を加える。
2 火が入ったらトマトとローリエを入れて、中弱火でじっくり煮て煮汁を煮詰めておく。
3 ベシャメルソースを用意する（→167頁鶏ささみのラビオリ）。
4 バットにスライスしたフォカッチャを並べ、上にベシャメルソースを薄く広げる。さらにフォカッチャ、鶏のラグー、ベシャメルソースの順に重ねる。最後にグラナパダーノチーズをふる。
5 180℃のオーブンで約20分間焼く。
6 スープをつくる。ブロードにその他の材料を加えて沸かし、味を調えて漉す。
7 焼き上げたグラタンをココットに取り分け、熱いスープをかける。

内臓

レバームースと信州産若鬼グルミのコンポート

Mousse de foie de volaille et compote de noix

ムース ドゥ フォワ ドゥ ヴォライユ エ コンポート ドゥ ノワ

殻ができる前の青いクルミの実は、時間をかけてアクを抜き、コンポートにしてレバームースに合わせた。添えたジュレはコンポートのシロップをアガーで固めたもの。レバームースは、背脂などの油脂分と生クリームやポルトなどの水分を合わせるので、分離させないようになめらかに仕上げる。　仏／高良康之（銀座レカン）

材料：つくりやすい分量
レバームース
- 鶏レバー　1kg
- 塩　21g
- 白コショウ　1.2g
- キャトルエピス　0.6g
- 豚背脂（2cm角）　600g
- 白ポルト酒　150cc
- 卵黄　9個分
- 生クリーム（乳脂肪分47％）
　　450cc
- 若鬼グルミのコンポート　8粒

レデュクションポルト（→68頁）
　適量
ハーブソース　適量
若鬼グルミのジュレ　1人前5枚
サヤインゲンのサラダ＊　適量

◎若鬼グルミのコンポート：
※殻ができる前、初夏の未熟な緑色の鬼グルミを使用する。

鬼グルミ（青い実）
グラニュー糖　クルミの40％

◎ハーブソース：
ホウレン草の葉　60g
パセリの葉　30g
セルフイユの葉　15g
エストラゴンの葉　15g
アネット（ディル）の葉　15g
塩、水　各適量

◎若鬼グルミのジュレ：
若鬼グルミのコンポートのシロップ
　70cc
水　30cc
レモン絞り汁　適量
パールアガー
　100ccの液体に対して3g

＊サヤインゲンを塩ゆでし、デトロイト、赤ミズナ、アマランサスとともにヴィネグレット（→179頁）で和える。

1　レバームースをつくる。鶏レバーのスジと薄膜を取り除き、水洗いする。塩、白コショウ、キャトルエピスを混ぜ合わせておく。

2　充分冷やしたフードプロセッサーに2cm角に切り分けた豚背脂を入れて回し、ペースト状にする。

3　2に1の調味料と掃除したレバーを加えて回す。回しながら3回に分けて白ポルト酒を加える。続いて卵黄を3回に分けて加えたのち生クリームを3回に分けて加える。分離しないようにフラッシュで少しずつ回して乳化させる。

4　深めのバットにシノワで漉し入れ、アルミホイルで全体をおおう。

5　4のバットが入るくらいの容器に沸かした湯を入れて4を湯煎にし、90℃のヴァプールに設定したコンベクションオーブンで40分間加熱する。

6　竹串を刺してみて、レバー生地がついてこなかったらバットを取り出し、アルミホイルをはずして室温で粗熱をとり、冷蔵庫で保管する。

7　ラップフィルムを広げ、6のレバーペースト300gをのばす。巻いたときに中心になるように縦半分に切った若鬼グルミのコンポートを8切れずつ2列に並べ、ラップフィルムで筒状に巻く。冷蔵庫で冷やし固める。

8　7を厚さ3cmに切り出し、皿の中央に盛り、大小丸くくり抜いた若鬼グルミのジュレ、2mm厚さにスライスした若鬼グルミのコンポート、サヤインゲンのサラダを盛り合わせ、レデュクションポルトとハーブソースをたらす。

◎若鬼グルミのコンポート

1　クルミの両側を2mm程度切り落として、水に浸ける。2日に1度水をかえて、1ヵ月程度かけてアクを抜く。水が透明になる頃が目安。

2　鍋に水とクルミを入れて、クルミの総量の10％程度のグラニュー糖を加えて3時間ほど弱火でゆっくりと煮る。火からおろして粗熱をとり、冷蔵庫に入れる。

3　2日後、グラニュー糖を少量追加してさらに3時間程度弱火で煮て、粗熱をとって冷蔵庫に保管する。

4　グラニュー糖を少量ずつ追加しながら3を1ヵ月ほどくり返し、糖度を上げる。最終的にクルミに対して40％程度のグラニュー糖を加えていく。

5　煮終えたら保存瓶に少量ずつ分けて冷蔵庫で保管する。

◎ハーブソース

1　水に塩を加えて沸かし、ホウレン草、ハーブ類の葉をゆでこぼし、氷水にとって冷まし、水気をしっかり絞る。

2　ミルミキサーでペースト状にする。

3　裏漉し器で裏漉しし、ディスペンサーに入れて冷蔵庫で保管する。

◎若鬼グルミのジュレ

1　クルミのコンポートのシロップ（煮汁）に水を加えて味を調え、レモン絞り汁を少量足して酸味をつける。

2　1を100cc取り分けて、パールアガー3gを加えて鍋に入れ、一煮立ちさせてバットに薄く流し、そのまま固める。

3　固まったら丸の抜き型で大小、さまざまな大きさに抜く。

レバーとトマトの綿飴仕立て

棉花糖葫芦肝　ミェンファータンフールゥガン

北京の屋台では、いろいろな果物や野菜を串に刺して飴がけしたビンタンフールーが人気。サンザシの甘酸っぱい実がオリジナルだが、いまやその種類は驚くほど多い。これをヒントにして、ミニトマトの中になめらかなペースト状のレバーを詰めて、飴がけし、綿飴をからませてみた。

中 / 田村亮介（麻布長江）

材料：10個分
鶏レバー　100g
下味調味料
├ 紹興酒　15cc
├ 玫瑰露酒（バラ酒）　5cc
├ 塩　1g
└ 砂糖　1g
ミニトマト　10個
飴がけ
├ 上白糖　75g
├ トレハロース　75g
└ 水　40cc
綿飴（砂糖）　適量

1. 鶏レバーは血と脂、スジを取り除く。胆のうにふれて変色している部分もそぎ落としておく。
2. レバーをボウルに入れて15分間流水にさらしたのち、しっかりと水気をきってペーパータオルなどでふく。
3. レバーを真空袋に入れ、下味調味料を入れて脱気して冷蔵庫で1日間おく。
4. 袋ごと50℃の湯で30分間加熱する。
5. 4のレバーの水気をきってミキサーでペースト状にする。これを絞り袋に入れて冷やす。
6. ミニトマトのヘタを取り、くり抜き器で中を抜き、5のレバーを絞って詰める。
7. 飴がけしやすいように串を刺しておく。
8. 鍋に上白糖、トレハロース、水を入れて火にかけ、こがさないように玉杓子やスプーンで絶えず混ぜながら160℃まで温度を上げる。トレハロースはトマトの水分を吸収してくれるので飴のもちがよくなる。
9. 8を7のトマトに薄くからめて冷まし、飴を固める。
10. 綿飴機でトマトの周りに綿飴をからめたのち、串をはずして盛りつける。

レバーを詰めたミニトマト。これに飴をかけて、綿飴をからませる。

家庭用の綿飴機を使用。

レバーチーズ

くせのあるレバーにクリームチーズを合わせて食べやすくしたパテ。パンや野菜スティックなどを添えてすすめる。空気に触れないように冷蔵保存すれば1週間ほど日持ちするが、そのためには完全にレバーに火を入れておくことが大事。

日 / 亀田雅彦（いふう）

材料：つくりやすい分量
鶏レバー（掃除したもの）　200g
マリネ液
　牛乳　500cc
　玉ネギ（ざく切り）　200g
　ニンニク（薄切り）　30g
　ローリエ（ドライ）　3枚
　セージ（ドライ）　1g
サラダ油　適量
クリームチーズ　300g
バター（有塩）　30g
塩　適量
黒コショウ　適量

1　レバーは血やスジ、血管などを取り除く。
2　マリネ液の材料を合わせ、**1**のレバーを浸けて1晩冷蔵庫でマリネする。
3　翌日ザルにあけて水気をきる。フライパンにサラダ油をひいて、レバーとマリネに使った玉ネギ、ニンニクを炒める。塩で味をつけて完全に火を入れる。
4　クリームチーズとバターを蒸し器に入れて温める。
5　フードプロセッサーに**3**を入れて回し、ペースト状にして裏漉しする。この段階で冷凍保存可能。
6　ここに**4**のクリームチーズとバターを合わせてよく混ぜる。最後に味をみて、塩、黒コショウを適量加えて好みの味に調える。
7　密閉容器に入れて空気に触れないようにぴったりと落としラップをして冷蔵庫で冷やし固める。この状態ならば冷蔵庫で1週間ほど日持ちする。
8　適量を取り分けて器に盛り、黒コショウをふる。バゲットの薄切りを添える。

鶏レバーのヴェネツィア風
Fegato alla veneziana　フェーガト アッラ ヴェネツィアーナ

原型の料理は仔牛のレバーでつくるが、ここでは鶏レバーを使用した。レバーを玉ネギと一緒にソテーして白ワインでサッと煮る。このレバーの火入れをポレンタの食感と合わせるのがポイント。　伊/辻 大輔（コンヴィーヴィオ）

材料：6人前
鶏レバー　200g
玉ネギ（薄切り）　1個
オリーブ油　20g
白ワイン　50g
バター　20g
塩、コショウ　各適量
ポレンタ　1切れ（2cm×12cm）
イタリアンパセリ（みじん切り）　適量
ミニョネット（黒コショウ）　適量
アマランサス　少量

◎ポレンタ：17cm×23cmの角型1台分
白トウモロコシ粉　210g
牛乳、水　各250g
塩　8g

1　レバーは血管や薄膜などを取り除いて掃除し、血の塊などを洗いおとして牛乳（分量外）に1晩浸ける。
2　フライパンにオリーブ油と玉ネギを入れ、弱めの中火にかけてキツネ色になるまでソテーする。
3　ここに、取り出して水洗いした1のレバーを入れ、火が入ったら白ワインを加えてアルコールを飛ばす。浸る程度の水を加え、中火で軽く煮込む。最後にバターを溶かし、塩、コショウで味を調える。
4　ポレンタは細長い板状に切ってフライパンで焼いて器に盛り、上に温めた3の鶏レバーをのせ、イタリアンパセリとミニョネットを散らし、アマランサスを添える。

◎ポレンタ
1　鍋に牛乳、水、塩を合わせて火にかける。沸く寸前に白トウモロコシ粉を加えて混ぜる。弱火で約40分間かき混ぜながら火を入れる。
2　型に流し入れ、冷やし固める。

串刺し内臓の麻辣鉢

鉢鉢鶏杂　ボーボーヂィザァ

内臓を串刺しにしたおでん風。辛みのあるさっぱりとした塩味ベースの麻辣汁につけて食べる。内臓はそれぞれ肉質が違うので、ゆで時間を調節して適切な火入れをすれば、素材の持ち味を生かした食感の違いを楽しんでいただける。内臓以外にモモ肉などを使ってもいいだろう。

中 / 田村亮介（麻布長江）

材料：各4串分
鶏レバー　200g
鶏砂肝　200g
鶏ハツ　200g
百頁＊　150g
ジャガイモ　300g
麻辣汁　適量

◎麻辣汁：
毛湯（→122頁）　1リットル
塩　30g
藤椒油＊＊　30g
辣椒油　100g
白ゴマ　10g

＊パイイエと読む。布ユバ（または干豆腐）ともいう。豆腐を布で挟んで圧縮してつくる加工食品。
＊＊トンジャオヨウと読む。藤椒（トンジャオ）という青山椒の実を油で煮詰めて香りを移したもの。

1　レバーを掃除する。砂肝は半分に切り、これをさらに半分に切って銀皮をそぎ取る。ハツは周りとつけ根についている脂と薄膜を取り除き、縦半分に切って水洗いし、中の血を取り除く。

2　百頁は2cm幅に切る。ジャガイモはくり抜き器で丸く抜く。

3　レバー、砂肝、ハツ、百頁、ジャガイモをそれぞれ串に刺す。

4　毛湯に塩少量（ともに分量外）を加え、レバー串は80℃で10分間、砂肝串は80℃で30分間、1カンが小さいハツ串は80℃で5分間それぞれゆでる。百頁、ジャガイモは80℃で10分間ゆでる。

5　麻辣汁をつくる。材料を鍋に入れて合わせ、火にかける。沸騰したら火からおろし、各種串を浸ける。1晩おくと麻辣汁の味がなじむ。食べる直前にサッと温める。

砂肝のコンフィとムカゴのフリカッセ

Fricasée de confit de gésier et MUKAGO
フリカッセ ドゥ コンフィ ドゥ ジェズィエ エ ムカゴ

ムネ肉やササミはもともと柔らかいので、コンフィにする必要性があまりないが、砂肝はコリコリした歯応えのあるかたい部位で、コラーゲンを多く含むため、加熱すると非常に柔らかくなる。モモや手羽と同様、長時間低温で加熱するコンフィに向く部位である。甘みと酸味のあるソースをからめて、黒コショウのミニョネットをアクセントに。

仏 / 高良康之（銀座レカン）

材料：
砂肝のコンフィ　3個分
ムカゴ（塩ゆで）　5粒
ジロール茸　3本
塩　適量
コンフィのラード　適量
ソース　30cc
マコモダケのソテー＊　1本
シブレット（小口切り）　適量
ミニョネット（黒コショウ）　適量

◎砂肝のコンフィ：
鶏砂肝　200g
塩　2.4g（砂肝の1.2％）
白コショウ　0.4g
ラード　200g

◎ソース：
日本酒　120cc
三温糖　50g
赤味噌　40g
赤ワインヴィネガー　60cc
バルサミコ酢　30cc
フォンドヴォー　50cc
カイエンヌペッパー　少量

＊マコモダケの皮をむき、サラダ油をひいたフライパンに並べ、中火で全面に焼き色をつけ、塩で味を調える。上部1/3程度を横に切り取る。上部は食べやすく切り分ける。

1. フライパンにラード（コンフィで使用したあとのラード）を入れて中火にかけ、砂肝のコンフィ、ムカゴ、ジロール茸を入れてこがさないように（温めるように）炒め、軽く塩をふる。
2. 1にソースを加えてサッとからめ、火を止める。
3. マコモダケのソテーを皿に盛り、この上に2を盛る。上に切り分けたマコモダケを添えて、フライパンに残ったソースをかける。最後にシブレットとミニョネットを散らす。

◎砂肝のコンフィ
1. 掃除した砂肝（→33頁）に塩と白コショウをすり込んで半日マリネする。
2. 真空袋にラードと1の砂肝を入れて脱気し、80℃の湯で18時間加熱する。
3. 火が入ったら、雑菌の繁殖を防ぐために氷水にあてて急冷し、冷めたら冷蔵庫で保管する。

◎ソース
1. すべての材料をボウルに入れ、泡立て器でしっかり混ぜて、三温糖を溶かす。ポットに入れて保管する。

丸鶏・コンソメ

丸鶏の詰め物
Pollo Ripieno　ポッロ リピエーノ

丸鶏の腹の中に鶏モモのミンチを詰めたロースト。詰め物は柔らかめにつくると鶏肉と一緒に食べやすくなる。中には鶏と相性のよいレモンのスライスを加えた。トスカーナで修業した店の人気料理で、煮込んだりソースをかけたりせず、焼きっぱなしのほうが格段においしい。好みでオリーブ油を添えてもいいだろう。

伊／辻 大輔（コンヴィーヴィオ）

材料：4人前
丸鶏（中抜き）　1羽（1.1kg）
塩、コショウ、バター　各適量
詰め物
├鶏モモ挽肉　100g
├ジャガイモ（ノーザンルビー）＊　1個
├玉ネギ　1個
├セージの葉　6枚
├レモン（スライス）　3枚
├オリーブ油、塩　各適量
├グラナパダーノチーズ（粉）　適量
└バター、塩　各適量

＊皮とイモの中まで赤いジャガイモ。やや長い形状でサツマイモに似ている。加熱しても退色しないのが特徴。

1　丸鶏に塩、コショウをふってすり込み、なじむまで1時間おく。
2　詰め物をつくる。ジャガイモ、玉ネギを一口大に切って塩ゆでして水気をきる。
3　鍋にオリーブ油をひき、挽肉と塩少量を入れて火にかけ、混ぜながら炒めて挽肉に火を入れる。
4　ボウルに3の挽肉、2のジャガイモと玉ネギ、バター、グラナパダーノチーズ、塩、セージの葉、レモンを入れて混ぜ、味を調える。
5　丸鶏の腹の中にバターを塗って4を詰め、180℃のオーブンで40分間ローストする。
6　器にワラを敷いて、焼き上げた丸鶏をそのまま盛り、客席で切り分ける。

オマール海老のジャルディニエールとコンソメゼリー

Salade de homard "jardinière" en consommé gelée
サラド ドゥ オマール ジャルディニェール アン コンソメ ジュレ

オマールのフランには、繊細な味わいの鶏のコンソメゼリーを合わせた。オマールエビが主役となるので、大きめに切って存在感を与え、アクセントに香りのある葉野菜や菊花を散らした。色とりどりの数多くの野菜をつけ合わせたので食感はそれぞれ違うが、一体感をもたせてまとめた。

仏／高良康之（銀座レカン）

材料：4人前
オマールエビのフラン
├オマールエビのフォン＊　100cc
├生クリーム（乳脂肪分35％）　60cc
├牛乳　30cc
├卵　1個
├卵黄　1個分
└塩、カイエンヌペッパー　各適量
鶏のコンソメ（→46頁）　200cc
シェリーヴィネガー　3cc
塩　適量
つけ合せ
├オマールエビ　1尾（450g）
├チェリートマト（縦半割）　4個分
├姫ニンジン（縦スライス）　8枚
├ミニ大根（縦スライス）　8枚
├ラディッシュ（スライス）　8枚
├赤芯大根（スライス）　8枚
├アマランサス　12枚
├カイワレ菜　12本
├赤ミズナ　12枚
├デトロイト　8枚
├菊花　適量
├塩　適量
└ヴィネグレット（→179頁）　適量

＊オマールエビの頭（砂袋、コライユを取り除いたもの）1kgを粗く切ってオリーブ油でよく炒める。別にニンジン（スライス）1本、玉ネギ（スライス）2個、ニンニク（横半分）1株、セロリ（スライス）2本をオリーブ油をひいた鍋で炒める。ここに先のオマールの頭、フュメドポワソン（魚のだし・解説省略）2リットルを加えて沸かし、アクを取り除く。トマトペースト大さじ2、トマト2個を入れて、とろ火で45分間煮て静かに漉し、さらに煮詰めて味を調える。

1　オマールエビのフランをつくる。すべての材料をボウルに入れて、泡立て器でよく混ぜ合わせて、シノワで別容器に漉す。

2　各グラスに50ccずつ注いでラップフィルムをかけ、竹串で数ヵ所穴を開ける。

3　蒸し器に入れて、12分間ほど火を入れる。竹串を刺して中から生地がついてこなかったら蒸し器から取り出して、ラップをはずし冷蔵庫で冷やす。

4　鶏のコンソメを沸かして塩とシェリーヴィネガーを加えて味を調え、冷ましておく。

5　冷たいフランの上に4のコンソメを50ccずつ流して冷やし固める。

6　つけ合せを用意する。オマールエビの頭を取り除き、テール、爪（腕はつけたまま）に分ける。

7　塩を加えて湯を沸かし、テールは3分間、爪（小）は3分半、爪（大）は4分間ほどゆでて氷水にとり粗熱をとる。

8　殻をはずして、大ぶりに4人分に切り分ける。

9　つけ合せの野菜を用意して塩をし、ヴィネグレットで和える。生の根菜類はフラン、コンソメとの食感が合わなくなるので、盛りつける3分前には塩をふっておく。

10　フランの上に、8のオマールエビをのせ、9の野菜を盛りつける。

鶏肉、牛肉、豚肉の栄養の特徴

「鶏肉がヘルシーといわれるのはなぜですか？」

鶏肉、牛肉、豚肉ともに、主成分であるたんぱく質は必須アミノ酸をバランスよく含んだ良質のたんぱく質です。脂肪の量は、"皮つき"であれば、牛肉や豚肉（いずれも脂身つき）とほぼ同じです。けれども、脂肪の質という観点から言えば、鶏肉に含まれる脂肪酸は、健康効果の高いことで知られる魚と、牛肉や豚肉の間に位置づけられます。

脂肪酸には飽和脂肪酸と不飽和脂肪酸の2種類があり、不飽和脂肪酸が多いほど融点（脂肪の溶ける温度）は低くなります。鶏肉の脂肪は飽和脂肪酸の割合が低い一方で不飽和脂肪酸の割合が高いため、融点が30〜32℃で、豚肉（33〜46℃）や牛肉（40〜50℃）よりも低いことが特徴です。鶏肉が冷めても脂肪が白く固まりにくいのは、このためです。不飽和脂肪酸の中には、ヒトの体内で合成できず、食べ物などから摂ることが"必須"の脂肪酸（多価不飽和脂肪酸）があります。鶏肉には、必須脂肪酸のリノール酸（n-6系）が豚肉の約1.3倍、牛肉の6〜10倍多く含まれています。リノール酸は血圧や血糖値の低下、動脈硬化の予防に役立つことで知られています。

肉は種類に関わらず、主成分であるたんぱく質以外にもビタミンやミネラルの供給源として価値が高い食品です。牛肉は鉄分含量が豚肉や鶏肉の2〜3倍で、貧血の予防・改善や冷え症の改善に役立ちます。豚肉はビタミンB1含量が牛肉や鶏肉の10倍以上で、疲労回復に役立ちます。鶏肉はビタミンA含量が牛肉や豚肉の数倍で、皮膚やのどなどの粘膜の健康維持に役立ちます。皮膚や粘膜、さらには免疫細胞の原料でもあるたんぱく質とビタミンAの健康効果を考えると、風邪や肌荒れの気になる時には、その予防や改善に鶏肉が大いに役立つことでしょう。

（佐藤秀美）

◎鶏の調理科学

	エネルギー kcal	たんぱく質 g	脂質 g	鉄 mg	ビタミンA μg	ビタミンE mg	ビタミンK μg
和牛もも肉（脂身つき）	246	19	18	1.0	-	0.2	6
輸入牛もも肉（脂身つき）	182	21	10	1.0	6	0.5	5
豚もも肉（脂身つき）	225	20	15	0.5	5	0.3	3
鶏むね肉（皮つき）	191	20	12	0.3	32	0.2	35
鶏むね肉（皮なし）	108	22	2	0.2	8	0.2	14
鶏もも肉（皮つき）	200	16	14	0.4	39	0.2	53
鶏もも肉（皮なし）	116	19	4	0.7	18	0.2	36

	ビタミンB1 mg	ビタミンB2 mg	ナイアシン mg	ビタミンB6 mg	ビタミンB12 mg	葉酸 mg	パンテトン酸 mg	コレステロール mg
和牛もも肉（脂身つき）	0.09	0.20	5.6	0.34	1.2	8	1.1	73
輸入牛もも肉（脂身つき）	0.09	0.21	5.4	0.48	1.6	8	0.8	67
豚もも肉（脂身つき）	0.90	0.19	7.2	0.37	0.3	1	0.9	71
鶏むね肉（皮つき）	0.07	0.09	10.6	0.45	0.2	7	2.0	79
鶏むね肉（皮なし）	0.08	0.10	11.6	0.54	0.2	8	2.3	70
鶏もも肉（皮つき）	0.07	0.18	5.0	0.18	0.4	11	1.7	98
鶏もも肉（皮なし）	0.08	0.22	5.6	0.22	0.4	14	2.1	92

アンセリン、カルノシンの健康効果

「鶏肉に多く含まれるといわれるアンセリン、カルノシンとはどんなものですか？」

近年の研究で、"イミダゾールジペプチド"という成分が抗疲労（疲労回復と疲労しにくい状態をつくる疲労予防）に役立つことが明らかになってきました。海を高速で泳ぎ続けるカツオ（時速60km）やマグロ（時速80～90km）などの回遊魚、数千kmも飛び続ける渡り鳥などの鳥類の筋肉に多く含まれることから、その運動能力を支える成分としてイミダゾールジペプチドが注目を浴びています。

イミダゾールジペプチドとはイミダゾール基を含むジペプチド（アミノ酸が2個結合したもの）で、最近耳にする機会が多いカルノシンやアンセリンもその仲間です。この成分は動物の筋肉中に含まれる成分で、鶏肉、カツオ、マグロに豊富です。このうち、最もイミダゾールジペプチドが多い肉は、鶏の胸肉です（図参照）。

労働者健康状況調査（厚生労働省）では、日本人のおよそ3人に1人が慢性疲労で悩んでいるという結果を報告しています。肩こりや腰痛、頭痛、眠気などの身体的な疲れや、ヤル気のなさやイライラなどの精神的な疲れにより体内で活性酸素が生じ、活性酸素の害で体の機能が低下することで、作業効率の低下（疲労）が起こる、という疲労メカニズムが明らかにされています。

これまでの研究で、抗疲労効果が確認されている成分には、イミダゾールジペプチド、コエンザイムQ10、クエン酸などがありますが、その中でも顕著に効果を示したのがイミダゾールジペプチドであることが報告されています。期待される効果は、抗酸化、筋肉疲労や筋肉痛の予防・低減、強度の高い運動の持続性向上、免疫調節作用、学習能力の向上、うつ行動の減少、血糖値調節（糖尿病予防）、眼精疲労などです。ちなみに、ロシアではカルノシンが白内障予防のための点眼薬として認められています。

イミダゾールジペプチドは水溶性なので、肉を茹でたり煮たりすると、その一部がゆで水や煮汁の中に溶け出します。単に焼く場合でも、加熱しすぎで肉汁が流れ出すようであれば、肉に含まれる量は減ります。

冷凍や冷蔵の保存中には、基本的に減ることはありません。保存の影響を調べた研究では、ミンチのように肉の組織が破壊された状態で冷蔵（3～5℃）した場合には、肉に含まれるたんぱく質分解酵素の作用が大きく現れるので、イミダゾールジペプチドが増えることが報告されています。

鶏胸肉はイミダゾールジペプチド以外にも、肝機能の向上を介して疲労回復に役立つタウリン（203mg/100g）が魚類に匹敵するほど豊富に含まれているので、抗疲労に大いに役立つ肉だと言えそうです。

（佐藤秀美）

◎鶏の調理科学

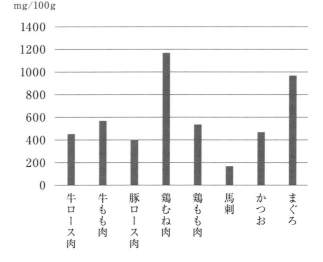

食肉中のイミダゾールジペプチド（アンセリン・カルノシン）含量

出典：日本食品科学工学会誌（2006）53, 362-363及び日本食生活学会誌（2000）10（4）, 26-35を元に作成

国産地鶏銘柄鶏 仕入れガイド

「国産地鶏銘柄鶏一覧」は一般社団法人日本食鳥協会のホームページの「全国地鶏銘柄鶏ガイド」から抜粋してまとめた。なお、この掲載内容は平成23年8月〜平成23年11月の間に協会が調査し回答を得られた内容を掲載しているが、国内すべての地鶏銘柄鶏を網羅しているわけではない。

鶏肉の種類と肉質の特徴

[鶏肉の種類]

日本で流通している鶏肉の種類は、大きく分けると「一般鶏肉（一般ブロイラー）」「地鶏肉」「銘柄鶏肉」「成鶏肉」の4種類となる。

それぞれ「と体」（放血、脱毛後の食鳥）、「中抜き」（と体から内臓などを除いた状態）、解体品などの形態で取り引きされている。

[肉質の違い]

◎一般鶏肉（一般ブロイラー）

若鶏（50日齢）なので、肉、皮ともに柔らかいが、肉自体の味は濃くないので、調味料がよくしみるようにぶつ切りや切り身にしてから下味をつけたほうがよい。長時間煮込むと肉がくずれるので、比較的短時間で調理できるフライや焼き物に向く。

◎地鶏

長期間飼育しているので、肉、皮がややかたくなっている。しかし肉の味は濃く、脂肪も適当についているのでコクがある。この濃厚な味を活かして調理する。フライや焼き物など短時間の調理には向かないが、切り身にして鍋物、煮込み料理に最適。

◎銘柄鶏／ブロイラー

飼料や飼育方法が一般鶏肉と違って、さまざまな飼育形態がある。数多くの銘柄のなかから消費者の好みの銘柄を選ぶことができる。品種は一般鶏肉と同じなので、使い方などは一般鶏肉に準ずる。

◎銘柄鶏／赤どり

銘柄ブロイラー同様、飼料、飼育方法などにさまざまな形態があるので、どんな調理に合うかは銘柄によってかなり違う。傾向として一般鶏肉よりも肉、皮ともに歯応えがあるので、調理時間も少し長くすることが必要。銘柄によっては飼育日数がかなり長いものもあり、肉質もずいぶん違うので、料理に合った銘柄を選ぶ。

◎成鶏肉

老鶏、廃鶏などど呼ばれている。加工食品やスープなどの材料として使用されるが、一般の小売店では入手できない。採卵用ではなくブロイラーの種鶏肉ならば、煮込み料理やカレー、シチューなどに向く。長時間加熱することで、肉、皮ともに柔らかくなる。

[地鶏と銘柄鶏肉の定義]

◎地鶏の定義

在来種純系によるもの、または在来種を素びなの生産の両親か片親に使った鶏で、在来種由来の血液百分率が50％のものをいう。生産方法では、飼育期間がふ化日から80日以上であり、28日齢以降は平飼い（鶏舎内、または屋外において、鶏が床面（地面）を自由に運動できるようにして飼育する方法）で1m²あたり10羽以下の飼育が必要である（在来種とは地鶏肉の日本農林規格の別表による）。

＊在来種

会津地鶏、伊勢地鶏、岩手地鶏、インギー鶏、烏骨鶏（うこっけい）、鶉矮鶏（うずらちゃぼ）、ウタイチャーン、エーコク、横斑プリマスロック、沖縄髯地鶏（おきなわひげ）、尾長鶏、河内奴鶏（かわちやっこ）、雁鶏（がん）、岐阜地鶏、熊本種、久連子鶏（くれこ）、黒柏鶏、コーチン、声良鶏（こえよし）、薩摩鶏、佐渡髯地鶏、地頭鶏（じとっこ）、芝鶏（しばっとり）、軍鶏（しゃも）、小国鶏（しょうこく）、矮鶏（ちゃぼ）、東天紅鶏、蜀鶏（とうまる）、土佐九斤（とさくきん）、土佐地鶏、対馬地鶏、名古屋種、比内鶏（ひない）、三河種、蓑曳矮鶏（みのひきちゃぼ）、蓑曳鶏、宮地鶏、ロードアイランドレッド

◎銘柄鶏の定義

両親が地鶏に比べ増体に優れた肉専用種といわれるもので、できた素びなの羽色が褐色系で赤どりといわれるものとブロイラーといわれる通常の若どり（チキン）の場合があり、いずれの場合も親の鶏種とともに、通常の飼育方法と異なり、工夫を加えた内容を明らかにした表示を食鳥処理場の出荷段階のパッケージ等に行なったものをいう。出荷日齢は50〜70日。なお小売段階においてもこれに準じて一定の表示を行なう。

[地鶏、銘柄鶏の仕入れ方]

飲食店が地鶏や銘柄鶏を仕入れる方法は2通りある。①産地直送と②流通業者に委託する方法で、どちらも一長一短がある。①の産地直送の利点は鮮度がよいこと。これにつきる。ただし配送料金などのコストがかかるし、各部位すべてをセットで購入しなければならない銘柄もある。②の流通業者に委託した場合は、在庫調整がきくし、全部位をセット買いしなくてもすむという利点がある。ただし、日時や頻度など各社の配送網に合わせなければならないという制約もある。

まずは産地と直接話をし、それぞれの店の営業事情に照らし合わせて、流通業者を介して仕入れることが可能かどうかを確認し、可能であれば流通業者を通すのが常道であろう。

現在はチルドが主流である。冷凍品の場合は、−18℃以下を常にキープできる状況下でないとむずかしい。

参考資料
鶏肉をおいしくたべるための知識（農学博士駒井亨著・社団法人日本食鳥協会刊）

国産地鶏銘柄鶏一覧

[北海道]

●中札内田舎どり
㈱中札内若どり
〒089-1372
北海道河西郡中札内村元札内東2線51番地
TEL：0155-69-4431
FAX：0155-69-4029
◎飼養地／北海道（十勝・中札内村）
◎鶏種／♂ホワイトコーニッシュ、♀ホワイトプリマスロック
◎月間生産量／100,000羽（200,000kg）
◎出荷日齢／♂30、35、60日
◎出荷体重／♂1.3、1.7、3.0kg
◎飼育方法／平飼い
◎飼料内容／一般飼料に地養素、NON-GMO飼料
◎出荷形態／主体は正肉、パーツ品。特注で丸、中抜き等
◎主な出荷先／道内全域
◎問い合わせ先／㈱中札内若どり

●中札内産雪どり
㈱中札内若どり
〒089-1372
北海道河西郡中札内村元札内東2線51番地
TEL：0155-69-4431
FAX：0155-69-4029
◎飼養地／北海道（十勝・中札内村）
◎鶏種／♂ホワイトコーニッシュ、♀ホワイトプリマスロック
◎月間生産量／12,000羽（33,600kg）
◎出荷日齢／♂65日
◎出荷体重／♂2.8kg
◎飼育方法／平飼い
◎飼料内容／一般飼料に地養素、NON-GMO飼料
◎出荷形態／主体は正肉、パーツ品。特注で丸、中抜き等
◎主な出荷先／道内全域
◎問い合わせ先／㈱中札内若どり

地鶏
●新得地鶏
十勝・新得フレッシュ地鶏事業協同組合
〒081-0001
北海道上川郡新得町一条北1丁目
TEL：0156-69-5511
FAX：0156-69-9100
◎飼養地／北海道上川郡新得町
◎鶏種／♂名古屋種、♀大型軍鶏×ロードアイランドレッド
◎出荷日齢／平均120日
◎出荷体重／平均3kg
◎飼育方法／放牧場付平飼い
◎飼料内容／そばを添加、休薬50日以上
◎出荷形態／中抜き、半身1羽セット、部位別1羽セット　◎荷姿／真空包装、冷凍・チルド　◎主な出荷先／北海道内、関東地方
◎問い合わせ先／十勝・新得フレッシュ地鶏事業協同組合

●桜姫
日本ホワイトファーム㈱
〒039-4101
青森県上北郡横浜町字林尻102-100
TEL：0175-78-3945
FAX：0175-78-3952
◎飼養地／北海道
◎鶏種／♂ホワイトコーニッシュ、♀ホワイトプリマスロック
◎月間生産量／230,000羽（667,000kg）　◎出荷日齢／平均47日　◎出荷体重／平均2.9kg
◎飼育方法／無窓鶏舎及び開放鶏舎　◎飼料内容／飼料原料の配合を調整し、さらにビタミンEを添加した桜姫専用の日本ホワイトファーム㈱指定飼料
◎出荷形態／正肉、副産物、中抜き　◎荷姿／1ケース（2kg×6パック）
◎主な出荷先／全国
◎問い合わせ先／
日本ハム㈱国内フレッシュチキン部・国内チキン特販部（東京　TEL：03-4555-8266　FAX：03-4555-8380／大阪　TEL：06-7178-2946　FAX：06-7178-2973）

●知床どり
日本ホワイトファーム㈱
〒039-4101
青森県上北郡横浜町字林尻102-100
TEL：0175-78-3945
FAX：0175-78-3952
◎飼養地／北海道
◎鶏種／♂ホワイトコーニッシュ、♀ホワイトプリマスロック
◎月間生産量／103,500羽（300,000kg）　◎出荷日齢／平均47日　◎出荷体重／平均2.9kg
◎飼育方法／無窓鶏舎及び開放鶏舎　◎飼料内容／植物性原料を主体とした飼料を使用し、また、道産小麦、海藻粉末を添加した知床どり専用の日本ホワイトファーム㈱指定飼料
◎出荷形態／正肉、副産物、中抜き　◎荷姿／1ケース（2kg×6パック）
◎主な出荷先／全国
◎問い合わせ先／
日本ハム㈱国内フレッシュチキン部・国内チキン特販部（東京　TEL：03-4555-8266　FAX：03-4555-8380／大阪　TEL：06-7178-2946　FAX：06-7178-2973）

[青森県]

●健然鶏
プライフーズ㈱
〒039-1121
青森県八戸市卸センター1丁目11-8
TEL：0178-28-2154
FAX：0178-28-2158
◎飼養地／青森県（三沢市、おいらせ町、六戸町、五戸町）
◎鶏種／♂ホワイトコーニッシュ、♀ホワイトプリマスロック
◎月間生産量／150,000羽（567,000kg）　◎出荷日齢／平均50日　◎出荷体重／平均2.8～3.0kg
◎飼育方法／開放鶏舎、無窓鶏舎、平飼い
◎飼料内容／まごころ専用設計飼料（合成抗菌剤、抗生物質不使用）
◎出荷形態／と体出荷なし。中抜き、正肉、副産物（要望に応じて対応）　◎荷姿／冷凍・チルド、真空パック、含気パック、IQF等
◎問い合わせ先／
プライフーズ㈱営業部（TEL：0178-28-2156）、札幌営業所（TEL：011-871-1129）、仙台営業所（TEL：022-767-2761）、東京営業所（TEL：03-3296-7323）、名古屋営業所（TEL：0568-43-1588）、大阪営業所（TEL：06-7711-3811）

●めぐみどり
プライフーズ㈱
〒039-1121
青森県八戸市卸センター1丁目11-8
TEL：0178-28-2154
FAX：0178-28-2158
◎飼養地／青森県（三沢市、田子町、おいらせ町、五戸町）、岩手県（二戸市、軽米町、九戸村、一戸町、野田村、久慈市）、北海道伊達市
◎鶏種／♂ホワイトコーニッシュ、♀ホワイトプリマスロック
◎月間生産量／330,000羽（855,000kg）　◎出荷日齢／平均50日　◎出荷体重／平均2.8～3.0kg
◎飼育方法／開放鶏舎、無窓鶏舎、平飼い　◎飼料内容／マイロを中心とした飼料（専用設計配合飼料）
◎出荷形態／と体出荷なし。中抜き、正肉、副産物（要望に応じて対応）　◎荷姿／冷凍・チルド、真空パック、含気パック、IQF等
◎問い合わせ先／
プライフーズ㈱営業部（TEL：0178-28-2156）、札幌営業所（TEL：011-871-1129）、仙台営業所（TEL：022-767-2761）、東京営業所（TEL：03-3296-7323）、名古屋営業所（TEL：0568-43-1588）、大阪営業所（TEL：06-7711-3811）

●五穀味鶏
プライフーズ㈱
〒039-1121
青森県八戸市卸センター1丁目11-8
TEL：0178-28-2154
FAX：0178-28-2158
◎飼養地／青森県（三沢市、おいらせ町、五戸町、田子町）
◎鶏種／♂ホワイトコーニッシュ、♀ホワイトプリマスロック
◎月間生産量／135,000羽（429,000kg）　◎出荷日齢／平均50日　◎出荷体重／平均2.8～3.0kg
◎飼育方法／開放鶏舎、無窓鶏舎、平飼い　◎飼料内容／五穀味鶏専用設計飼料
◎出荷形態／と体出荷なし。中抜き、正肉、副産物（要望に応じて対応）　◎荷姿／冷凍・チルド、真空パック、含気パック、IQF等
◎問い合わせ先／
プライフーズ㈱営業部（TEL：0178-28-2156）、札幌営業所（TEL：011-871-1129）、仙台営業所（TEL：022-767-2761）、東京営業所（TEL：03-3296-7323）、名古屋営業所（TEL：0568-43-1588）、大阪営業所（TEL：06-7711-3811）

●桜姫
日本ホワイトファーム㈱
〒039-4101
青森県上北郡横浜町字林尻102-100
TEL：0175-78-3945
FAX：0175-78-3952
◎飼養地／青森県
◎鶏種／♂ホワイトコーニッシュ、♀ホワイトプリマスロック
◎月間生産量／345,000羽（1,000,000kg）　◎出荷日齢／平均48日　◎出荷体重／平均2.9kg
◎飼育方法／無窓鶏舎及び開放鶏舎　◎飼料内容／飼料原料の配合を調整し、さらにビタミンEを添加した桜姫専用の日本ホワイトファーム㈱指定飼料
◎出荷形態／正肉、副産物、中抜き　◎荷姿／1ケース（2kg×6パック）
◎主な出荷先／全国

◎問い合わせ先／
日本ハム㈱国内フレッシュチキン部・国内チキン特販部（東京　TEL：03-4555-8266　FAX：03-4555-8380／大阪　TEL：06-7178-2946　FAX：06-7178-2973）

地鶏

●青森シャモロック

青森シャモロック生産者協会
〒038-0212
青森県南津軽郡大鰐町大字蔵館字湯ノ沢4-3
TEL：0172-47-9040
FAX：0172-48-2890

◎飼養地／青森県内全域
◎鶏種／♂横斑軍鶏、♀速羽性横斑プリマスロック
◎出荷日齢／♂約100日、♀約120日、平均110日　◎出荷体重／♂3.28kg、♀2.68kg、平均2.98kg
◎飼育方法／28日齢以降平飼い
◎飼料内容／抗菌性飼料添加物を一切含まない専用配合飼料及びガーリック粉末
◎出荷形態／中抜き、正肉、副産物、加工品　荷姿／真空パック他　◎主な出荷先／東北地方（青森県内、仙台市等）、関東地方（東京都等）、関西地方（大阪府等）
◎問い合わせ先／青森シャモロック生産者協会、㈲青森県農産物生産組合（〒039-1512 青森県三戸郡五戸町西ノ沢6-1　TEL：0178-61-1511）、㈱大鰐振興（青森県南津軽郡大鰐町大字蔵館字湯ノ沢4-3　TEL：0172-47-9040）

［岩手県］

●純和鶏

㈱ニチレイフレッシュファーム
〒028-7916
岩手県九戸郡洋野町種市第73地割142-47
TEL：0194-69-5121
FAX：0194-69-5123

◎飼養地／岩手県九戸郡洋野町
◎鶏種／♂紅桜（べにざくら）、♀小雪（こゆき）
◎月間生産量／120,000羽（330,000kg）　◎出荷日齢／約60日以上　◎出荷体重／平均2.8kg
◎飼育方法／平飼い
◎飼料内容／仕上げにハーブを配合
◎出荷形態／正肉、副産物、中抜き他　荷姿／2kg×6袋×カートン　◎主な出荷先／首都圏70％、関西圏30％
◎問い合わせ先／ニチレイフ

シュ畜産事業本部（東京都中央区築地6-19-20 TEL：03-3248-2197）

●さわやか あべどり

㈱阿部繁孝商店
〒028-6101
岩手県二戸市福岡字中町13番地
TEL：0195-23-2111
FAX：0195-23-5358

◎飼養地／岩手県、青森県
◎鶏種／♂ホワイトコーニッシュ、♀ホワイトプリマスロック
◎月間生産量／115,000羽（333,500kg）　◎出荷日齢／平均48日　◎出荷体重／平均2.9kg
◎飼育方法／平飼い　◎飼料内容／さわやか専用飼料
◎出荷形態／解体品（正肉、副産物）荷姿／真空パック
◎主な出荷先／関東地区
◎問い合わせ先／㈱阿部繁孝商店、プライフーズ㈱一冷カンパニー、双日食料㈱、日本ハム㈱

●南部どり

㈱アマタケ
〒022-0003
岩手県大船渡市盛町字二本枠5番地
TEL：0192-26-5205
FAX：0192-27-6234

◎飼養地／岩手県（大船渡市、陸前高田市、一関市、下閉伊郡）
◎鶏種／♂レッドコーニッシュ、♀ホワイトプリマスロック
◎月間生産量／360,000羽（970,000kg）
◎出荷体重／平均2.75kg
◎飼育方法／ウインドレス平飼い
◎飼料内容／全期間、合成抗菌剤・抗生物質無添加飼料。ココナッツオイル等添加
◎出荷形態／正肉、副産物、中抜き　荷姿／袋　◎主な出荷先／九州、沖縄を除く全国
◎問い合わせ先／㈱アマタケ

●奥州いわいどり

㈱オヤマ
〒029-1201
岩手県一関市室根村折壁字愛宕下161
TEL：0191-64-3511
FAX：0191-64-3515

◎飼養地／岩手県磐井地方
◎鶏種／♂ホワイトコーニッシュ、♀ホワイトプリマスロック
◎月間生産量／200,000羽　◎出荷日齢／小びな生産もする為期間なし

◎飼育方法／平飼い。鶏糞燃料中心の床面給温。リサイクル方式
◎飼料内容／植物性たんぱく質を中心にブナ、ナラ等の広葉樹の樹液と海藻粉末、さらに枯草菌を加えた飼料。長期無薬飼育
◎出荷形態／丸鶏、中抜き、正肉、副産物、小ビナ、切り身　◎荷姿／主に2kg真空パック　◎主な出荷先／関東80％、東北20％
◎問い合わせ先／㈱マルハニチロ畜産、プライフーズ㈱一冷カンパニー、㈱アサヒブロイラー、㈱ニチレイフレッシュ

●奥の都どり

㈱オヤマ
〒029-1201
岩手県一関市室根村折壁字愛宕下161
TEL：0191-64-3511
FAX：0191-64-3515

◎飼養地／岩手県磐井地方
◎鶏種／♂ホワイトコーニッシュ、♀ホワイトプリマスロック
◎月間生産量／100,000羽　◎出荷日齢／♂47日、♀51日、平均49日　◎出荷体重／♂2.9kg、♀2.9kg、平均2.9kg
◎飼育方法／平飼い。鶏糞燃料中心の床面給温。リサイクル方式
◎飼料内容／植物性たんぱく質を中心にブナ、ナラ等の広葉樹の樹液と海藻粉末
◎出荷形態／丸鶏、中抜き、正肉、副産物、切り身　◎荷姿／主に2kg真空パック　◎主な出荷先／関東10％、東北90％
◎問い合わせ先／㈱オヤマ

●地養鶏

㈱オヤマ
〒029-1201
岩手県一関市室根村折壁字愛宕下161
TEL：0191-64-3511
FAX：0191-64-3515

◎飼養地／岩手県、宮城県、福島県
◎鶏種／♂ホワイトコーニッシュ、♀ホワイトプリマスロック
◎月間生産量／400,000羽　◎出荷日齢／♂47日、♀51日、平均49日　◎出荷体重／♂2.9kg、♀2.9kg、平均2.9kg
◎飼育方法／平飼い
◎飼料内容／植物性たんぱく質中心
◎出荷形態／丸鶏、中抜き、レック、正肉、副産物　荷姿／主に2kg真空パック　◎主な出荷先／関東90％、東北10％

◎問い合わせ先／㈱マルハニチロ畜産、㈱アサヒブロイラー

●菜・彩・鶏

㈱十文字チキンカンパニー
〒028-6103
岩手県二戸市石切所字火行塚25
TEL：0195-23-3377
FAX：0195-22-4366

◎飼養地／岩手（洋野町・久慈市・野田村・軽米町・九戸村・一戸町・二戸市・八幡平市・盛岡市・滝沢村・花巻市・奥州市・一関市・岩手町）
◎鶏種／♂ホワイトコーニッシュ、♀ホワイトプリマスロック
◎月間生産量／1,340,000羽（3,899,000kg）　◎出荷日齢／平均54日　◎出荷体重／平均2.9kg
◎飼育方法／平飼い　◎飼料内容／後期以降は動物性タンパク質を含まない飼料を与え、更に仕上飼料にはビタミンEを強化配合
◎出荷形態／むね肉、もも肉、ささみ、手羽もと、手羽さき、きも、砂ぎも等　◎荷姿／2kg真空パック×6袋等　◎主な出荷先／東北、関東圏
◎問い合わせ先／スターゼン北日本販売㈱、㈱ニチレイフレッシュ、全農チキンフーズ、㈱日本アクセス、双日食料㈱、プライフーズ㈱一冷カンパニー、㈱鮒忠、伊藤ハム㈱、㈱鳥清、㈱鳥籐、㈱鳥八、東日本畜産、日本ハム㈱、プリマハム㈱、㈱鈴音、㈱鳥梅の各営業所

●鶏王

㈱十文字チキンカンパニー
〒028-6103
岩手県二戸市石切所字火行塚25
TEL：0195-23-3377
FAX：0195-22-4366

◎飼養地／岩手（洋野町・軽米町・九戸村・八幡平市・二戸市・野田村）
◎鶏種／♂ホワイトコーニッシュ、♀ホワイトプリマスロック
◎月間生産量／146,000羽（425,000kg）　◎出荷日齢／平均60日　◎出荷体重／平均2.9kg
◎飼育方法／平飼い　◎飼料内容／後期飼料には天然酵母（ファフィア酵母）・パプリカ抽出物を配合。更に仕上飼料にはエゴマ油脂吸着飼料を添加
◎処理工場名
㈱十文字チキンカンパニー久慈工場
◎出荷形態／むね肉、もも肉、ささみ、手羽もと、手羽さき、きも、砂ぎも等　◎荷姿／2kg真空パック×6袋等　◎主な出荷先／東北、関東圏
◎問い合わせ先／スターゼン㈱、㈱

ニチレイフレッシュ、昭産商事㈱、全農チキンフーズ㈱、㈱鮒忠、㈱日本アクセス、双日食料㈱、プライフーズ㈱一冷カンパニー、伊藤ハム㈱、㈱鳥清、㈱鳥籐、㈱鳥八、日本ハム㈱、プリマハム㈱、㈱鈴音、㈱鳥梅の各営業所

●みちのく清流味わいどり
住田フーズ㈱
〒029-2311
岩手県気仙郡住田町世田米字火石5-1
TEL：0192-46-2275
FAX：0192-46-3671
◎飼養地／岩手県
◎鶏種／♂ホワイトコーニッシュ、♀ホワイトプリマスロック
◎月間生産量／76,000羽(90,000kg)
◎出荷日齢／平均50日前後
◎出荷体重／平均2.9kg
◎飼育方法／平飼い(坪当たり50羽)
◎飼料内容／28日齢以降、抗生物質・合成抗菌剤を添加せず、木酢酸、海藻、ハーブ抽出物を添加
◎出荷形態／中抜き、解体品
◎荷姿／2kg×6p＝1C/S(段ボール流通)
◎主な出荷先／東北、関東地区
◎問い合わせ先／全農チキンフーズ㈱(〒108-0075東京都港区港南2-12-33品川キャナルビル4階 TEL：03-6864-0210 FAX：03-6864-0172)

地鶏
●南部かしわ
岩手しずくいし南部かしわ生産組合
〒020-0585
岩手県岩手郡雫石町長山鹿台久保2番地7
TEL：019-692-4119
◎飼養地／岩手県岩手郡雫石町
◎鶏種／母の母はロードアイランドレッド、母の父はホワイトプリマスロック。父は軍鶏または基礎鶏(軍鶏×(有色コーニッシュ×岩手地鶏))
◎月間生産量／350羽(1,225kg)
◎出荷日齢／♀120日
◎出荷体重／♀3〜4kg
◎飼育方法／平飼い ◎飼料内容／町内産の小麦、野菜を飼料と一緒に与えている
◎出荷形態／中抜き、正肉 ◎荷姿／正肉：真空パック(冷凍)、中抜き：ポリ袋(冷凍)、
◎主な出荷先／雫石町内ホテル旅館、盛岡市内及び近郊の飲食店
◎問い合わせ先／㈲九戸屋肉店(岩手県盛岡市月ヶ丘3-29-16 TEL：019-641-3080 FAX：019-643-7518)

[宮城県]
●宮城県産森林どり
丸紅畜産㈱
〒102-0074
東京都千代田区九段南2-1-30イタリア文化会館ビル6階
TEL：03-3515-9000
FAX：03-3515-9001
◎飼養地／宮城県
◎鶏種／♂ホワイトコーニッシュ、♀ホワイトプリマスロック
◎月間生産量／平均260,000羽
◎出荷日齢／平均52日
◎出荷体重／平均3kg
◎飼育方法／平飼い、開放、ウインドレス鶏舎 ◎飼料内容／森林のエキス(木酢酸炭素未吸着飼料)を添加し、ビタミンEを強化した当社指定の配合飼料
◎出荷形態／正肉、副産物、中抜き、一次加工 ◎荷姿／2kg真空パック ◎主な出荷先／北海道、東北、関東
◎問い合わせ先／丸紅畜産㈱東日本販売本部(TEL：03-3515-9020、品質保証部TEL：03-3515-9000)

[秋田県]
地鶏
●比内地鶏
JAあきた北央比内地鶏振興部会
〒018-4211
秋田県北秋田市川井字連岱72
TEL：0186-78-4225
FAX：0186-78-4114
◎飼養地／秋田県北秋田市
◎鶏種／♂比内鶏、♀ロードアイランドレッド
◎月間生産量／12,000羽 ◎出荷日齢／♀150〜180日、平均170日
◎出荷体重／平均2.2kg
◎飼育方法／平飼い、放し飼い
◎飼料内容／0〜60日までレイヤー用、60日齢以降比内地鶏専用飼料、100日以降プラス自家配合
◎出荷形態／中抜き、正肉、ガラ ◎荷姿／1羽セット、パック包装 ◎主な出荷先／全国
◎問い合わせ先／JAあきた北央農業協同組合加工部(〒018-4211秋田県北秋田市川井字連岱72 TEL：0186-78-4225 FAX：0186-78-4114)

地鶏
●比内地鶏
比内どり食品㈲
〒018-1523
秋田県南秋田郡井川町坂本字飛塚23
TEL：018-874-2031
FAX：018-874-2042
◎飼養地／秋田県由利本荘市、鹿角市、能代市
◎鶏種／♂比内鶏、♀ロードアイランドレッド
◎月間生産量／4,500羽(10,953kg)
◎出荷日齢／♂100日齢以上、♀150日齢以上 ◎出荷体重／♂2.1〜2.4kg、♀2.1〜2.4kg
◎飼育方法／平飼い
◎出荷形態／中抜き、正肉 ◎荷姿／真空包装、ダンボール
◎問い合わせ先／全農チキンフーズ㈱各支店・営業所(〒108-0075東京都港区港南2-12-33品川キャナルビル4階 TEL：03-6864-0205)

地鶏
●秋田比内地鶏
㈱本家比内地鶏
〒018-5851
秋田県大館市比内町大葛字芦内口道下69
TEL：0186-57-2002
FAX：0186-57-2002
◎飼養地／秋田県大館市
◎鶏種／♂秋田比内鶏、♀ロード
◎月間生産量／20,000羽
◎出荷日齢／平均165日
◎出荷体重／平均2.3kg
◎飼育方法／放し飼い ◎飼料内容／比内地鶏仕上げ専用
◎主な出荷先／秋田県、東京、関西、北海道
◎問い合わせ先／㈱本家比内地鶏

[山形県]
地鶏
●やまがた地鶏
やまがた地鶏振興協議会
〒996-0041
山形県新庄市鳥越一本松1076農業総合研究センター畜産試験場内
TEL：0233-23-8818
FAX：0233-23-8820
◎飼養地／山形県内
◎鶏種／♂赤笹軍鶏×名古屋種、♀横斑プリマスロック種
◎月間生産量／500羽 ◎出荷日齢／♂140日、♀150日、平均140日
◎出荷体重／♂3.0kg、♀2.0kg、平均2.8kg
◎飼育方法／平飼い(やまがた地鶏の飼養管理マニュアルに準ずる)
◎飼料内容／飼養管理マニュアルに準ずる
◎出荷形態／正肉中心 ◎荷姿／真空パック、冷凍中心 ◎主な出荷先／県内および一部県外
◎問い合わせ先／やまがた地鶏振興協議会(山形県鶴岡市たらのき代字西野5 TEL：0235-57-4133 代表 渋谷國男)

●山形県産ハーブ鶏
㈱ニイブロ
〒957-0231
新潟県新発田市藤塚浜3310番地8
TEL：0254-41-4479
FAX：0254-41-4478
◎飼養地／山形県(酒田市、鶴岡市、尾花沢市、東田川郡、最上郡)
◎鶏種／♂ホワイトコーニッシュ、♀ホワイトプリマスロック
◎月間生産量／72,000羽(200,000kg) ◎出荷日齢／♂50日、♀50日、平均50日 ◎出荷体重／♂3.0kg、♀2.8kg、平均2.9kg
◎飼育方法／平飼い ◎飼料内容／配合飼料(ハーブ飼料添加)
◎出荷形態／正肉、副産物 ◎荷姿／2kg×6袋 ◎主な出荷先／関東、山形県
◎問い合わせ先／㈱ニイブロ

[福島県]
●伊達鶏
日新殖産㈱委託農家
〒960-0708
福島県伊達市梁川町字東塩野川25-1
TEL：024-577-3112
FAX：024-577-5164
◎飼養地／福島県(伊達市、福島市)
◎鶏種／♂ヘビーロードアイランドレッド×ヘビーロードアイランドレッド、♀ロードアイランドレッド×ロードサクセス
◎月間生産量／70,000羽(210,000kg) ◎出荷日齢／♂70〜82日、♀70〜82日、平均75日
◎出荷体重／♂3.4kg、♀2.8kg、平均3kg
◎飼育方法／平飼い ◎飼料内容／穀物主体の無薬専用飼料
◎出荷形態／と体、中抜き、正肉、副産物等 ◎荷姿／と体・中抜き→5羽／ケース、正肉・副産物→2kg×6ケース ◎主な出荷先／東北南部、関東圏他
◎問い合わせ先／伊達物産㈱(〒

960-0707 福島県伊達市梁川町南町谷川13　TEL：024-577-3111　FAX：024-577-5163）

地鶏
●川俣シャモ

㈲川俣シャモファーム
〒960-1405
福島県伊達郡川俣町東福沢字倉ケ作22番地
TEL：024-566-5860
FAX：024-566-5083

◎飼養地／福島県川俣町内
◎鶏種／♂レッドコーニッシュ（♂）×軍鶏（♀）、♀ロードアイランドレッド
◎月間生産量／4,200羽（12,000kg）
◎出荷日齢／♂110〜121日、♀110〜121日、平均110〜121日
◎出荷体重／♂3.3kg、♀2.6kg
◎飼育方法／平飼い、開放鶏舎。EMボカシを敷き料に混ぜることによりアンモニア発生抑制
◎飼料内容／川俣シャモ専用飼料。EMボカシを2〜3%飼料添加
◎出荷形態／と体、中抜き、正肉、副産物
◎荷姿／1kg入り真空パック
◎問い合わせ先／川俣町農業振興公社（〒960-1402福島県伊達郡川俣町小綱木字泡吹地8　TEL：024-566-5860）、川島食品㈱、㈱鳥藤、㈱アサヒブロイラー東京支店、㈲鯉沼商会、㈱加賀屋

地鶏
●会津地鶏

会津養鶏協会
〒965-0201
福島県会津若松市湊町大字赤井字笹山原3　㈱会津地鶏ネット内
TEL：0242-94-2266
FAX：0242-96-5055

◎飼養地／福島県内（会津若松市、三島町、会津美里町、会津坂下町、浅川村、湯川村、昭和村、喜多方市、郡山市、鮫川村、只見町、下郷町）
◎鶏種／♂大型会津地鶏（♂純系会津地鶏×♀ホワイトプリマスロック）、♀ロードアイランドレッド
◎月間生産量／4,000羽　◎出荷日齢／♂100日、♀150日、平均125日　◎出荷体重／♂3.1kg、♀2.5kg、平均2.8kg
◎飼育方法／平飼い　◎飼料内容／ブロイラー仕上げ用不断給餌
◎出荷形態／中抜き、正肉、副産物、加工品類一式
◎荷姿／真空パック、ダンボール箱入り（チルド・冷凍とも）
◎主な出荷先／関東、福島県

◎問い合わせ先／㈱会津地鶏ネット（TEL：0242-94-2266　FAX：0242-96-5055）、㈲会津地鶏みしまや（TEL：0241-48-5860　FAX：0241-52-3288）、㈲栗城（TEL：0242-54-2869　FAX：0242-54-5157）、山本　豊（TEL：0241-36-2392　FAX：0241-36-2392）、㈱GAizu信（TEL：0242-82-2162　FAX：0242-93-8121）、福島冷販センター㈱（TEL：024-952-3081　FAX：024-952-3060）

[茨城県]

地鶏
●つくばしゃも
（特定JAS取得平成15年10月）
やさと農業協同組合鶏肉生産部会
〒315-0125
茨城県石岡市山崎297-5
TEL：0299-46-1815
FAX：0299-46-1814

◎飼養地／茨城県石岡市、根小屋、小屋、真家、上曽、行方市、芹沢、柏熊
◎鶏種／♂国産鶏中型軍鶏、♀レッドブロー
◎月間生産量／5,000羽（15,000kg）
◎出荷日齢／♂90日以上、♀100日以上、平均105日　◎出荷体重／♂3.1kg、♀2.9kg、平均3kg
◎飼育方法／平飼い、開放鶏舎
◎飼料内容／軍鶏専用指定配合飼料。NON-GMO、PHFC、オリゴ糖・納豆菌を加え無薬飼料、油脂添加なし
◎出荷形態／中抜き、正肉、副産物　◎荷姿／2kgラミ袋真空パック
◎主な出荷先／県外70.82%、県内29.18%
◎問い合わせ先／やさと農業協同組合鶏肉生産部会、産直課（TEL：0299-46-1815 FAX：0299-46-1814 フリーダイヤル：0120-429470）

●やさと本味どり
やさと農業協同組合鶏肉生産部会
〒315-0125
茨城県石岡市山崎297-5
TEL：0299-46-1815
FAX：0299-46-1814

◎飼養地／茨城県石岡市、金指、東山崎、上曽、土浦市、本郷、大畑
◎鶏種／♂ホワイトコーニッシュ、♀ホワイトプリマスロック
◎月間生産量／13,000羽（39,000kg）
◎出荷日齢／♂52日、♀58日、平均55日　◎出荷体重／♂3.1kg、♀3kg、平均3.05kg

◎飼育方法／平飼い、開放鶏舎
◎飼料内容／指定配合飼料。NON-GMO、PHFC、オリゴ糖・納豆菌を加え無薬飼料、油脂添加なし
◎出荷形態／中抜き、正肉、副産物　◎荷姿／2kgラミ袋真空パック
◎主な出荷先／県外70.82%、県内29.18%
◎問い合わせ先／やさと農業協同組合鶏肉生産部会、産直課（TEL：0299-46-1815　FAX：0299-46-1814 フリーダイヤル：0120-429470）

地鶏
●奥久慈しゃも
農事組合法人奥久慈しゃも生産組合
〒319-3523
茨城県久慈郡大子町袋田3721
TEL：0295-72-4250
FAX：0295-72-2944

◎飼養地／茨城県（久慈郡大子町、常陸太田市、常陸大宮市、那珂市、高萩市）
◎鶏種／♂軍鶏、♀名古屋種×ロードアイランドレッド
◎月間生産量／4,200羽（9,870kg）
◎出荷日齢／♂125日、♀156日、平均140日　◎出荷体重／♂2.6kg、♀2.1kg、平均2.35kg
◎飼育方法／平飼い
◎飼料内容／専用飼料
◎出荷形態／中抜き、正肉、ガラ
◎荷姿／中抜きは袋詰め、正肉は真空包装　◎主な出荷先／東京、千葉、埼玉、茨城
◎問い合わせ先／農事組合法人奥久慈しゃも生産組合

●つくば茜鶏
㈲共栄ファーム
〒309-1455
茨城県桜川市水戸210
TEL：0296-75-4152
FAX：0296-75-4168

◎飼養地／茨城県内
◎鶏種／♂ロードアイランドレッド（♂）×ヘビーロードアイランドレッド（♀）、♀ロードアイランド（♂）×ロードサセックス（♀）
◎月間生産量／28,600羽
◎出荷日齢／平均80日
◎出荷体重／平均3.1kg
◎飼育方法／平飼い
◎飼料内容／純植物性飼料、遺伝子組換フリー（主原）、PHF（主原）、抗生物質・抗菌剤無投与
◎出荷形態／正肉セット、丸と体、中抜き　◎主な出荷先／関東地区

◎問い合わせ先／㈲共栄ファーム、内外食品㈱（〒273-0014 千葉県船橋市高瀬町21-1　TEL：047-432-0671）、㈱茨城内外食品（〒309-1455 茨城県桜川市水戸210　TEL：0296-75-4151　）

[栃木県]

地鶏
●栃木しゃも
石澤慎一
〒322-0046
栃木県鹿沼市樅山町206-2
TEL：0289-64-5743
FAX：0289-62-9744

◎飼養地／栃木県鹿沼市
◎鶏種／♂しゃも、♀プレノアール（♂）×ロードアイランドレッド（♀）
◎月間生産量／800羽
◎出荷日齢／♂140日、♀180日、平均160日　◎出荷体重／♂3kg、♀2kg、平均2.5kg
◎飼育方法／平飼い、雄雌混合群飼　◎飼料内容／幼すう及び中すう期：市販配合飼料、仕上げ期：自家配合飼料。発酵飼料・大豆・大麦・大すう用市販配合飼料
◎出荷形態／中抜きと体、正肉、加工品、薫製（骨付き肉）、ウインナー、フランクフルト、燻製（レバー、すなぎも、ささみ）　◎荷姿／真空パック　◎主な出荷先／栃木県、東京都、埼玉県、茨城県、神奈川県、大阪府、沖縄県
◎問い合わせ先／石澤慎一、栃木しゃも加工組合（〒322-0045 栃木県鹿沼市上殿町46　TEL：0289-65-6772　FAX：0289-62-9744）、㈱渡辺和哉商店（〒321-1261 栃木県日光市今市1369　TEL：0288-21-0059）、ABCミート（〒329-2711 栃木県那須塩原市石林318-5　TEL：0287-36-1427）

[群馬県]

●榛名うめそだち
ミヤマブロイラー㈱
〒370-3333
群馬県高崎市高浜町1062
TEL：027-343-2000
FAX：027-344-0671

◎飼養地／群馬県
◎鶏種／♂ホワイトコーニッシュ、♀ホワイトプリマスロック
◎月間生産量／400,000羽（1,140,000kg）　◎出荷日齢／♂48日、♀52日、平均50日　◎出荷体重／♂2.85kg、♀2.85kg、平均2.85kg

◎飼育方法／開放鶏舎平飼い
◎飼料内容／長期間抗生物質、抗菌剤を含まない飼料
◎出荷形態／丸鶏、中抜き、解体品（正肉、副産物）
◎荷姿／2kgパック、冷凍・チルド
◎問い合わせ先／ミヤマブロイラー㈱

●きぬのとり
ミヤマブロイラー㈱
〒370-3333
群馬県高崎市高浜町1062
TEL：027-343-2000
FAX：027-344-0671

◎飼養地／栃木県、茨城県
◎鶏種／♂ホワイトコーニッシュ、♀ホワイトプリマスロック
◎月間生産量／100,000羽（285,000kg）　◎出荷日齢／♂48日、♀52日、平均50日　◎出荷体重／♂2.85kg、♀2.85kg、平均2.85kg
◎飼育方法／平飼い
◎飼料内容／長期間抗生物質、抗菌剤を含まない飼料
◎出荷形態／丸鶏、中抜き、解体品（正肉、副産物）
◎荷姿／2kgパック、冷凍・チルド
◎問い合わせ先／ミヤマブロイラー㈱

地鶏
●上州地鳥
群馬農協チキンフーズ㈱
〒370-3601
群馬県北群馬郡吉岡町漆原2500
TEL：0279-54-8511
FAX：0279-54-3166

◎飼養地／群馬県
◎鶏種／♂薩摩どり（♂）×比内どり（♀）、♀レッドロック
◎飼育方法／平飼い　◎飼料内容／抗生物質、合成抗菌剤を含まない飼料で飼育
◎出荷形態／中抜き、解体品
◎荷姿／中抜き1羽、解体品1kgPB
◎問い合わせ先／群馬農協チキンフーズ㈱（2011年現在生産休止）

[埼玉県]
地鶏
●彩の国地鶏タマシャモ
彩の国地鶏タマシャモ普及協議会
〒350-0273
埼玉県坂戸市芦山町30-8
TEL：049-284-3979
FAX：049-284-3979

◎飼養地／埼玉県坂戸市、深谷市、川越市、秩父市（飼養地は埼玉県内限定）
◎鶏種／♂大和軍鶏×ニューハンプシャー×大軍鶏（♂）、♀タマシャモ原種（♂）×ロードアイランドレッド（♀）
◎月間生産量／2,500羽（9,250kg）
◎出荷日齢／♂180日、♀180日、平均180日　◎出荷体重／♂4.5kg、♀3.5kg、平均3.7kg
◎飼育方法／放し飼い、平飼い
◎飼料内容／配合飼料の他、納豆菌等配合
◎出荷形態／中抜き
◎荷姿／氷詰め、冷蔵発送他
◎主な出荷先／埼玉県70％、東京都25％、全国5％
◎問い合わせ先／彩の国地鶏タマシャモ普及協議会、料理店穂久柳（埼玉県坂戸市芦山町30-8 TEL：049-284-3979）、とり新朝霞店、伊勢丹（浦和店）B1とり花、ケイポクハム（埼玉県毛呂山町　稲垣精肉店 TEL：049-294-1878）

[千葉県]
●総州古白鶏
日鶏食産㈱
〒277-0804
千葉県柏市新十余二8-1
TEL：04-7131-4178
FAX：04-7132-3969

◎飼養地／茨城県(石岡市、常陸大宮市、牛久市、かすみがうら市、桜川市、土浦市、結城市、坂東市、常総市、筑西市、小美玉市、笠間市、鉾田市)、千葉県(野田市、千葉市、館山市)
◎鶏種／♂ホワイトコーニッシュ系、♀ホワイトプリマスロック系
◎月間生産量／25,000羽（75,000kg）
◎出荷日齢／♂53日、♀53日、平均53日　◎出荷体重／♂3.2kg、♀2.8kg、平均3kg
◎飼育方法／平飼い
◎飼料内容／専用配合飼料
◎出荷形態／と体、中抜き、正肉、副産物　◎主な出荷先／東京23区中心に首都圏一帯
◎問い合わせ先／㈱プレコフーズ（〒145-0062東京都大田区北千束1-3-5　TEL：03-3724-1111）

●地養鳥
日鶏食産㈱
〒277-0804
千葉県柏市新十余二8-1
TEL：04-7131-4178
FAX：04-7132-3969

◎飼養地／茨城県(石岡市、常陸大宮市、牛久市、かすみがうら市、桜川市、土浦市、結城市、坂東市、常総市、小美玉市、笠間市、鉾田市)、千葉県(野田市、千葉市、館山市)
◎鶏種／♂ホワイトコーニッシュ系、♀ホワイトプリマスロック系
◎月間生産量／150,000羽（435,000kg）　◎出荷日齢／平均53日　◎出荷体重／平均3kg
◎飼育方法／平飼い
◎飼料内容／地養素添加配合飼料
◎出荷形態／丸、中抜き、正肉、副産物等
◎問い合わせ先／日鶏食産㈱、㈱デリックス（TEL：0478-55-0291）、全農チキンフーズ㈱（TEL：048-421-8554）、㈱鮒忠（TEL：03-3859-2727）、内外食品㈱（TEL：047-432-0671）、㈱鳥清（TEL：03-3876-2941）、㈱鳥新（TEL：03-3962-2371）、伊藤ハム㈱（TEL：03-5763-1840）、㈱一冷（TEL：03-3355-7321）、高崎ハム（TEL：027-346-8611）、㈱マルイチ産商（TEL：0262-24-5885）、プリマハム㈱（TEL：03-6386-1800）

●華味鳥
日鶏食産㈱
〒277-0804
千葉県柏市新十余二8-1
TEL：04-7131-4178
FAX：04-7132-3969

◎飼養地／茨城県(石岡市、常陸大宮市、牛久市、かすみがうら市、桜川市、土浦市、結城市、坂東市、常総市、小美玉市、笠間市、鉾田市)、千葉県(野田市、千葉市、館山市)
◎鶏種／♂ホワイトコーニッシュ系、♀ホワイトプリマスロック系
◎月間生産量／30,000羽（84,000kg）
◎出荷日齢／平均53日
◎出荷体重／平均2.8kg
◎飼育方法／平飼い
◎飼料内容／特殊配合飼料
◎出荷形態／中抜き、正肉、副産物
◎問い合わせ先／日鶏食産㈱、㈱デリックス（TEL：0478-55-0291）、㈱マルイチ産商（TEL：0262-24-5885）、高崎ハム（TEL：027-346-8611）

●あじわい鶏
日鶏食産㈱
〒277-0804
千葉県柏市新十余二8-1
TEL：04-7131-4178
FAX：04-7132-3969

◎飼養地／茨城県(石岡市、常陸大宮市、牛久市、かすみがうら市、桜川市、土浦市、結城市、坂東市、常総市、小美玉市、笠間市、鉾田市)、千葉県(野田市、千葉市、館山市)
◎鶏種／♂ホワイトコーニッシュ系、♀ホワイトプリマスロック系
◎月間生産量／75,000羽（217,500kg）　◎出荷日齢／平均53日　◎出荷体重／平均2.8kg
◎飼育方法／平飼い
◎飼料内容／特殊配合飼料
◎出荷形態／中抜き、正肉、副産物
◎問い合わせ先／◇伊藤ハム㈱ポートリー課（TEL：03-5763-1840）

●房総ハーブ鶏
ときめきファーム㈱
〒265-0061
千葉県千葉市若葉区高根町426番地
TEL：043-228-2811
FAX：043-228-5214

◎飼養地／千葉県
◎鶏種／♂ホワイトコーニッシュ、♀ホワイトプリマスロック
◎月間生産量／540,000羽（1,617,000kg）　◎出荷日齢／平均50日　◎出荷体重／平均3kg
◎飼育方法／平飼い　◎飼料内容／ハーブのプレミックスを基本14日間添加。休薬期間7日以上
◎出荷形態／中抜き、正肉、副産物
◎荷姿／2kg包装、12kg/cs
◎問い合わせ先／フードリンク㈱（〒105-0014東京都港区芝2-29-1一星芝公園ビルディング　TEL：03-5444-8634）、米久㈱（〒410-8530静岡県沼津市岡宮寺林1259　TEL：055-929-2978）

地鶏
●錦爽名古屋コーチン
丸トポートリー食品㈱関東支店
〒287-0013
千葉県香取市大倉字徳高5708-2
TEL：0478-57-0111
FAX：0478-57-0114

◎飼養地／千葉県
◎鶏種／♂名古屋種、♀名古屋種
◎月間生産量／4,500羽　◎出荷日齢／♂125日、♀125日、平均125日
◎出荷体重／♂2.5kg、♀1.9kg、平均2.2kg
◎飼育方法／平飼い　◎飼料内容／専用設計飼料と木酢液活用
◎出荷形態／丸鶏、中抜き、正肉セット　◎荷姿／アイスパック流通
◎主な出荷先／東京都内　他
◎問い合わせ先／丸トポートリー食品㈱関東支店

● 錦爽どり
丸トポートリー食品㈱関東支店
〒287-0013
千葉県香取市大倉字側高5708-2
TEL：0478-57-0111
FAX：0478-57-0114
◎飼養地／千葉県香取市（加瀬農場を中心とした千葉県内）
◎鶏種／♂ホワイトコーニッシュ系、♀ホワイトプリマスロック系
◎月間生産量／110,000羽
◎出荷日齢／♂50日、♀50日、平均50日　◎出荷体重／♂3kg、♀2.5kg、平均2.8kg
◎飼育方法／平飼い　◎飼料内容／専用設計飼料と木酢液活用
◎出荷形態／丸鶏、中抜き、むね肉、もも肉、パーツ
◎荷姿／アイスパック流通
◎主な出荷先／関東地区　他
◎問い合わせ先／丸トポートリー食品㈱関東支店

● 水郷赤鶏
丸トポートリー食品㈱関東支店
〒287-0013
千葉県香取市大倉字側高5708-2
TEL：0478-57-0111
FAX：0478-57-0114
◎飼養地／千葉県、茨城県
◎鶏種／♂ヘビーロードアイランド（♀）×ヘビーロードアイランド（♂）、♀ロードサセックス（♀）×ロードアイランドレッド（♂）
◎月間生産量／18,000羽　◎出荷日齢／♂70日、♀70日、平均70日
◎出荷体重／♂2.8kg、♀2.3kg、平均2.6kg
◎飼育方法／平飼い　◎飼料内容／専用設計飼料と木酢液活用
◎出荷形態／丸鶏、中抜き、正肉、パーツ　◎荷姿／アイスパック流通
◎主な出荷先／関東地区　他
◎問い合わせ先／丸トポートリー食品㈱関東支店

[東京都]

● 香鶏
㈱蔵王フーズ
〒130-0013
東京都墨田区錦糸1丁目16番14号
TEL：03-5610-5511
FAX：03-5610-5515
◎飼養地／栃木県那須郡那珂川町、茨城県石岡市正上内、栃木県真岡市西高間木
◎鶏種／♂泰山鶏、♀泰山鶏
◎月間生産量／15,000羽
◎出荷日齢／♂90〜100日、♀90〜100日、平均90〜100日
◎出荷体重／♂1.8〜2.2kg、♀2.0〜2.8kg、平均2.45kg
◎飼育方法／平飼い
◎飼料内容／指定配合飼料
◎出荷形態／丸と体、中抜き・正肉（生・冷凍）、副産物（生）　◎荷姿／中抜き羽数単位、正肉他2kg　◎主な出荷先／東京都、神奈川県
◎問い合わせ先／㈱蔵王フーズ

● 東京しゃも
東京しゃも生産組合
〒197-0801
東京都あきる野市菅生347
TEL：042-558-7439
FAX：042-558-7449
◎飼養地／東京都（青梅市、八王子市、立川市、あきる野市）
◎鶏種／（軍鶏純系（♀）×ロードアイランドレッド（♂））×（軍鶏純系（♀）×軍鶏純系（♂））
◎月間生産量／2,000羽（4,800kg）
◎出荷日齢／平均130日
◎出荷体重／平均2.45kg
◎飼育方法／飼育密度が1㎡当たり10羽以下に調整された群飼ケージもしくは単飼　◎飼料内容／生後60日以降、組合指定配合飼料給与
◎出荷形態／と体　◎荷姿／冷蔵
◎主な出荷先／東京都
◎問い合わせ先／鳥問屋㈱加賀屋（〒105-0004　東京都港区新橋3-6-6　TEL：03-3591-1835）

● 国産鶏種はりま
国産鶏種はりま振興協議会
〒108-0075
東京都港区港南2-12-33
品川キャナルビル4階
TEL：03-6864-0210
◎飼養地／群馬県、島根県、山口県、徳島県、福岡県、熊本県
◎鶏種／♂ホワイトコーニッシュ（（独）家畜改良センター兵庫牧場で系統造成）、♀ホワイトプリマスロック（♂）×ホワイトプリマスロック（♀）（（独）家畜改良センター兵庫牧場で系統造成）
◎月間生産量／130,000羽（360,000kg）　◎出荷日齢／平均55日以上　◎出荷体重／平均3kg
◎飼育方法／開放鶏舎、平飼い
◎飼料内容／NON-GMO、PHF主原料を使用し、抗菌性物質を使用しない
◎出荷形態／中抜き、解体品　◎主な出荷先／東日本、関西、北海道
◎問い合わせ先／国産鶏種はりま振興協議会

[山梨県]

地鶏
● 甲州地どり
（農）甲州地どり生産組合
〒406-0853
山梨県笛吹市境川町藤垈3038
TEL：055-266-4462
FAX：055-266-4462
◎飼養地／山梨県笛吹市境川町藤垈、甲府市落合町
◎鶏種／♂軍鶏、♀ホワイトプリマスロック（劣性白色因子）　◎月間生産量／2,200羽（7,000kg）　◎出荷日齢／平均120日　◎出荷体重／平均3.2kg
◎飼育方法／放し飼い
◎飼料内容／指定配合飼料、非遺伝子組換トウモロコシ、植物蛋白質
◎出荷形態／丸鶏、中抜き、正肉、副産物　◎荷姿／真空包装（冷凍、冷蔵）、コンテナ氷詰　◎主な出荷先／県内飲食店40％、県内小売店10％、県外飲食店50％
◎問い合わせ先／（農）甲州地どり生産組合、甲州地どり市場（〒400-0856山梨県甲府市伊勢2-10-2　TEL・FAX：055-222-0032）、甲斐食産㈱（〒406-0835山梨県笛吹市八代町米倉1447番地　TEL：055-265-5050）

● 健味どり
甲斐食産生産組合
〒406-0835
山梨県笛吹市八代町米倉1447番地
TEL：055-265-5050
FAX：055-265-5051
◎飼養地／山梨県北杜市、山梨県南アルプス市　他、長野県、静岡県
◎鶏種／♂ホワイトコーニッシュ、♀ホワイトプリマスロック
◎月間生産量／180,000羽（540,000kg）　◎出荷日齢／平均52日　◎出荷体重／平均3kg
◎飼育方法／平飼い
◎飼料内容／臭い低減のためにトレハロースを添加
◎出荷形態／と体、中抜き、正肉、副産物　◎荷姿／と体・中抜き：コンテナ氷詰め、正肉・副産物：真空
◎主な出荷先／山梨県5％、東京都70％、その他25％
◎問い合わせ先／全農チキンフーズ㈱（TEL：048-421-8811）、㈱鳥新（TEL：03-3962-2371）、日商岩井ミートアンドアグリ㈱（TEL：044-755-5101）、㈱鳥勝（TEL：045-833-3716）、信州ブロイラー㈱（TEL：03-3925-5243）、㈲染谷商店（TEL：03-3491-7929）、㈱マルイチ産商（TEL：026-282-1150）、昭栄食品㈱（TEL：0466-81-8120）、㈱ファインフーズ（TEL：0424-87-1129）

● 健味赤どり
甲斐食産㈱
〒406-0835
山梨県笛吹市八代町米倉1447番地
TEL：055-265-5050
FAX：055-265-5051
◎飼養地／埼玉県深谷市
◎鶏種／♂レッドコーニッシュ、♀ニューハンプシャー
◎月間生産量／16,000羽（48,000kg）
◎出荷日齢／平均75日
◎出荷体重／平均3kg
◎飼育方法／平飼い、開放鶏舎
◎飼料内容／配合飼料
◎出荷形態／と体、中抜き、正肉、副産物　◎荷姿／と体・中抜き：コンテナ氷詰め、正肉・副産物：真空
◎主な出荷先／山梨県15％、東京都39％、神奈川県39％、その他7％
◎問い合わせ先／全農チキンフーズ㈱（TEL：048-421-8811）、㈱鳥新（TEL：03-3962-2371）、日商岩井ミートアンドアグリ㈱（TEL：044-755-5101）、㈱鳥勝（TEL：045-833-3716）、信州ブロイラー㈱（TEL：03-3925-5243）、㈲染谷商店（TEL：03-3491-7929）、㈱マルイチ産商（TEL：026-282-1150）、昭栄食品㈱（TEL：0466-81-8120）、㈱ファインフーズ（TEL：0424-87-1129）

● さわやか健味どり
甲斐食産㈱
〒406-0835
山梨県笛吹市八代町米倉1447番地
TEL：055-265-5050
FAX：055-265-5051
◎飼養地／静岡県富士宮市、山梨県北杜市、山梨県南アルプス市
◎鶏種／♂ホワイトコーニッシュ、♀ホワイトプリマスロック
◎月間生産量／60,000羽（180,000kg）　◎出荷日齢／平均52日　◎出荷体重／平均3kg
◎飼育方法／平飼い
◎飼料内容／とうもろこしを使用していない配合飼料
◎出荷形態／と体、中抜き、正肉、副産物　◎荷姿／と体・中抜き：コンテナ氷詰め、正肉・副産物：真空
主な出荷先／山梨県34％、東京都26％、愛知県27％、その他13％
◎問い合わせ先／甲斐食産㈱

[長野県]

地鶏
●信州黄金シャモ

信州黄金シャモ振興協議会
〒380-8570
長野県長野市南長野幅下692-2園芸畜産課内
TEL：026-235-7232
FAX：026-235-7481

◎飼養地／長野県内の市町村のみ
◎鶏種／♂軍鶏、♀名古屋種
◎月間生産量／3,000羽（7,500kg）
◎出荷日齢／♂120日、♀130日、平均125日　◎出荷体重／♂3.6kg、♀2.6kg、平均3.1kg
◎飼育方法／平飼い　◎飼料内容／3週齢以降、CP16.5%以上ME3Mcal/kg以上の配合飼料
◎出荷形態／中抜き、もも・むねセット、各正肉等　◎荷姿／真空包装パック、冷蔵・冷凍対応　◎主な出荷先／県内の飲食店、旅館等90%、県外の飲食店、旅館等10%
◎問い合わせ先／協議会ホームページから申込用紙をダウンロードして、協議会事務局へFAX。

地鶏
●南信州地どり

ササキ商事㈱
〒395-0157
長野県飯田市大瀬木214-2
TEL：0265-25-4164
FAX：0265-25-8162

◎飼養地／長野県
◎鶏種／♂軍鶏、♀ホワイトプリマスロック
◎月間生産量／100羽（300kg）
◎出荷日齢／♂120日、♀120日、平均120日　◎出荷体重／♂3.5kg、♀2.8kg、平均3.2kg
◎飼育方法／平飼い。感染症予防のためのワクチンは行うが、抗生物質・抗菌剤を投与しないで飼育
◎飼料内容／1350kcal/kg以上。牛乳、ヨーグルトを与える
◎出荷形態／中抜き、部位、正肉
◎荷姿／真空パック、冷凍
◎主な出荷先／長野県80%、東京10%、その他10%
◎問い合わせ先／ササキ商事㈱

●信州ハーブ鶏

ミヤマブロイラー㈱
〒370-3333
群馬県高崎市高浜町1062
TEL：027-343-2000
FAX：027-344-0671

◎飼養地／長野県
◎鶏種／♂ホワイトコーニッシュ、♀ホワイトプリマスロック
◎月間生産量／150,000羽（427,500kg）　出荷日齢／♂48日、♀52日、平均50日　◎出荷体重／♂2.85kg、♀2.85kg、平均2.85kg
◎飼育方法／平飼い
◎飼料内容／長期間抗生物質、抗菌剤を含まない飼料（ハーブ添加）
◎出荷形態／丸鶏、中抜き、解体品（正肉、副産物）
◎荷姿／2kgパック、冷凍・チルド
◎問い合わせ先／ミヤマブロイラー㈱

[新潟県]

●越後ハーブ鶏

㈱ニイブロ
〒957-0231
新潟県新発田市藤塚浜3310番地8
TEL：0254-41-4479
FAX：0254-41-4478

◎飼養地／新潟県（柏崎市、刈羽村、燕市、弥彦村、長岡市、新発田市、阿賀野市、聖籠町、朝日村）
◎鶏種／♂ホワイトコーニッシュ、♀ホワイトプリマスロック
◎月間生産量／60,000羽（168,000kg）　◎出荷日齢／♂50日、♀50日、平均50日　◎出荷体重／♂3kg、♀2.7kg、平均2.8kg
◎飼育方法／平飼い
◎飼料内容／配合飼料（ハーブ添加）
◎出荷形態／正肉、副産物、中抜き　◎荷姿／正肉（2kg×6袋）、副産物（2kg×6袋）、中抜（10羽入）
◎主な出荷先／新潟県内、北陸地区、関東地区
◎問い合わせ先／㈱ニイブロ

●越の鶏

㈱ニイブロ
〒957-0231
新潟県新発田市藤塚浜3310番地8
TEL：0254-41-4479
FAX：0254-41-4478

◎飼養地／新潟県（柏崎市、刈羽村、燕市、弥彦村、長岡市、新発田市、阿賀野市、聖籠町、朝日村）
◎鶏種／♂ホワイトコーニッシュ、♀ホワイトプリマスロック
◎月間生産量／60,000羽（168,000kg）　◎出荷日齢／♂50日、♀50日、平均50日　◎出荷体重／♂3kg、♀2.7kg、平均2.8kg
◎飼育方法／平飼い
◎飼料内容／配合飼料（ヨモギ粉末、乳酸菌等添加）
◎出荷形態／正肉、副産物、中抜き　◎荷姿／正肉（2kg×6袋）、副産物（2kg×6袋）、中抜（10羽入）
◎主な出荷先／新潟県内、北陸地区、関東地区
◎問い合わせ先／㈱ニイブロ

地鶏
●にいがた地鶏

にいがた地鶏生産普及研究会
〒957-0231
新潟県新発田市藤塚浜3310-8
㈱ニイブロ内
TEL：0254-41-4100
FAX：0254-41-4330

◎飼養地／新潟県（関川村、糸魚川市、長岡市、南魚沼市、津南町、胎内市、五泉市）
◎鶏種／♂交雑種（♂蜀鶏×♀名古屋種）、♀横斑プリマスロック
◎月間生産量／約1,125羽（約1,700kg・中抜）　◎出荷日齢／♂90日以上、♀110日以上、平均110日　◎出荷体重／♂2.4kg、♀2.2kg、平均2.3kg
◎飼育方法／平飼い
◎飼料内容／抗生物質・合成抗菌剤不使用、統一飼料
◎出荷形態／中抜き
◎荷姿／冷凍、と体（中抜き）
◎主な出荷先／新潟県内
◎問い合わせ先／㈱ニイブロ（〒957-0231 新潟県新発田市藤塚浜3310-8　TEL：0254-41-4100　FAX：0254-41-4330）、㈱鳥梅（〒950-0134 新潟県新潟市亀田曙町4-9-2　TEL：025-382-2311）、㈱シバタポートリーセンター（〒957-0064 新潟県新発田市船入1047　TEL：0254-24-1717）、笹川鶏業（〒950-1261 新潟県新潟市味方690　TEL：025-373-3135）、㈱大岩精肉センター（〒950-2022 新潟県新潟市小針1-13-20　TEL：025-231-4141）、マスガタ食品㈱（〒949-5414 新潟県長岡市飯塚2749-1　TEL：0258-92-2211）、㈱ミヤマデリカ（〒959-0305 新潟県西蒲原郡弥彦村大字矢作6558　TEL：0256-94-5000）、㈱鳥泉（〒956-0112 新潟県新潟市新保380　TEL：0250-38-5000）、鳥半商店（〒951-8063 新潟県新潟市古町通6番町969-3　TEL：025-222-3954）、鳥真（〒951-8067 新潟県新潟市本町通14-3050-3　TEL：025-228-7521）、鳥春（〒950-0916 新潟県新潟市米山4-6-20　TEL：025-244-7610）、笠原鶏肉店（〒950-1303 新潟県新潟市西萱場282　TEL：025-375-2318）、㈲鳥社商店（〒949-8201 新潟県中魚沼郡津南町下船渡401　TEL：0257-65-2369）、金子ブロイラー（〒959-1104 新潟県三条市大字東光寺2367　TEL：0256-45-3734）

[石川県]

地鶏
●能登とりどり

能登鳥の里
〒927-0623
石川県鳳珠郡能登町字行延への5-1（農場）
TEL：0768-72-2600
FAX：0768-72-2600

◎飼養地／石川県能登町　能登鳥の里
◎鶏種／♂岐阜地鶏改良種、♀ホワイトプリマスロック（♂）×ロードアイランドレッド（♀）
◎月間生産量／300羽
◎出荷日齢／♂90日、♀110日、平均100日　◎出荷体重／♂2.8kg、♀2.6kg、平均2.7kg
◎飼育方法／平飼い　◎飼料内容／42日齢以降は自家醗酵飼料を給与
◎出荷形態／中抜き、正肉、副産物
◎荷姿／真空包装　◎主な出荷先／石川県内80%、関東20%
◎問い合わせ先／㈱サンライフ本社（〒927-0603 石川県鳳珠郡能登町布浦コ-21-1　TEL：0768-72-2600）、カナカン（〒920-0909 石川県金沢市袋町3-8　TEL：076-231-1151）、七宝商事（〒920-0027 石川県金沢市駅西新町2-1-9　TEL：076-223-6777）

●能登どり

能登鳥の里
〒927-0623
石川県鳳珠郡能登町字行延への5-1（農場）
TEL：0768-72-2600
FAX：0768-72-2600

◎飼養地／石川県能登町　能登鳥の里
◎鶏種／♂ホワイトコーニッシュ、♀ホワイトプリマスロック
◎月間生産量／350羽
◎出荷日齢／♂60日、♀65日、平均63日　◎出荷体重／♂3.1kg、♀2.7kg、平均2.9kg
◎飼育方法／平飼い　◎飼料内容／42日齢以降は自家醗酵飼料・ファフィア酵母を与えています
◎出荷形態／中抜き、正肉、副産物
◎荷姿／真空包装　◎主な出荷先／石川県内80%、関東20%
◎問い合わせ先／㈱サンライフ本社（〒927-0603 石川県鳳珠郡能登町布浦コ-21-1　TEL：0768-72-2600）、カナカン（〒920-0909 石川県金沢市袋町3-8　TEL：076-231-1151）、

七宝商事（〒920-0027 石川県金沢市駅西新町2-1-9　TEL：076-223-6777）

●健康鶏

㈱河内物産

〒929-1215
石川県かほく市高松乙2-96
TEL：076-281-2211
FAX：076-282-5379

◎飼養地／石川県、富山県、福井県、兵庫県
◎鶏種／♂ホワイトコーニッシュ、♀ホワイトプリマスロック
◎月間生産量／50,000羽（150,000kg）　◎出荷日齢／♂51日、♀56日、平均53日　◎出荷体重／♂3.1kg、♀3kg、平均3kg
◎飼育方法／平飼い
◎飼料内容／アマニ油
◎出荷形態／中抜き、正肉、副産物
◎荷姿／真空（2kg、1kg）
◎主な出荷先／北陸（石川県、富山県、福井県）70％、北陸以外30％
◎問い合わせ先／㈱河内物産

[岐阜県]

地鶏
●奥美濃古地鶏
特定JAS取得　平成18年11月

岐阜アグリフーズ㈱
〒501-2105
岐阜県山県市高富227番地4
TEL：0581-22-1361
FAX：0581-22-3719

◎飼養地／岐阜県
◎鶏種／♂岐阜地鶏改良種（岐阜地鶏）、♀ロードアイランドレッド交配種（♂ホワイトプリマスロック×ロードアイランドレッド）
◎月間生産量／16,500羽
◎出荷日齢／平均85日（80日以上）
◎出荷体重／♂3.2kg、♀2.4kg、平均2.7kg
◎飼育方法／平飼い　◎飼料内容／地鶏の健康を保つため、EM菌（有用微生物群）を添加。全飼料に抗生物質や合成抗菌剤を使用しない
◎出荷形態／1羽セット（3品目・7品目）
◎荷姿／1羽真空
◎主な出荷先／東海地方
◎問い合わせ先／岐阜アグリフーズ㈱

地鶏
●奥美濃古地鶏
特定JAS取得　平成19年3月

㈲とり沢
〒503-0413

岐阜県海津市南濃町羽沢492
TEL：0584-55-2488
FAX：0584-55-2538

◎飼養地／岐阜県海津市南濃町羽沢492
◎鶏種／♂奥美濃古地鶏
◎月間生産量／1,000羽
◎出荷日齢／♂85日、♀95日、平均90日　◎出荷体重／♂3.4kg、♀3.2kg、平均3.3kg
◎飼育方法／平飼い
◎飼料内容／20％の飼料米を給与
◎出荷形態／正肉、副産物
◎荷姿／真空
◎問い合わせ先／㈲とり沢

[静岡県]

●美味鳥

米久おいしい鶏㈱静岡事業所
〒438-0011
静岡県磐田市笠梅462-1
TEL：0538-38-0811
FAX：0538-38-2688

◎飼養地／静岡県内
◎鶏種／♂ホワイトコーニッシュ、♀ホワイトプリマスロック
◎月間生産量／110,000羽
◎出荷日齢／♂45日、♀52日、平均50日　◎出荷体重／♂3.1kg、♀2.8kg、平均3kg
◎飼育方法／ウインドレス、開放鶏舎　◎飼料内容／地養素・茶殻を給与
◎出荷形態／中抜き、解体品
◎荷姿／真空パック、箱詰め
◎主な出荷先／米久㈱100％
◎問い合わせ先／米久㈱全国支店担当部署：米久㈱食肉事業部チキンユニット（〒410-8530 静岡県沼津市岡宮寺林1259　TEL：055-926-1576）

●地養鳥

米久おいしい鶏㈱静岡事業所
〒438-0011
静岡県磐田市笠梅462-1
TEL：0538-38-0811
FAX：0538-38-2688

◎飼養地／静岡県内
◎鶏種／♂ホワイトコーニッシュ、♀ホワイトプリマスロック
◎月間生産量／110,000羽
◎出荷日齢／♂45日、♀52日、平均50日　◎出荷体重／♂3.1kg、♀2.8kg、平均3kg
◎飼育方法／ウインドレス、開放鶏舎
◎飼料内容／地養素・茶殻を給与
◎出荷形態／中抜き、解体品
◎荷姿／真空パック、箱詰め
◎主な出荷先／米久㈱100％
◎問い合わせ先／米久㈱全国支店担当部署：米久㈱食肉事業部チキンユニット（〒410-8530 静岡県沼津市岡宮寺林1259　TEL：055-926-1576）

●ふじのくに　いきいきどり

（協）静岡若どり
〒421-1211
静岡県静岡市葵区慈悲尾157
TEL：054-278-6851
FAX：054-278-5253

◎飼養地／静岡県（静岡市、庵原郡由比町、大井川町、浜松市）
◎鶏種／♂ホワイトコーニッシュ、♀ホワイトプリマスロック
◎月間生産量／90,000羽（270,000kg）　◎出荷日齢／平均52日　◎出荷体重／平均2.9kg
◎飼育方法／ウインドレス
◎飼料内容／長期休薬、ハーブを配合した専用飼料
◎出荷形態／フレッシュ及び冷凍
◎主な出荷先／静岡県内のスーパー及び専門店
◎問い合わせ先／（協）静岡若どり

●富士あさひどり

㈱富士アサヒブロイラー
〒418-0112
静岡県富士宮市北山3302
TEL：0544-58-1137
FAX：0544-58-1164

◎飼養地／静岡県、山梨県、長野県、群馬県
◎鶏種／♂ホワイトコーニッシュ、♀ホワイトプリマスロック
◎月間生産量／約270,000羽（約769,500kg）　◎出荷日齢／♂50日、♀50日、平均50日　◎出荷体重／♂2.85kg、♀2.85kg、平均2.85kg
◎飼育方法／平飼い、開放及びウインドレス鶏舎　◎飼料内容／マイロ主体の飼料を給与
◎出荷形態／中抜き、正肉、副産物
◎荷姿／真空パック（冷凍）・チルド）
◎主な出荷先／静岡県、神奈川県、東京都
◎問い合わせ先／㈱富士アサヒブロイラー

●富士の鶏

㈱青木養鶏場
〒418-0001
静岡県富士宮市万野原新田4076-1
TEL：0544-58-1601
FAX：0544-58-2501

◎飼養地／静岡県

◎鶏種／♂ホワイトコーニッシュ、♀ホワイトプリマスロック
◎月間生産量／50,000羽（150,000kg）
◎出荷日齢／♂50日、平均50日
◎飼育方法／平飼い　◎飼料内容／トウモロコシを使用しない（飼料米10％）
◎出荷形態／お客様の都合に合わせて　◎荷姿／お客様の都合に合わせて　◎主な出荷先／県内70％
◎問い合わせ先／㈱チキンハウス青木養鶏場（〒418-0005 静岡県富士宮市宮原541-5　TEL：0544-58-3298）

地鶏
●一黒シャモ

とりっこ倶楽部"ホシノ"
〒427-0007
静岡県島田市野田100
TEL：0547-36-2511
FAX：0547-36-2513

◎飼養地／北海道、秋田県、山形県、宮城県、神奈川県、静岡県、石川県、広島県、山口県、徳島県、福岡県、宮崎県、大分県、鹿児島県、沖縄県　等
◎鶏種／♂ホシノ黒軍鶏、♀ホシノブラック1（横斑プリマスロック（♂）×ロードアイランドレッド（♀））
◎月間生産量／3,000羽　◎出荷日齢／♂130日、♀150日、平均140日
◎出荷体重／♂3.5kg、♀2.5kg、平均3kg
◎飼育方法／平飼い、放し飼い
◎飼料内容／最後の仕上げ飼料はME2900程度のもの（飼料米使用）
◎出荷形態／丸鶏、中抜き、正肉、副産物セット　◎荷姿／真空パック詰めの冷凍、フレッシュ中抜き
◎主な出荷先／東京都、神奈川県、静岡県、宮城県、宮崎県、兵庫県　他全国に広がりつつある
◎問い合わせ先／㈱サンク・ソール（〒410-3203 静岡県伊豆市矢熊296　TEL：0558-87-0644　FAX：0558-87-0644）、㈱仙塩ホームサービス（宮城県塩釜市花立町23-19　TEL：022-364-5711　FAX：022-366-1059）、農場縄紋ファーム（〒987-0903 宮城県登米市東和町錦織字馬口窪12-1　TEL：0220-44-3601）、鳥工房かわもり（〒437-1604 静岡県御前崎市佐倉2522-4　TEL：0537-86-2538　FAX：0537-85-3035）、静岡リペア（〒422-8032 静岡県静岡市駿河区有東2-13-10　TEL：054-283-8295　FAX：054-288-4434）、中尾勇一（ブリドリの中尾）（〒885-0112 宮崎県都城市乙房町1625-1　TEL：0986-37-2117

FAX：0986-37-3200）、箱根ヘルシーフーズ（〒411-0015 静岡県三島市市ノ山新田84-1　TEL：055-991-5568　FAX：055-976-5755）、ニコニコ農塾（〒759-5512 山口県下関市豊北町田耕5215　TEL：083-782-0059　FAX：083-782-1523）、社会福祉法人月山福祉作業所月山（〒997-0056 山形県鶴岡市中野京田壱柳4-1　TEL：0235-24-8541）、アルケッチァーノ　オーナーシェフ奥田政行（〒997-0341 山形県鶴岡市下山添一里塚83　TEL：0235-78-7230）、三浦地鶏（〒238-0224 神奈川県三浦市三崎町諸磯404　TEL：080-6586-2010）、ポークアンドチキン江田島（〒737-2111 広島県江田島市江田島町切串三丁目10-23　TEL：0823-43-0567　FAX：0823-43-0579）、島原しいたけ生産組合（〒855-0862 長崎県島原市新湊二丁目1609　TEL：0957-62-7319　FAX：0957-62-7319）

●鶏一番
㈱シガポートリー浜松支店
〒431-1103
静岡県浜松市湖東町4058-1
TEL：053-486-0264
FAX：053-486-3459

◎飼養地／愛知県新城市（委託飼育）、愛知県岡崎市（直営農場）
◎鶏種／♂ホワイトコーニッシュ、♀ホワイトプリマスロック
◎月間生産量／22,000羽　◎出荷日齢／平均75日　◎出荷体重／平均3kg
◎飼育方法／平飼い
◎飼料内容／穀類主体で魚粉、動物性油脂を添加せず、トウモロコシ、大豆カスはNON-GMOを使用
◎出荷形態／中抜き、正肉
◎荷姿／2kg真空袋　◎主な出荷先／関東地区、関西地区、東海地区
◎問い合わせ先／㈱シガポートリー浜松支店

地鶏
●駿河シャモ
静岡県駿河シャモ振興会
〒418-0001
静岡県富士宮市万野原新田4076-1
TEL：0544-58-1601
FAX：0544-58-2501

◎飼養地／静岡県（静岡市、富士宮市、掛川市）
◎鶏種／♂（(♂軍鶏×名古屋種♀)×(♂軍鶏×土佐九斤♀)）×(♂軍鶏×横斑プリマスロック♀)×(♂軍鶏×比内鶏♀)）を基礎鶏とする。♂基礎鶏×(♂ロードアイランドレッド×♀横斑プリマスロック)、♀基礎鶏(♀)×ホワイトプリマスロック(♂)
◎月間生産量／1,000羽（2,750kg）
◎出荷日齢／♂120日、♀140日、平均130日　◎出荷体重／♂3.2kg、♀2.3kg、平均2.75kg
◎飼育方法／平飼い
◎飼料内容／緑茶(荒茶)添加
◎出荷形態／中抜き、正肉
◎荷姿／クール宅急便
◎主な出荷先／静岡県全域、東京都、神奈川県、岐阜県
◎問い合わせ先／◇駿河しゃも振興会事務局（杉山）（〒424-0016 静岡県静岡市清水区天王西2-19 TEL・FAX：054-365-6114）

地鶏
●御殿地鶏
東富士農産㈱
〒412-0045
静岡県御殿場市川島田1479-1
TEL：0550-89-3144
FAX：0550-89-3171

◎飼養地／静岡県御殿場市
◎鶏種／♂ロードアイランドレッド♀ロードアイランドレッド
◎月間生産量／500羽
◎出荷日齢／平均90日
◎飼育方法／平飼い開放鶏舎
◎飼料内容／NONGMOトウモロコシ使用
◎出荷形態／中抜き、正肉　◎荷姿／真空パック、チルド、冷凍　◎主な出荷先／東京都、静岡県 他
◎問い合わせ先／東富士農産㈱

●太陽チキン
東富士農産㈱
〒412-0045
静岡県御殿場市川島田1479-1
TEL：0550-89-3144
FAX：0550-89-3171

◎飼養地／静岡県御殿場市
◎鶏種／♂ホワイトコーニッシュ、♀ホワイトプリマスロック
◎月間生産量／10,000羽
◎出荷日齢／平均84〜91日
◎出荷体重／平均4.5kg
◎飼育方法／平飼い開放鶏舎
◎飼料内容／NONGMOトウモロコシ使用
◎出荷形態／中抜き、正肉等
◎荷姿／真空パック、チルド、冷凍
◎主な出荷先／静岡県、神奈川県、東京都 他
◎問い合わせ先／東富士農産㈱

[愛知県]
地鶏
●名古屋コーチン
㈱マルセ
〒441-3415
愛知県田原市神戸町大坪240
TEL：0531-22-0200
FAX：0531-22-2083

◎飼養地／愛知県
◎鶏種／♂名古屋種、♀名古屋種
◎月間生産量／17,000羽（39,100kg）
◎出荷日齢／♂125日、♀125日、平均125日　◎出荷体重／♂2.6kg、♀2kg、平均2.3kg
◎飼育方法／平飼い、ウインドレス
◎飼料内容／専用飼料
◎出荷形態／丸と体、中抜き、正肉、副産物　◎主な出荷先／愛知県
◎問い合わせ先／㈱さんわコーポレーション

地鶏
●錦爽名古屋コーチン
丸トポートリー食品㈱
〒441-8087
愛知県豊橋市牟呂町字扇田14番地
TEL：0532-45-2989
FAX：0532-45-7250

◎飼養地／愛知県内
◎鶏種／♂名古屋種、♀名古屋種
◎月間生産量／20,000羽
◎出荷日齢／♂125日、♀125日、平均125日　◎出荷体重／♂2.5kg、♀1.9kg、平均2.2kg
◎飼育方法／平飼い　◎飼料内容／専用設計飼料と木酢液活用
◎出荷形態／丸鶏、中抜き、正肉セット　◎荷姿／アイスパック流通
◎主な出荷先／関東、中部、関西、九州 他
◎問い合わせ先／丸トポートリー食品㈱

●錦爽どり
丸トポートリー食品㈱
〒441-8087
愛知県豊橋市牟呂町字扇田14番地
TEL：0532-45-2989
FAX：0532-45-7250

◎飼養地／愛知県内（80％）、岐阜・三重（20％）。三河を中心とした愛知県内の農場と愛知県と隣接する地域の農場
◎鶏種／♂ホワイトコーニッシュ系、♀ホワイトプリマスロック系
◎月間生産量／120,000羽
◎出荷日齢／♂50日、♀50日、平均50日　◎出荷体重／♂3kg、♀2.5kg、平均2.8kg
◎飼育方法／平飼い　◎飼料内容／専用設計飼料と木酢液活用
◎出荷形態／丸鶏、中抜き、むね肉、もも肉、パーツ　◎荷姿／アイスパック流通　◎主な出荷先／愛知県、岐阜県、静岡県等の東海近県
◎問い合わせ先／丸トポートリー食品㈱

●三河赤鶏
丸トポートリー食品㈱
〒441-8087
愛知県豊橋市牟呂町字扇田14番地
TEL：0532-45-2989
FAX：0532-45-7250

◎飼養地／愛知県内
◎鶏種／♂ヘビーロードアイランド(♀)×ヘビーロードアイランド(♂)、♀ロードアイランドレッド(♀)×ロードアイランドレッド(♂)
◎月間生産量／38,000羽
◎出荷日齢／♂70日、♀70日、平均70日　◎出荷体重／♂2.8kg、♀2.3kg、平均2.6kg
◎飼育方法／平飼い　◎飼料内容／専用設計飼料と木酢液活用
◎出荷形態／丸鶏、中抜き、正肉、パーツ　◎荷姿／アイスパック流通
◎主な出荷先／中部、関西地区
◎問い合わせ先／丸トポートリー食品㈱

●奥三河どり
㈱奥三河チキンファーム
〒441-2531
愛知県北設楽郡設楽町西納庫字沖ノ平1-7
TEL：0536-65-0304
FAX：0536-65-0533

◎飼養地／愛知県北設楽郡設楽町西納庫字沖ノ平1-7
◎鶏種／♂ホワイトコーニッシュ、♀ホワイトプリマスロック
◎月間生産量／130,000羽（383,500kg）　◎出荷日齢／♂53日、♀53日、平均53日
◎出荷体重／♂3.1kg、♀2.8kg、平均2.95kg
◎飼育方法／開放鶏舎、平飼い
◎飼料内容／生菌剤(バチルスサブチルス)、木酢精製液を使用
◎出荷形態／丸鶏、中抜き、正肉、副産物　◎荷姿／2kg、1kg、真空包装　◎主な出荷先／愛知県、岐阜県、三重県 他
◎問い合わせ先／㈱奥三河どり（〒484-0931 愛知県犬山市南大橋45-2　TEL：0568-72-1251）、タケムラ商事㈱小牧営業所（〒485-0003 愛知県小牧市大字久保一色1583　TEL：0568-41-4681）

地鶏
●名古屋コーチン
タッキーフーズ㈱
〒485-0012
愛知県小牧市小牧原新田字小家前1141
TEL：0568-72-5160
FAX：0568-72-5179
◎鶏種／♂名古屋種、♀名古屋種
◎月間生産量／7,000羽
◎出荷日齢／♂130日、♀140日、平均135日　◎出荷体重／♂2.5kg、♀2kg、平均2.3kg
◎飼育方法／平飼い
◎飼料内容／配合飼料
◎出荷形態／丸鶏、中抜き、正肉セット、レバー、砂肝、手羽先
◎荷姿／商品により異なる　◎主な出荷先／中部地区、関西地区　他
◎問い合わせ先／タッキーフーズ㈱、自社処理場（TEL：0584-57-2311）

地鶏
●名古屋コーチン
一般社団法人名古屋コーチン協会
〒460-0002
愛知県名古屋市中区丸の内3-4-10 大津橋ビル
TEL：052-951-7510
FAX：052-253-6658
◎飼養地／愛知県、岐阜県、千葉県、兵庫県、宮崎県等
◎鶏種／♂名古屋コーチン、♀名古屋コーチン
◎月間生産量／80,000羽（180,000kg）　◎出荷日齢／♂130日、♀130日、平均130日
◎出荷体重／♂2.5kg、♀2.1kg、平均2.3kg
◎飼育方法／平飼い　◎飼料内容／とくに基準として示していないが、後期用はCP18%‐ME3100Kcalあるいは CP16%‐ME2900Kcal
◎出荷形態／丸鶏、中抜き、正肉、副産物、加工品　◎荷姿／真空パック、冷凍、チルド、シール包装
◎主な出荷先／全国スーパー、百貨店、問屋、専門店、飲食店、鶏肉卸販売40社、料理店60店、小売店110店（平成23年4月現在名古屋コーチン協会会員）
◎問い合わせ先／一般社団法人名古屋コーチン協会会員（ふ化場・飼育農家・処理場・卸売・小売・加工業等240社が会員）。協会HPに会員を掲載

［三重県］

●奥伊勢七保どり

瀬古食品㈲
〒515-0212
三重県松阪市稲木町254-1
TEL：0598-28-2428
FAX：0598-28-5450
◎飼養地／三重県度会郡大紀町
◎鶏種／♂ホワイトコーニッシュ、♀ホワイトプリマスロック
◎月間生産量／30,000羽（96,000kg）
◎出荷日齢／平均53日
◎出荷体重／平均3.2kg
◎飼育方法／平飼い　◎飼料内容／木酢酸を入れた専用飼料
◎出荷形態／正肉、副産物等　◎荷姿／冷蔵　◎主な出荷先／三重県
◎問い合わせ先／瀬古食品㈲

●錦爽どり
丸トポートリー食品㈱松阪支店
〒515-0045
三重県松阪市駅部田町319
TEL：0598-21-6028
FAX：0598-21-6026
◎飼養地／三重県（松阪市嬉野島田町・松阪市坂内町・多気郡明和町）
◎鶏種／♂ホワイトコーニッシュ系、♀ホワイトプリマスロック系
◎月間生産量／57,000羽　◎出荷日齢／♂50日、♀50日、平均50日
◎出荷体重／♂3kg、♀2.5kg、平均2.8kg
◎飼育方法／平飼い　◎飼料内容／専用設計飼料と木酢液活用
◎出荷形態／丸鶏、中抜き、正肉、パーツ　◎荷姿／アイスパック流通
◎主な出荷先／三重地区　他
◎問い合わせ先／丸トポートリー食品㈱松阪支店

●伊勢赤どり
伊勢特産鶏普及協議会
〒515-2121
三重県松阪市市場庄町塔田1172-1
TEL：0598-56-2454
FAX：0598-56-4027
◎飼養地／三重県
◎鶏種／♂レッドコーニッシュ系、♀ニューハンプシャー系
◎月間生産量／約20,000羽（約60,000kg）
◎出荷日齢／♂約75日、♀約75日、平均75日　◎出荷体重／♂約3.1kg、♀約2.9kg、平均3.0kg
◎飼育方法／平飼い　◎飼料内容／伊勢赤どり専用飼料を給与
◎出荷形態／セット、中抜き等
◎主な出荷先／三重県、愛知県、大阪府

◎問い合わせ先／JA全農みえ松阪食肉センター（〒515-2121三重県松阪市市場庄町塔田1172-1　TEL：0598-56-2454）、㈱ミエ・ミート（〒515-2121三重県松阪市市場庄町塔田1172　TEL：0598-56-2211）

●伊勢赤鶏
伊勢特産鶏普及協議会
〒514-0824
三重県津市大字神戸字文田165
JA経済連
TEL：059-246-8112
FAX：059-246-8105
◎飼養地／三重県（志摩郡、多気郡、伊勢市、阿山郡、一志郡、度会郡、津市）
◎鶏種／♂レッドコーニッシュ、♀ニューハンプシャー
◎月間生産量／約8,000羽（約24,000kg）　◎出荷日齢／平均75日　◎出荷体重／平均3kg
◎飼育方法／平飼い　◎飼料内容／伊勢特産鶏飼育管理マニュアル
◎出荷形態／丸鶏、正肉、副産物
◎問い合わせ先／鳥ぴん㈱本社（TEL：06-6921-2366）、㈱鳥芳、鳥ぴんチェーン各店

地鶏
●熊野地鶏
熊野地鶏生産組合
〒519-4324
三重県熊野市井戸町4967
TEL：0597-87-0295
FAX：0597-87-0295
◎飼養地／三重県熊野市
◎鶏種／三重特産鶏（軍鶏（八木戸）♂×ニューハンプシャー♀）（♂）×ニューハンプシャー（♀）、♀名古屋種（名古屋コーチン）
◎月間生産量／1,250羽（1,625kg）
◎出荷日齢／♂110日、♀120日、平均115日　◎出荷体重／♂3.4kg、♀2.8kg、平均3.1kg
◎飼育方法／平飼い
◎飼料内容／抗生物質の入っていない配合飼料、飼料用米
◎出荷形態／中抜き、さばき　◎荷姿／部位ごとに真空包装　◎主な出荷先／県内外の料理店や小売店
◎問い合わせ先／地どり屋（平石善昭）（〒519-4324三重県熊野市井戸町4967　TEL：090-4869-0506）、鈴和養鶏（和田至由）（〒519-4325三重県熊野市有馬町583-1　TEL：090-5854-6114）、（財）紀和町ふるさと公社（〒519-5413三重県熊野市紀和町板屋78　TEL：0597-97-0640）

地鶏
●伊勢二見ヶ浦夫婦地鶏
㈲山川商店
〒516-0017
三重県伊勢市神久6丁目5-13
TEL：0596-28-6513
FAX：0596-27-0260
◎飼養地／三重県伊勢市二見町
◎鶏種／♂三重特産鶏（軍鶏（八木戸）♂×ニューハンプシャー♀）（♂×ニューハンプシャー（♀）、♀名古屋種（名古屋コーチン）
◎出荷日齢／平均100〜120日
◎出荷体重／♂2.7kg、♀2.2kg、平均2.45kg
◎飼育方法／平飼い
◎飼料内容／安全・安心　トレーサビリティー飼料（伊勢ひじき添加）
◎出荷形態／正肉、副産物
◎荷姿／真空パック
◎問い合わせ先／㈲山川商店（山川海サンセンカイフーズ）

［滋賀県］

地鶏
●近江しゃも
近江しゃも普及推進協議会
〒529-1651
滋賀県蒲生郡日野町山本695　（社）滋賀県畜産振興協会日野分室内
TEL：0748-52-9073
FAX：0748-52-9073
◎飼養地／滋賀県
◎鶏種／♂軍鶏、♀横斑プリマスロック（♀）×ニューハンプシャー（♂）
◎月間生産量／1,700羽（約2,500kg）
◎出荷日齢／平均150日以上
◎出荷体重／平均3.2kg
◎飼育方法／平飼い
◎飼料内容／レイヤー用
◎出荷形態／丸鶏、中抜き、正肉、副産物等要望に応じて　◎荷姿／トレー　◎主な出荷先／滋賀県、京都、東京　他
◎問い合わせ先／近江しゃも普及推進協議会

●近江黒鶏
㈱シガポートリー
〒528-0046
滋賀県甲賀市水口町三大寺1277
TEL：0748-62-1948
FAX：0748-62-9858
◎飼養地／滋賀県蒲生郡日野町、滋賀県甲賀市甲賀町
◎鶏種／♂オーストラロープ×ロードアイランドレッド、♀ロードアイランドレッド♂×ライトサセックス×ロードアイランドレッド

◎月間生産量／7,500羽（約22,500kg）　◎出荷日齢／平均100日　◎出荷体重／平均3kg
◎飼育方法／平飼い開放鶏舎
◎飼料内容／低カロリー抗生物質未使用、Non-GMO（コーン・大豆）
◎出荷形態／丸鶏、中抜き、正肉、副産物
◎荷姿／（ケース）ダンボール・発泡スチロール、（ピース）ビニール（脱気有・無）　主な出荷先／明治屋（関東）
◎問い合わせ先／㈱シガポートリー

●近江鶏
㈱シガポートリー
〒528-0046
滋賀県甲賀市水口町三大寺1277
TEL：0748-62-1948
FAX：0748-62-9858
◎飼養地／滋賀県蒲生郡日野町、滋賀県甲賀市甲賀町
◎鶏種／♂ホワイトコーニッシュ、♀ホワイトプリマスロック
◎月間生産量／18,000羽（約54,000kg）　◎出荷日齢／平均70日
◎出荷体重／平均3.2kg
◎飼育方法／平飼い開放鶏舎
◎飼料内容／低カロリー抗生物質未使用、Non-GMO（コーン・大豆）、大麦使用
◎出荷形態／丸鶏、中抜き、正肉、副産物　◎荷姿／（ケース）ダンボール・発泡スチロール、（ピース）ビニール（脱気有・無）　主な出荷先／コープしが（滋賀）、大阪生協（関西圏）
◎問い合わせ先／㈱シガポートリー

●近江プレノワール
㈱シガポートリー
〒528-0046
滋賀県甲賀市水口町三大寺1277
TEL：0748-62-1948
FAX：0748-62-9858
◎飼養地／滋賀県蒲生郡日野町、滋賀県甲賀市甲賀町
◎鶏種／♂プレノワール、♀プレノワール
◎月間生産量／3,000羽（9,000kg）
◎出荷日齢／平均120日
◎出荷体重／平均3kg
◎飼育方法／平飼い鶏舎（開放、ウィンドレス）
◎飼料内容／低カロリー抗生物質未使用、Non-GMO（コーン・大豆）
◎出荷形態／丸鶏、中抜き、正肉、副産物　◎荷姿／（ケース）ダンボール・発泡スチロール、（ピース）ビニール（脱気有・無）
◎問い合わせ先／㈱シガポートリー

[京都]
地鶏
●京地どり
流胤
〒601-0724
京都府南丹市美山町内久保池ノ谷36-3
TEL：0771-75-0554
FAX：050-3156-3238
◎飼養地／京都府南丹市美山町
◎鶏種／♂軍鶏、♀横斑プリマスロック（♀）×名古屋種（♂）
◎月間生産量／600羽（1,700kg）
◎出荷日齢／♂120日齢以上、♀120日齢以上、平均130日
◎出荷体重／♂3.3kg、♀2.4kg、平均2.85kg
◎飼育方法／平飼い、基本抗生物質無投与　◎飼料内容／麦主体、無薬、トウモロコシ無配合の完全自家配合飼料
◎出荷形態／丸鶏、正肉、副産物　◎荷姿／真空パック、冷凍・チルド
◎主な出荷先／京都府60％、大阪府40％
◎問い合わせ先／流胤、㈱エス・エー・アイ・グループ鳥ぴん（〒534-0021 大阪府大阪市都島区都島本通5-15-13　TEL：06-6922-0780　FAX：06-6922-6010）

地鶏
●地鶏　丹波黒どり
特定JAS取得　平成16年2月
㈱ヤマモト
〒621-0005
京都府亀岡市保津町上火無66-2
TEL：0771-25-1451
FAX：0771-25-1453
◎飼養地／京都府、兵庫県
◎鶏種／♂ロードアイランドレッド×オーストラロープ、♀ロードアイランドレッド×ロードアイランドレッド
◎月間生産量／13,000羽　◎出荷日齢／♂90～100日、♀90～100日、平均100日　◎出荷体重／平均3kg
◎飼育方法／平飼い　◎飼料内容／地鶏丹波黒どり専用の飼料
◎出荷形態／中抜き、正肉、副産物セット、ガラ、加工品　◎荷姿／中抜きは1羽、正肉・副産物セットは3羽　◎主な出荷先／全国
◎問い合わせ先／㈱ヤマモト

地鶏
●京赤地どり
特定JAS取得　平成17年6月
中央食鶏㈱
〒600-8852
京都府京都市下京区梅小路東中町104-3
TEL：075-313-4811
FAX：075-313-4885
◎飼養地／京都府、広島県、和歌山県、奈良県、三重県、兵庫県
◎鶏種／♂ニューハンプシャー×ロードアイランドレッド、♀ロードアイランドレッド×ロードサセックス
◎月間生産量／30,000羽（90,000kg）
◎出荷日齢／♂85日、♀85日、平均85日　◎出荷体重／♂3.4kg、♀3kg、平均3.2kg
◎飼育方法／平飼い、開放鶏舎
◎飼料内容／京赤地どり専用配合
◎出荷形態／丸鶏、中抜き、正肉セット等　◎荷姿／正肉セット等は2kg真空を基準とする　◎主な出荷先／京都府、滋賀県、大阪府、奈良県、東京都、静岡県
◎問い合わせ先／中央食鶏㈱

●あじわい丹波鶏
三栄商事㈱
〒629-1311
京都府福知山市夜久野町日置383
TEL：0773-37-1090
FAX：0773-37-0087
◎飼養地／京都府、兵庫県
◎鶏種／♂ホワイトコーニッシュ、♀ホワイトプリマスロック
◎月間生産量／140,000羽（420,000kg）　◎出荷日齢／♂50日、♀50日、平均50日　◎出荷体重／平均3kg
◎飼育方法／平飼い
◎飼料内容／純天然特殊飼料
◎出荷形態／と体、中抜き、解体
◎荷姿／真空パック等
◎主な出荷先／大阪府
◎問い合わせ先／三栄商事㈱

●奥丹波どり
三栄商事㈱
〒629-1311
京都府福知山市夜久野町日置383
TEL：0773-37-1090
FAX：0773-37-0087
◎飼養地／京都府、兵庫県
◎鶏種／♂ホワイトコーニッシュ、♀ホワイトプリマスロック
◎月間生産量／100,000羽（360,000kg）　◎出荷日齢／♂50日、♀50日、平均50日　◎出荷体重／平均3kg
◎飼育方法／平飼い
◎飼料内容／純天然特殊飼料
◎出荷形態／と体、中抜き、解体　◎荷姿／真空パック等　◎主な出荷先／大阪府、兵庫県、福井県

◎問い合わせ先／三栄商事㈱

●丹波あじわいどり
三栄商事㈱
〒629-1311
京都府福知山市夜久野町日置383
TEL：0773-37-1090
FAX：0773-37-0087
◎飼養地／京都府、兵庫県
◎鶏種／♂ホワイトコーニッシュ、♀ホワイトプリマスロック
◎月間生産量／160,000羽（480,000kg）　◎出荷日齢／♂50日、♀50日、平均50日　◎出荷体重／平均3kg
◎飼育方法／平飼い
◎飼料内容／特殊飼料
◎出荷形態／と体、中抜き、解体等　◎荷姿／真空パック等　◎主な出荷先／大阪府、兵庫県、奈良県、福井県、京都府、東京都
◎問い合わせ先／三栄商事㈱

[兵庫県]
●但馬すこやかどり
㈱但馬
〒669-5315
兵庫県豊岡市日高町浅倉45
TEL：0796-42-1550
FAX：0796-42-1516
◎飼養地／兵庫県
◎鶏種／♂ホワイトコーニッシュ、♀ホワイトプリマスロック
◎月間生産量／310,000羽（900,000kg）　◎出荷日齢／平均50日　◎出荷体重／平均2.9kg
◎飼育方法／平飼い　◎飼料内容／植物性原料主体の無薬飼料
◎出荷形態／コンテナ入り、ケース入り　◎荷姿／と体・羽数、解体品2kg真空　◎主な出荷先／兵庫県65％、大阪府20％、京都府15％
◎問い合わせ先／伊藤忠飼料㈱畜産食品部但馬営業課（兵庫県豊岡市日高町浅倉45　TEL：0796-42-2010　FAX：0796-42-2475）、㈱丸徳

●但馬の味どり
㈱但馬
〒669-5315
兵庫県豊岡市日高町浅倉45
TEL：0796-42-1550
FAX：0796-42-1516
◎飼養地／兵庫県、京都府　他
◎鶏種／♂ホワイトコーニッシュ、♀ホワイトプリマスロック
◎月間生産量／130,000羽

（390,000kg） ◎出荷日齢／平均60日 ◎出荷体重／平均3kg
◎飼育方法／平飼い ◎飼料内容／植物性原料主体の飼料
◎出荷形態／コンテナ、ケース入り ◎荷姿／と体：羽数、解体品2kg真空 ◎主な出荷先／大阪府50％、兵庫県35％、京都府15％
◎問い合わせ先／伊藤忠飼料㈱畜産食品部但馬営業課（兵庫県豊岡市日高町浅倉45 TEL：0796-42-2010 FAX：0796-42-2475）

地鶏
●ひょうご味どり
ひょうご味どり普及推進協議会
〒679-0198
兵庫県加西市別府町南ノ岡甲1533
兵庫県立農林水産技術総合センター内
TEL：0790-47-2430
FAX：0790-47-0549
◎飼養地／兵庫県姫路市、三田市、篠山市 他
◎鶏種／♂薩摩鶏（♂）×名古屋種（♀）またはホワイトプリマスロック、♀ホワイトプリマスロックまたは薩摩鶏（♂）×名古屋種（♀）
◎月間生産量／約800羽（2,800kg）
◎出荷日齢／♂90日、♀110日、平均100日 ◎出荷体重／♂4.6kg、♀3.2kg、平均3.9kg
◎飼育方法／開放鶏舎平飼い
◎飼料内容／自家配等
◎出荷形態／中抜き、正肉 他 ◎荷姿／多種 ◎主な出荷先／兵庫県内90％
◎問い合わせ先／兵庫県立農林水産技術総合センター畜産センター家畜部（〒679-0198兵庫県加西市別府町南ノ岡甲1533 TEL：0790-47-2430）

●播州百日どり
みのり農業協同組合
〒679-1213
兵庫県多可郡多可町加美区山野部161-1
TEL：0795-35-1026
FAX：0795-35-1367
◎飼養地／兵庫県多可郡多可町加美区
◎鶏種／♂ホワイトコーニッシュ、♀サッソー種（SA31L）
◎月間生産量／13,000羽（55,000kg）
◎出荷日齢／平均100日 ◎出荷体重／平均4kg
◎飼育方法／開放鶏舎平飼い
◎飼料内容／全期間指定配合飼料（百日どり専用）を不断給餌
◎出荷形態／丸と体、中抜と体、正肉、1羽セット
◎主な出荷先／京阪神地区
◎問い合わせ先／みのり農業協同組合、全農チキンフーズ㈱（〒662-0977兵庫県西宮市鳴尾3-16 TEL：0798-44-1060）、丸紅畜産㈱（〒564-0062大阪府吹田市垂水町3-34-5 TEL：06-6310-7201）、㈱サカモト食鳥（〒660-0851兵庫県尼崎市中在家町4-508 TEL：06-6412-7620）

地鶏
●丹波地どり
協和食品㈱
〒669-4131
兵庫県丹波市春日町七日市75
TEL：0795-74-0451
FAX：0795-74-0421
◎飼養地／京都府福知山市、兵庫県小野市・朝来市・養父市・豊岡市
◎鶏種／♂ロードアイランドレッド×ロードアイランドレッド、♀ロードアイランドレッド×ロードサセックス
◎月間生産量／34,000羽（120,000kg） ◎出荷日齢／平均85日 ◎出荷体重／平均3.5kg
◎飼育方法／平飼いで基本は開放鶏舎。運動場付きの農場も有り
◎飼料内容／カテキン・乳酸菌・オリゴ糖を添加した全期間薬剤無添加の専用飼料
◎出荷形態／正肉、副産物、丸鶏、中抜き ◎荷姿／真空包装段ボール詰め、カゴ詰め氷蔵 ◎主な出荷先／兵庫県35％、大阪府30％、東京都15％
◎問い合わせ先／協和食品㈱、㈲鳥功商店（〒652-0811兵庫県神戸市兵庫区新開地4-1-3 TEL：078-371-1529）

地鶏
●松風地鶏
松風地どり
〒669-1504
兵庫県三田市小野1085
TEL：079-566-0558
FAX：079-566-0558
◎飼養地／自社飼育場（にわとり牧場）：兵庫県篠山市大山宮国時坪
◎鶏種／♂純粋名古屋コーチン、♀純粋名古屋コーチン
◎月間生産量／580羽（1,500kg）
◎出荷日齢／♂190日、♀270日
◎出荷体重／♂3.2kg、♀2.2kg
◎飼育方法／平飼い
◎飼料内容／オリジナル完全配合飼料。低カロリーな穀物主体。完全無薬。ポストハーベストフリー
◎出荷形態／と体、丸中抜き、正肉、各部位、副産物、加工品
◎荷姿／真空パック
◎主な出荷先／国内全域
◎問い合わせ先／松風地どり

［奈良県］
地鶏
●大和肉鶏
大和肉鶏農業協同組合
〒639-1122
奈良県大和郡山市丹後庄町475-1
TEL：0743-59-0234
FAX：0743-59-6070
◎飼養地／奈良県全域
◎鶏種／♂軍鶏、♀名古屋種（♂）×ニューハンプシャー（♀）
◎月間生産量／8,000羽（23,000kg）
◎出荷日齢／♂125日、♀135日、平均135日±10日 ◎出荷体重／♂3.5kg、♀2.4kg、平均3kg
◎飼育方法／無窓鶏舎、平飼い
◎飼料内容／大和肉鶏農業協同組合指定配合飼料
◎出荷形態／丸鶏、中抜き、正肉、副産物等 ◎荷姿／冷蔵、冷凍
◎主な出荷先／県内、関西、関東
◎問い合わせ先／㈲フード三愛（TEL：0744-42-1023）、奈良パンドード㈱（TEL：0728-75-2567）、㈱谷内商店（TEL：0744-42-9539）、東都㈱（TEL：0744-42-2469）、大和軍鶏（TEL：0742-35-7211）、大和肉鶏専門店 鳥清（TEL：0743-57-7768）

［和歌山県］
●紀州うめどり
有田養鶏農業協同組合
〒643-0803
和歌山県有田郡有田川町東丹生図5
TEL：0737-52-4347
FAX：0737-52-5401
◎飼養地／和歌山県有田郡有田川町、和歌山県日高郡日高川町
◎鶏種／♂ホワイトコーニッシュ、♀ホワイトプリマスロック
◎月間生産量／約130,000羽
◎出荷日齢／平均53日
◎出荷体重／平均2.8kg
◎飼育方法／平飼い ◎飼料内容／Bx70入りの飼料を給与
◎出荷形態／丸鶏、中抜き、正肉、副産物 ◎荷姿／真空包装
◎主な出荷先／和歌山県、大阪府、奈良県、兵庫県、京都府
◎問い合わせ先／有田養鶏農業協同組合、関西ブロイラー㈱（〒649-6611和歌山県紀ノ川市穴伏120 TEL：0736-75-2466）

［鳥取県］
地鶏
●鹿野地鶏ピヨ
㈱ふるさと鹿野
〒689-0425
鳥取県鳥取市鹿野町今市972-1
TEL：0857-84-2205
FAX：0857-38-0012
◎飼養地／鳥取県鳥取市鹿野町木梨
◎鶏種／♂軍鶏×ロードアイランドレッド、♀ホワイトプリマスロック
◎月間生産量／300羽（960kg） ◎出荷日齢／♂100日、♀100日、平均100日
◎出荷体重／平均3.2kg
◎飼育方法／28日齢以降平飼い
◎飼料内容／28日齢まで抗生物質無投与（ワクチンは投与）
◎出荷形態／と体、中抜き、各部位 ◎荷姿／真空パック、冷凍、チルド
◎主な出荷先／県内90％、県外10％
◎問い合わせ先／㈱ふるさと鹿野

●大山どり
㈱大山どり
〒689-3424
鳥取県米子市淀江町中間16番地2
TEL：0859-56-3121
FAX：0859-56-3125
◎飼養地／鳥取県、島根県 他
◎鶏種／♂ホワイトコーニッシュ、♀ホワイトプリマスロック
◎月間生産量／530,000羽（1,500,000kg） ◎出荷日齢／♂50〜55日、♀50〜55日、平均53日
◎出荷体重／平均3.2kg
◎飼育方法／平飼い
◎飼料内容／大山鶏専用特殊飼料
◎出荷形態／と体、と体中抜き、正肉、副産物 ◎荷姿／2kg真空パック 他 ◎主な出荷先／関東圏約60％、関西圏約40％
◎問い合わせ先／㈱大山どり本社（〒689-3424鳥取県米子市淀江町中間16番地2 TEL：0859-56-3121 FAX：0859-56-3125）、大山どり東京営業所（〒184-0011東京都小金井市東町1-14-22 TEL：042-380-4281 FAX：042-380-4284）

●美味鳥
米久おいしい鶏㈱鳥取事業所
〒689-2311
鳥取県東伯郡琴浦町中尾84-1
TEL：0858-52-2165
FAX：0858-52-2550
◎飼養地／鳥取県東伯郡内琴浦町、北栄町

◎鶏種/♂ホワイトコーニッシュ、♀ホワイトプリマスロック
◎月間生産量/180,000羽（540,000kg）　◎出荷日齢/♂48〜51日、♀48〜51日、平均50日　◎出荷体重/♂3.2kg、♀2.8kg、平均3kg
◎飼育方法/ウインドレス鶏舎（平飼い）　◎飼料内容/地養素に木酢液を浸みこませた専用飼料
◎出荷形態/正肉、副産物セット　◎荷姿/2kg真空包装、段ボールケース詰め　◎主な出荷先/京阪神30％、県内20％、関東40％、その他10％
◎問い合わせ先/米久㈱担当部署:米久㈱チキンユニット（〒410-8530静岡県沼津市岡宮寺林1259　TEL:055-929-2881）

● 大山産がいなどり
名和食鶏㈲
〒689-3201
鳥取県西伯郡大山町豊成79-2
TEL:0859-54-2232
FAX:0859-54-2191
◎飼養地/鳥取県西伯郡大山町
◎鶏種/♂ホワイトコーニッシュ、♀ホワイトプリマスロック
◎月間生産量/35,000羽（90,000kg）
◎出荷日齢/平均約65〜70日
◎出荷体重/平均約4.0kg
◎飼育方法/平飼い
◎飼料内容/指定配合飼料
◎出荷形態/丸鶏、正肉、副産物
◎荷姿/2kg真空・5kg真空
◎主な出荷先/鳥取県内、京都府、大阪府
◎問い合わせ先/名和食鶏㈲

● 大山産ハーブチキン
名和食鶏㈲
〒689-3201
鳥取県西伯郡大山町豊成79-2
TEL:0859-54-2232
FAX:0859-54-2191
◎飼養地/鳥取県西伯郡大山町
◎鶏種/♂ホワイトコーニッシュ、♀ホワイトプリマスロック
◎月間生産量/20,000羽
◎出荷日齢/平均約50〜55日
◎出荷体重/平均約3.0kg
◎飼育方法/平飼い　◎飼料内容/指定配合飼料にハーブ（オレガノ）添加
◎出荷形態/丸鶏、正肉、副産物
◎荷姿/2kg真空　◎主な出荷先/鳥取県内、京都府、大阪府
◎問い合わせ先/名和食鶏㈲

地鶏
● 天領軍鶏
㈱ササダ直販
〒694-0433
島根県大田市大代町大家1500-3
TEL:0854-85-2924
FAX:0854-85-2929
◎飼養地/島根県大田市大代町大塚29
◎鶏種/♂純粋軍鶏、♀純粋軍鶏
◎月間生産量/100羽（300kg）
◎出荷日齢/♂220日、♀220日、平均220日　◎出荷体重/♂3.5kg、♀2.5kg、平均3kg
◎飼育方法/平飼い
◎飼料内容/自家醗酵飼料
◎出荷形態/正肉　◎荷姿/真空冷凍　◎主な出荷先/全国
◎問い合わせ先/㈱ササダ直販

● 銀山赤どり
㈱ササダ直販
〒694-0433
島根県大田市大代町大家1500-3
TEL:0854-85-2924
FAX:0854-85-2929
◎飼養地/島根県大田市大代町地内
◎鶏種/♂ニューハンプシャー、♀ニューハンプシャー
◎月間生産量/1,000羽（3,000kg）
◎出荷日齢/♂120日、♀120日、平均120日　◎出荷体重/♂3.5kg、♀2.5kg、平均3kg
◎飼育方法/平飼い
◎飼料内容/自家醗酵飼料
◎出荷形態/正肉　◎荷姿/真空冷凍　◎主な出荷先/全国
◎問い合わせ先/㈱ササダ直販

［岡山県］
地鶏
● おかやま地どり
岡山県農林水産総合センター畜産研究所
〒709-3494
岡山県久米郡美咲町北2272
TEL:0867-27-3321
FAX:0867-27-3333
◎飼養地/岡山県久米郡美咲町北2272
◎鶏種/♂ホワイトプリマスロック、♀ゴールデンネック（ロードアイランドレッド♂×横斑プリマスロック♀）
◎月間生産量/約25,000羽
◎出荷日齢/♂90日、♀100日、平均95日　◎出荷体重/平均3.1kg
◎飼育方法/平飼い
◎飼料内容/市販配合飼料
◎出荷形態/中抜き、正肉　◎荷姿/チルド、冷凍　◎主な出荷先/雛:岡山県内95％以上
◎問い合わせ先/岡山県農林水産総合センター畜産研究所、㈲よしきフーズ（〒703-8262岡山県岡山市中区福泊150-10　TEL:086-276-6361）、（財）吉備中央農業公社（〒716-1101岡山県加賀郡吉備中央町豊野17番地　TEL:0866-54-0900）、三友食品㈱（〒701-0221岡山県岡山市南区藤田564-147）等

● 岡山県産森林どり
丸紅畜産㈱
〒102-0074
東京都千代田区九段南2-1-30
イタリア文化会館ビル6階
TEL:03-3515-9000
FAX:03-3515-9001
◎飼養地/岡山県
◎鶏種/♂ホワイトコーニッシュ、♀ホワイトプリマスロック
◎月間生産量/平均680,000羽
◎出荷日齢/平均52日
◎出荷体重/平均3kg
◎飼育方法/平飼い、開放鶏舎、ウインドレス鶏舎
◎飼料内容/森林のエキス（木酢酸炭素未吸着飼料）を添加し、ビタミンEを強化した当社指定の配合飼料
◎出荷形態/正肉、副産物、中抜き、一次加工　◎荷姿/2kg真空パック　◎主な出荷先/中部、西日本
◎問い合わせ先/丸紅畜産㈱（西日本販売本部お客様窓口(9:00〜17:00)　TEL:06-6310-7928　品質保証部　TEL:03-3515-9000）

［山口県］
● 長州どり
深川養鶏農業協同組合
〒759-4101
山口県長門市東深川1859-1
TEL:0837-22-2121
FAX:0837-22-5432
◎飼養地/山口県
◎鶏種/♂ホワイトコーニッシュ、♀ホワイトプリマスロック
◎月間生産量/530,000羽（1,470,000kg）　◎出荷日齢/平均48〜53日　◎出荷体重/平均2.8kg
◎飼育方法/平飼い
◎飼料内容/抗生物質や合成抗菌剤を使用しないハーブ入り飼料
◎出荷形態/一部中抜き、正肉
◎荷姿/正肉2kgパック　◎主な出荷先/関東、近畿、中国（5県）、九州
◎問い合わせ先/深川養鶏農業協同組合

● 長州赤どり
深川養鶏農業協同組合
〒759-4101
山口県長門市東深川1859-1
TEL:0837-22-2121
FAX:0837-22-5432
◎飼養地/山口県
◎鶏種/♂ハーバードレッドブロ、♀ハーバードレッドブロ
◎月間生産量/14,000羽（52,000kg）
◎出荷体重/平均3.15kg
◎飼育方法/平飼い　◎飼料内容/抗生物質や合成抗菌剤を使用しないハーブ入り飼料
◎出荷形態/一部中抜き、正肉
◎荷姿/正肉2kgパック　◎主な出荷先/関東、近畿、中国（5県）、九州
◎問い合わせ先/深川養鶏農業協同組合

地鶏
● 長州黒かしわ
深川養鶏農業協同組合
〒759-4101
山口県長門市東深川1859-1
TEL:0837-22-2121
FAX:0837-22-5432
◎飼養地/山口県
◎鶏種/♂黒柏鶏×ロードアイランドレッド×軍鶏×ホワイトプリマスロック、♀ロードアイランドレッド
◎月間生産量/700羽
◎出荷日齢/平均約100日
◎出荷体重/平均3.3kg
◎飼育方法/平飼い
◎飼料内容/抗生物質や合成抗菌剤を使用しないハーブ入り飼料
◎出荷形態/正肉、副産物、中抜き（一部）　◎荷姿/正肉2kgパック　◎主な出荷先/山口県、関東
◎問い合わせ先/深川養鶏農業協同組合

［徳島県］
● 地養鳥
貞光食糧工業㈲
〒779-4104
徳島県美馬郡つるぎ町貞光字小山北168-2
TEL:0883-63-5511
FAX:0883-63-5505
◎飼養地/徳島県
◎鶏種/♂ホワイトコーニッシュ、

♀ホワイトプリマスロック

◎月間生産量／350,000羽　◎出荷日齢／平均55日　◎出荷体重／♂3kg、♀2.8kg、平均2.9kg
◎飼育方法／平飼い
◎飼料内容／地養素配合飼料
◎出荷形態／正肉、副産物、中抜き、と体　荷姿／2kg×6p／ケース　◎出荷先／関東・関西　他
◎問い合わせ先／貞光食糧工業㈲、貞光食糧工業㈲東京営業所（TEL：03-5941-8231）

地鶏
●地養赤鶏
貞光食糧工業㈲
〒779-4104
徳島県美馬郡つるぎ町貞光字小山北168-2
TEL：0883-63-5511
FAX：0883-63-5505
◎飼養地／徳島県
◎鶏種／♂ホワイトコーニッシュ×レッドコーニッシュ×ニューハンプシャー、♀ホワイトプリマスロック
◎月間生産量／120,000羽　◎出荷日齢／♀60日以上　◎出荷体重／♂2.8kg、♀2.7kg、平均2.8kg
◎飼育方法／平飼い　◎飼料内容／「地養素」＋「生菌剤」配合飼料
◎出荷形態／正肉、副産物、中抜き、と体　荷姿／2kg×6p／ケース　◎主な出荷先／関東・関西　他
◎問い合わせ先／貞光食糧工業㈲、貞光食糧工業㈲東京営業所（TEL：03-5941-8231）

地鶏
●阿波尾鶏
特定JAS取得　平成13年3月
オンダン農業協同組合
〒775-0310
徳島県海部郡海陽町大井字大谷11番地
TEL：0884-73-0700
FAX：0884-73-3527
◎飼養地／徳島県
◎鶏種／♂軍鶏、♀ホワイトプリマスロック
◎月間生産量／108,000羽（345,600kg）　◎出荷日齢／平均82日　◎出荷体重／平均3.2kg
◎飼育方法／平飼い
◎出荷形態／正肉、副産物、中抜き等　荷姿／真空2kg包装・ダンボール等　◎主な出荷先／関東、関西、四国　他
◎問い合わせ先／丸本（TEL：0884-73-3400）、㈱丸本大阪加工センター（TEL：0722-34-1231）、

㈱丸本東京営業所（TEL：03-5719-3319）

●彩どり
オンダン農業協同組合
〒775-0310
徳島県海部郡海陽町大井字大谷11番地
TEL：0884-73-0700
FAX：0884-73-3527
◎飼養地／徳島県
◎鶏種／♂ホワイトコーニッシュ、♀ホワイトプリマスロック
◎月間生産量／124,800羽（374,400kg）
◎出荷体重／♀3kg、平均3kg
◎飼育方法／平飼い
◎飼料内容／飼料にEM菌と生薬を添加。仕上げ飼料にNon-GMO・PHFのトウモロコシとNon-GMOの大豆油かすを原料に使用
◎出荷形態／正肉、副産物、中抜き等　荷姿／真空2kg包装・ダンボール等　◎主な出荷先／関東、関西、四国　他
◎問い合わせ先／㈱丸本（TEL：0884-73-3400）、丸本大阪加工センター（TEL：0722-34-1231）、㈱丸本東京営業所（TEL：03-5719-3319）

●神山鶏
㈱イシイフーズ
〒779-3224
徳島県名西郡石井町高川原字加茂野65
TEL：088-675-1122
FAX：088-675-1133
◎飼養地／徳島県（神山町、石井町、吉野川市）
◎鶏種／♂ホワイトコーニッシュ、♀ホワイトプリマスロック
◎月間生産量／30,000羽（90,000kg）
◎出荷日齢／♀60～80日
◎出荷体重／♀3kg
◎飼育方法／平飼いでメスのみを飼育　◎飼料内容／植物性のみの飼料。PHF・NON-GMOトウモロコシ、NON-GMO大豆
◎出荷形態／中抜き、解体品（正肉・副産物）、加工品　荷姿／2kg真空パック包装、グラムコンシューマーパック　◎主な出荷先／関西50％、関東30％、他20％
◎問い合わせ先／コープ自然派事業連合（〒651-2228 兵庫県神戸市西区見津が丘3-8-5　TEL：06-6534-9355）、オイシックス（〒141-0022 東京都品川区東五反田1-13-12　TEL：03-5447-2675）、自然派

くらぶ生協（〒192-0045 東京都八王子市大和田町2-19-20　TEL：042-644-1811）

●阿波すだち鶏
㈱イシイフーズ
〒779-3224
徳島県名西郡石井町高川原字加茂野65
TEL：088-675-1122
FAX：088-675-1133
◎飼養地／徳島県下全域
◎鶏種／♂ホワイトコーニッシュ、♀ホワイトプリマスロック
◎月間生産量／150,000羽（450,000kg）　◎出荷日齢／♂50～55日、♀50～55日、平均52.5日　◎出荷体重／♂3.5kg、♀2.5kg、平均3kg
◎飼育方法／平飼い　◎飼料内容／阿波すだち鶏専用飼料
◎出荷形態／解体品（正肉、副産物）、加工品　荷姿／2kg真空パック包装　◎主な出荷先／徳島、名古屋、大阪、京都、高知
◎問い合わせ先／◇㈱イシイフーズ、全農チキンフーズ㈱名古屋営業所（〒485-0051 愛知県小牧市下小針中島1-112　TEL：0568-73-1201）、㈱マルチク（〒491-0813 愛知県一宮市千秋町屋字西浦1　TEL：0586-76-1358）、イトーヨーカ堂（中京地区、関西地区、中国地区）、サニーマート（全店舗）

[香川県]

●讃岐赤どり
㈲カワフジ
〒767-0032
香川県三豊市三野町下高瀬1135
TEL：0875-72-5937
FAX：0875-72-6058
◎飼養地／香川県全域
◎鶏種／♂ロードアイランドレッド、♀ロードアイランドレッド×ロードサセックス
◎月間生産量／1,600羽（4,800kg）
◎出荷日齢／♂75日、♀75日、平均75日　◎出荷体重／♂3.4kg、♀3.1kg、平均3.3kg
◎飼育方法／平飼い　◎飼料内容／讃岐赤どり専用配合飼料
◎出荷形態／丸鶏、中抜き、正肉、副産物　◎主な出荷先／香川県70％、大阪府30％
◎問い合わせ先／㈱エス・エー・アイグループ（〒534-0021 大阪府大阪市都島区都島本通5丁目15番13号　TEL：06-6922-0780）

地鶏
●地鶏　瀬戸赤どり
㈲カワフジ
〒767-0032
香川県三豊市三野町下高瀬1135
TEL：0875-72-5937
FAX：0875-72-6058
◎飼養地／香川県三豊市高瀬町及び財田町
◎鶏種／♂ロードアイランドレッド、♀ロードアイランドレッド
◎月間生産量／12,000羽（40,800kg）
◎出荷日齢／♂80日、♀80日、平均80日　◎出荷体重／♂3.5kg、♀3.3kg、平均3.4kg
◎飼育方法／平飼い　◎飼料内容／植物性のみの飼料、ハーブを飼料添加
◎出荷形態／丸鶏、中抜き、正肉、副産物　荷姿／真空包装
◎主な出荷先／大阪府、兵庫県、岡山県、香川県
◎問い合わせ先／吉田食品工業㈱（〒761-1401 香川県高松市香南町岡58番地　TEL：087-879-3321　FAX：087-879-3320）

地鶏
●讃岐コーチン
讃岐コーチン生産組合
〒764-0022
香川県仲多度郡多度津町北鴨3-1-55
TEL：0877-33-2265
FAX：0877-33-2268
◎飼養地／香川県（三豊市、綾歌郡綾川町）
◎鶏種／♂讃岐コーチン、♀ホワイトプリマスロック
◎月間生産量／7,000羽（21,000kg）
◎出荷日齢／平均80日以上
◎出荷体重／♂3.3kg、♀2.7kg、平均3kg
◎飼育方法／開放鶏舎平飼い
◎飼料内容／指定飼料
◎出荷形態／中抜き、正肉セット（もも・むね・ささみ）、副産物
◎荷姿／2kgパック中心
◎主な出荷先／量販店、スーパー
◎問い合わせ先／まるほ食品㈱（〒764-0022 香川県仲多度郡多度津町北鴨3-1-55　TEL：0877-33-2265）、三栄ブロイラー販売㈱（〒761-8052 香川県高松市松island町658　TEL：087-867-2523）、吉田食品工業㈱（〒761-1401 香川県高松市香南町岡58　TEL：087-879-3321）、農協食品㈱（〒763-0092 香川県丸亀市川西町南字中方甲1171　TEL：0877-28-8118）

[愛媛県]

地鶏
●媛っこ地鶏
媛っこ地鶏振興協議会
〒799-1316
愛媛県西条市福成寺乙159
TEL：0898-66-5004
FAX：0898-66-5093

◎飼養地／愛媛県（今治市、西条市、東温市、西予市、八幡浜市、宇和島市、北宇和郡鬼北町、南宇和郡愛南町）
◎鶏種／♂ホワイトプリマスロック、♀軍鶏（♂）×（♂ロードアイランドレッド×♀名古屋種）
◎月間生産量／5,000羽
◎出荷日齢／平均80日以上150日まで　◎出荷体重／平均2.8kg
◎飼育方法／平飼い、放し飼い
◎飼料内容／市販ブロイラー飼料、他農水産物残渣
◎出荷形態／正肉、副産物　◎荷姿／真空パック、冷凍・チルド　◎主な出荷先／愛媛県内、東京都　他
◎問い合わせ先／媛っこ地鶏振興協議会

地鶏
●伊予路しゃも
愛媛県養鶏研究所
〒799-1316
愛媛県西条市福成寺乙159
TEL：0898-66-5004
FAX：0898-66-5093

◎飼養地／愛媛県西条市
◎鶏種／♂軍鶏、♀ロードアイランドレッド（♂）×名古屋種（♀）
◎月間生産量／(年間) 1,000羽（年間）2,400kg　◎出荷日齢／平均120日
◎出荷体重／平均2.4kg
◎飼育方法／平飼い、放し飼い
◎飼料内容／市販ブロイラー飼料、他農水産物残渣
◎出荷形態／正肉、副産物
◎問い合わせ先／飼育者：ソニア牧場（徳永博昭　〒791-0521愛媛県西条市丹原町長野1698-1　TEL：0898-68-5124）、素びな生産：愛媛県養鶏研究所

地鶏
●奥伊予地鶏
㈱ビージョイ
〒790-0962
愛媛県松山市枝松5丁目8-12
TEL：089-945-3313
FAX：089-947-1470

◎飼養地／愛媛県西予市城川町、愛媛県内

◎鶏種／♂はやま地鶏×(♂レッドコーニッシュ×♀ロードアイランドレッド)、♀はやま地鶏×(♂ロードアイランドレッド×♀ロードアイランドレッド)
◎月間生産量／10,000羽(30,000kg)
◎出荷日齢／平均85日
◎出荷体重／平均3kg
◎飼育方法／平飼い
◎飼料内容／ブロイラー用飼料
◎出荷形態／丸鶏、中抜き、正肉、副産物　◎主な出荷先／愛媛県内、神戸市
◎問い合わせ先／㈱ビージョイ

●浜千鶏
愛媛マルハ㈱
〒796-0026
愛媛県八幡浜市矢野町1丁目
TEL：0894-22-0007
FAX：0894-24-2110

◎飼養地／愛媛県(宇和島市光満、三間、大洲市菅田、西予市三瓶町垣生
◎鶏種／♂ホワイトコーニッシュ、♀ホワイトプリマスロック
◎月間生産量／50,000羽(150,000kg)　◎出荷日齢／平均60日　◎出荷体重／平均2.9kg
◎飼育方法／平飼い　◎飼料内容／ブロイラー用飼料、有効土壌微生物群給与
◎出荷形態／主体は解体品(正肉、副産物)　◎主な出荷先／四国、九州地区

[高知県]

●四万十鶏
高知県食鶏農業協同組合
〒781-5103
高知県高知市大津乙1756-1
TEL：088-866-2898
FAX：088-866-2772

◎飼養地／高知県
◎鶏種／♂ホワイトコーニッシュ、♀ホワイトプリマスロック
◎月間生産量／100,000羽(300,000kg)　◎出荷日齢／♂50日、♀50日、平均50日
◎出荷体重／平均3kg
◎飼育方法／平飼い
◎飼料内容／特殊飼料
◎出荷形態／と体、中抜き、解体品等　◎荷姿／真空パック　◎主な出荷先／県内60％、県外40％
◎問い合わせ先／㈱鳥扇(〒606-8114京都府京都市左京区一乗寺北大丸町7-2　TEL：075-722-1314)、㈱鳥真(〒641-0042和歌山県和歌

山市新堀東2-4-18　TEL：073-426-3729)、鳥治食品㈱(〒561-0841大阪府豊中市名神口3-1-26　TEL：06-6335-0032)、㈱サンプラザ(〒781-1102高知県土佐市高岡町乙27-1　TEL：088-852-3121)

地鶏
●土佐はちきん地鶏
特定JAS取得 平成22年4月
㈱むらびと本舗
〒781-3704
高知県土佐郡大川村朝谷26
TEL：0887-84-2267
FAX：0887-84-2268

◎飼養地／高知県土佐郡大川村朝谷、高知県安芸郡芸西村、高知県高岡郡佐川町
◎鶏種／♂土佐九斤(♂)×大軍鶏(♀)、♀ホワイトプリマスロック
◎月間生産量／6,000羽(18,000kg)
◎出荷日齢／♂80日、♀90日、平均85日　◎出荷体重／♂3kg、♀2.5kg、平均2.75kg
◎飼育方法／開放鶏舎平飼い
◎飼料内容／はちきん地鶏専用飼料、4週齢以降抗生物質無添加飼料
◎出荷形態／中抜き、正肉、手羽さき、手羽もと、セセリ、砂ぎも、きも　◎荷姿／中抜き以外は真空包装による冷蔵冷凍　◎主な出荷先／県内60％、県外40％
◎問い合わせ先／㈱むらびと本舗、高知県土佐はちきん地鶏振興協議会(〒781-5103高知県高知市大津乙923-3　TEL：088-866-3188)

地鶏
●土佐ジロー
高知県土佐ジロー協会
〒781-8125
高知県高知市五台山5015-1
TEL：088-883-8335
FAX：088-883-8335

◎飼養地／高知県安芸市、四万十市、土佐清水市、安芸郡
◎鶏種／♂土佐地鶏、♀ロードアイランドレッド
◎月間生産量／1,500羽(1,800kg)
◎出荷日齢／♂150日、♀450日
◎出荷体重／♂1.5kg、♀1.2kg
◎飼育方法／平飼い、鶏舎と放飼場の併設　◎飼料内容／通年緑餌給与
◎出荷形態／中抜き、正肉、副産物　◎荷姿／真空パック、冷凍、チルド
◎問い合わせ先／高知県土佐ジロー協会

[福岡県]
●華味鳥
トリゼングループ生産部
〒812-0044
福岡県福岡市博多区千代1-8-13
TEL：092-641-6301
FAX：092-641-1278

◎飼養地／佐賀県唐津市、福岡県(糸島市、宗像市、福津市)
◎鶏種／♂ホワイトコーニッシュ、♀ホワイトプリマスロック
◎月間生産量／350,000羽(1,102,000kg)　◎出荷日齢／平均50日　◎出荷体重／平均3.15kg
◎飼育方法／開放鶏舎平飼い
◎飼料内容／華味鳥専用飼料
◎出荷形態／丸鶏、中抜き、正肉、副産物　◎荷姿／丸鶏・中抜き1羽、正肉他2kg　◎主な出荷先／北部九州、一部大阪・東京
◎問い合わせ先／トリゼンフーズ㈱第一事業部(〒812-0051福岡県福岡市東区箱崎ふ頭6-7-3　TEL：092-641-3887)、トリゼンフーズ㈱第二事業部(〒812-0044福岡県福岡市博多区千代1-8-13　TEL：092-643-8707)、鳥善ブロイラー㈱本社(〒819-0162福岡県福岡市西区今宿青木松本31-1　TEL：092-807-6677)、㈱トリゼン本社(〒847-0004佐賀県唐津市養母田511　TEL：0955-73-6633)

●華味鳥レッド90
トリゼングループ生産部
〒812-0044
福岡県福岡市博多区千代1-8-13
TEL：092-641-6301
FAX：092-641-1278

◎飼養地／佐賀県唐津市、福岡県福津市
◎鶏種／♂レッドブロ(♂系ヘビーロードアイランドレッド×♀系ヘビーロードアイランドレッド)、♀レッドブロ(♂系ロードアイランドレッド×♀系ロードサセックス)
◎月間生産量／15,000羽(47,000kg)
◎出荷日齢／平均70日
◎出荷体重／平均3.2kg
◎飼育方法／開放鶏舎平飼い
◎飼料内容／華味鳥レッド90専用飼料
◎出荷形態／丸鶏、中抜き、正肉、副産物　◎荷姿／丸鶏、中抜き1羽、正肉他2kg　◎主な出荷先／北部九州、一部大阪・東京
◎問い合わせ先／トリゼンフーズ㈱第一事業部(〒812-0051福岡県福岡市東区箱崎ふ頭6-7-3　TEL：092-641-3887)、トリゼンフーズ㈱第二事業部(〒812-0044福岡県

福岡市博多区千代1-8-13　TEL：092-643-8707)、鳥善ブロイラー㈱本社(〒819-0162福岡県福岡市西区今宿青木松本31-1　TEL：092-807-6677)、㈱トリゼン本社(〒847-0004佐賀県唐津市養母田511　TEL：0955-73-6633)

●福岡県産はかた一番どり
はかた一番どり推進協議会
〒812-0046
福岡県福岡市博多区吉塚本町13-50
福岡県吉塚合同庁舎6階
TEL：092-409-9083
FAX：092-409-9084
◎飼養地／福岡県(久留米市、大牟田市、田川市、うきは市、糸島市)
◎鶏種／♂横斑プリマスロック×ホワイトプリマスロック、♀ホワイトプリマスロック
◎月間生産量／60,000羽 (180,000kg)　◎出荷日齢／平均65日　◎出荷体重／平均3kg
◎飼育方法／平飼い　◎飼料内容／前期飼料）仕上げ飼料ポストハーベストフリー、NON-GMO(非遺伝子)、八女茶入り
◎出荷形態／中抜き、正肉、副産物等　◎荷姿／2kg真空パック　◎主な出荷先／県内90%、県外10%
◎問い合わせ先／はかた一番どり推進協議会、㈱あらい(〒811-3436福岡県宗像市東郷4-5-1　TEL：0940-34-2550　FAX：0940-34-2551)、㈱南筑ファーム(〒839-0809福岡県久留米市東合川4-5-3　TEL：0942-43-5557)、久留米孵卵場(〒839-0851福岡県久留米市御井町1581-15　TEL：0942-43-5367)

地鶏
●はかた地どり
特定JAS取得　平成14年12月
農事組合法人福栄組合
〒830-1114
福岡県久留米市北野町高良1369-3
TEL：0942-78-4793
FAX：0942-78-6141
◎飼養地／福岡県内11農家
◎鶏種／♂軍鶏×横斑プリマスロック、♀ホワイトプリマスロック
◎月間生産量／29,000羽(92,800kg)
◎出荷日齢／平均85日
◎出荷体重／平均3.1kg
◎飼育方法／平飼い
◎飼料内容／専用飼料
◎出荷形態／中抜き、正肉、副産物
◎問い合わせ先／農事組合法人福栄組合

[佐賀県]
●ありたどり
有田食鳥生産組合
〒849-4154
佐賀県西松浦郡有田町大木宿乙2108
TEL：0955-46-3030
FAX：0955-46-3123
◎飼養地／佐賀県(西松浦郡有田町、伊万里市、嬉野市、鹿島市、武雄市、藤津郡太良町)、長崎県(佐世保市、北松浦郡佐々町、長崎市、平戸市田平町、東彼杵郡波佐見町、南島原市)
◎鶏種／♂ホワイトコーニッシュ、♀ホワイトプリマスロック
◎月間生産量／240,000羽　◎出荷日齢／平均50日　◎出荷体重／♂3.3kg、♀2.9kg、平均3.1kg
◎飼育方法／平飼い　◎飼料内容／植物主体の原料を使った独自の配合飼料に昆布を乳酸発酵して得られる抽出物を添加
◎出荷形態／中抜き、正肉、副産物、ぶつ切り等　◎荷姿／真空包装、箱詰め、ネット用詰め合わせ
◎主な出荷先／佐賀県、長崎県、福岡県、広島県、大阪府、熊本・宮崎・東京の一部
◎問い合わせ先／ありた㈱(佐賀県西松浦郡有田町立部乙10-1　TEL：0955-46-2220　FAX：0955-46-2222)

●佐賀県産若鶏　骨太有明鶏
㈱JAフーズさが
〒840-0803
佐賀県佐賀市栄町2番1号
TEL：0952-25-5215
FAX：0952-28-0747
◎飼養地／佐賀県(伊万里市、多久市、武雄市、嬉野市、鳥栖市、西松浦郡有田町、藤津郡太良町)
◎鶏種／♂ホワイトコーニッシュ、♀ホワイトプリマスロック
◎月間生産量／600,000羽 (1,740,000kg)　◎出荷日齢／♂50日、♀53日、平均51.5日
◎出荷体重／♂2.9kg、♀2.9kg、平均2.9kg
◎飼育方法／平飼い　◎飼料内容／抗菌性物質を含まない飼料
◎出荷形態／中抜き、正肉、副産物等　◎荷姿／2kg／袋×6袋／段ボール等　◎主な出荷先／関東(千葉県、他)、中部(愛知県、他)、九州(福岡県、佐賀県)
◎問い合わせ先／㈱JAフーズさが(〒840-0803佐賀県佐賀市栄町2-1食鳥事業部食鳥販売課　TEL：0952-25-5215)

●みつせ鶏
㈱ヨコオ
〒841-0084
佐賀県鳥栖市山浦町1239番地
TEL：0942-82-5125
FAX：0942-82-5626
◎飼養地／佐賀県、福岡県、大分県、長崎県
◎鶏種／♂レッドブロ、♀レッドブロ
◎月間生産量／265,000羽 (728,750kg)　◎出荷日齢／♂約80日、♀約80日、平均約80日
◎出荷体重／♂2.75kg、♀2.75kg、平均2.75kg
◎飼育方法／鶏舎内平飼い、セミウインドレス鶏舎　◎飼料内容／みつせ鶏オリジナル飼料
◎出荷形態／中抜き、正肉、副産物、切り身、冷凍食品(加工品)
◎荷姿／真空包装(冷凍・チルド)
◎主な出荷先／九州地区、関東地区、関西地区、東海地区、中国地区
◎問い合わせ先／㈱ヨコオ

●麓どり
㈱ヨコオ
〒841-0084
佐賀県鳥栖市山浦町1239番地
TEL：0942-82-5125
FAX：0942-82-5626
◎飼養地／佐賀県
◎鶏種／♂カラーイールド、♀レッドブロ
◎月間生産量／39,000羽 (107,250kg)　◎出荷日齢／♂約60日、♀約60日、平均約60日
◎出荷体重／♂2.75kg、♀2.75kg、平均2.75kg
◎飼育方法／鶏舎内平飼い、セミウインドレス鶏舎　◎飼料内容／麓どりオリジナル飼料
◎出荷形態／中抜き、正肉、副産物、切り身　◎荷姿／真空包装(冷凍・チルド)　◎主な出荷先／九州地区、関東地区、関西地区、東海地区、中国地区
◎問い合わせ先／㈱ヨコオ

[長崎県]
●雲仙しまばら鶏
雲仙しまばら鶏生産者組合
〒859-1414
長崎県島原市有明町大三東丁296-1
㈱大光食品島原工場内
TEL：0957-68-1855
FAX：0957-68-3713
◎飼養地／長崎県南島原市有家町、長崎県南島原市西有家町

◎鶏種／♂♀ともにコブ：♂ホワイトコーニッシュ×♀ホワイトプリマスロック、チャンキー：♂ホワイトコーニッシュ×♀ホワイトプリマスロック、ハバード：♂ホワイトコーニッシュ×♀ホワイトプリマスロック
◎月間生産量／100,000羽 (300,000kg)　◎出荷日齢／平均52日　◎出荷体重／平均3kg
◎飼育方法／開放鶏舎平飼い
◎飼料内容／餌付けから仕上げまで複数のハーブを添加。抗生物質・抗菌剤無添加
◎出荷形態／中抜き、正肉、副産物
◎荷姿／真空パック、段ボール
◎主な出荷先／長崎県、大阪府、熊本県、福岡県、奈良県
問い合わせ先／㈱大光食品島原工場(〒859-1414長崎県島原市有明町大三東丁296-1　TEL：0957-68-1855　FAX：0957-68-3713)、㈱大光食品(〒855-0062長崎県島原市本町甲183-1　TEL：0957-64-4750)

地鶏
●つしま地どり
㈱大光食品
〒855-0062
長崎県島原市本町甲183-1
TEL：0957-64-4750
FAX：0957-64-4494
◎飼養地／長崎県雲仙市瑞穂町(社会福祉法人南高愛隣会(コロニー雲仙))
◎鶏種／♂レッドコーニッシュ、♀対馬地鶏
◎月間生産量／500羽(1,600kg)
◎出荷日齢／♂90日、♀100日、平均95日　◎出荷体重／♂3.6kg、♀2.8kg、平均3.2kg
◎飼育方法／開放鶏舎平飼い
◎飼料内容／23～25日齢以後出荷まで専用仕上飼料給与(非遺伝子組換トウモロコシ、米配合)
◎出荷形態／中抜き、正肉、切り身、加工品　◎荷姿／真空パック、段ボール　◎主な出荷先／長崎県100%
◎問い合わせ先／㈱大光食品、㈱大光食品島原工場(〒859-1414長崎県島原市有明町大三東丁296-1　TEL：0957-68-1855　FAX：0957-68-3713)

●長崎ばってん鶏
商標登録第5323703号
長崎県養鶏農業協同組合
〒852-8134
長崎県長崎市大橋町3-26
TEL：095-848-7677
FAX：095-848-7618

◎飼養地／長崎県一円
◎鶏種／♂ホワイトコーニッシュ、♀ホワイトプリマスロック
◎月間生産量／40,000羽（120,000kg） ◎出荷日齢／平均55日 ◎出荷体重／平均3kg
◎飼育方法／開放鶏舎平飼い ◎飼料内容／長期抗菌剤無投与飼料
◎出荷形態／中抜き、正肉、副産物 荷姿／正肉、副産物2kg
◎主な出荷先／長崎県内
◎問い合わせ先／長崎県養鶏農業協同組合

●幸味どり
（特別飼育鶏）
鶴川畜産飼料㈱
〒854-0063
長崎県諫早市貝津町1830番地20
TEL：0957-25-2400
FAX：0957-25-2300
◎飼養地／長崎県
◎鶏種／♂ホワイトコーニッシュ、♀ホワイトプリマスロック
◎月間生産量／830,000羽（2,490,000kg） ◎出荷日齢／平均50日 ◎出荷体重／平均3kg
◎飼育方法／開放鶏舎平飼い
◎飼料内容／トウモロコシを主原料とし、ココナッツミルク粕・ビタミンEを飼料に添加。抗生物質・合成抗菌剤無投与
◎出荷形態／生鮮、冷凍、中抜き、正肉、セット販売 荷姿／2kg入り真空パック ◎主な出荷先／全国
◎問い合わせ先／鶴川畜産飼料㈱

●香味鶏
鶴川畜産飼料㈱
〒854-0063
長崎県諫早市貝津町1830番地20
TEL：0957-25-2400
FAX：0957-25-2300
◎飼養地／長崎県、佐賀県
◎鶏種／♂ホワイトコーニッシュ、♀ホワイトプリマスロック
◎月間生産量／830,000羽（2,490,000kg） ◎出荷日齢／平均50日 ◎出荷体重／平均3kg
◎飼育方法／開放鶏舎平飼い
◎飼料内容／トウモロコシを主原料とし、ココナッツミルク粕・ビタミンEを飼料に添加。抗生物質・合成抗菌剤無投与
◎出荷形態／生鮮、冷凍、中抜き、正肉、セット販売 荷姿／2kg入り真空パック ◎主な出荷先／全国

●ハーブ育ちチキン
長崎福鳥㈱
〒857-0852
長崎県佐世保市干尽町3-46
TEL：0956-31-7391
FAX：0956-31-7397
◎飼養地／長崎県、熊本県
◎鶏種／♂ホワイトコーニッシュ、♀ホワイトプリマスロック
◎月間生産量／250,000羽 ◎出荷日齢／♂52日、♀52日、平均52日 ◎出荷体重／♂3kg、♀2.7kg、平均2.8kg
◎飼育方法／平飼い
◎飼料内容／カボチャの種子末、オオバコの種子末、ベニバナの花末、スイカズラの花末のハーブ草を給餌
◎出荷形態／中抜き、正肉、副産物 荷姿／2kg真空×6
◎主な出荷先／九州一円
◎問い合わせ先／長崎福鳥㈱、長崎福鳥㈱諫早営業所（長崎県諫早市貝津町1593　TEL：0957-26-7105）、北九福鳥㈱（福岡県北九州市小倉北区中井5-17-25　TEL：093-581-1873）

●ハーブ赤鶏
長崎福鳥㈱
〒857-0852
長崎県佐世保市干尽町3-46
TEL：0956-31-7391
FAX：0956-31-7397
◎飼養地／熊本県、大分県
◎鶏種／♂レッドコーニッシュ、♀ロードアイランドレッド
◎月間生産量／4,000羽 ◎出荷日齢／♂70日、♀70日 ◎出荷体重／♂3kg、♀2.8kg、平均2.9kg
◎飼育方法／平飼い
◎飼料内容／カボチャの種子末、オオバコの種子末、ベニバナの花末、スイカズラの花末のハーブ草を給餌
◎出荷形態／中抜き、正肉、副産物 荷姿／2kg真空×6
◎主な出荷先／九州一円
◎問い合わせ先／長崎福鳥㈱、長崎福鳥㈱諫早営業所（長崎県諫早市貝津町1593　TEL：0957-26-7105）、北九福鳥㈱（福岡県北九州市小倉北区中井5-17-25　TEL：093-581-1873）

地鶏
●五島地鶏しまさざなみ
さざなみ農園
〒853-0044
長崎県五島市堤町2289-1
TEL：0959-74-2961
FAX：0959-74-2961
◎飼養地／長崎県五島市
◎鶏種／♂軍鶏（833系統）、♀横斑プリマスロック
◎月間生産量／100羽（270kg）
◎出荷日齢／♂135日、♀165日、平均150日 ◎出荷体重／♂3.2kg、♀2.2kg、平均2.7kg ◎飼育方法／平飼い ◎飼料内容／後期飼料として麦、米、ひじき、魚粉、椿油、お茶等をブレンド
◎出荷形態／丸鶏、部位、加工品等 ◎主な出荷先／地区30％、県外70％
◎問い合わせ先／さざなみ農園

[熊本県]
地鶏
●天草大王
特定JAS取得　平成16年9月
㈱熊本チキン
〒861-0311
熊本県山鹿市鹿本町石渕1103-2
TEL：0968-46-3188
FAX：0968-46-3892
◎飼養地／熊本県植木町
◎鶏種／♂ランシャン×熊本コーチン×軍鶏、♀熊本ロード×ホワイトプリマスロック
◎月間生産量／2,000羽（7,000kg）
◎出荷日齢／♂100〜120日、♀120〜150日、平均123日 ◎出荷体重／♂4.5kg、♀3.5kg、平均4kg
◎飼育方法／平飼い
◎飼料内容／ハーブ入り飼料
◎出荷形態／中抜き、正肉 荷姿／1羽セット、正肉セット
◎主な出荷先／九州一円、関西
◎問い合わせ先／㈱熊本チキン

●肥後のうまか赤鶏
㈱熊本チキン
〒861-0311
熊本県山鹿市鹿本町石渕1103-2
TEL：0968-46-3188
FAX：0968-46-3892
◎飼養地／熊本県
◎鶏種／♂ハーバードレッドブロ、♀ハーバードレッドブロ
◎月間生産量／30,000羽（90,000kg）
◎出荷日齢／平均70日
◎出荷体重／平均3kg
◎飼育方法／開放鶏舎平飼い
◎飼料内容／ハーブ入り飼料
◎出荷形態／正肉、副産物、中抜き
◎問い合わせ先／㈱熊本チキン

●庭鶏
㈱熊本チキン
〒861-0311
熊本県山鹿市鹿本町石渕1103-2
TEL：0968-46-3188
FAX：0968-46-3892
◎飼養地／熊本県、大分県、福岡県、長崎県
◎鶏種／♂ホワイトコーニッシュ、♀ホワイトプリマスロック
◎月間生産量／20,000羽（54,000kg）
◎出荷日齢／平均50〜55日
◎出荷体重／平均3kg
◎飼育方法／開放鶏舎平飼い
◎飼料内容／ハーブ入り飼料
◎出荷形態／正肉、副産物等
◎問い合わせ先／㈱熊本チキン

●うまかハーブ鳥
㈱熊本チキン
〒861-0311
熊本県山鹿市鹿本町石渕1103-2
TEL：0968-46-3188
FAX：0968-46-3892
◎飼養地／熊本県、大分県、福岡県、長崎県
◎鶏種／♂ホワイトコーニッシュ、♀ホワイトプリマスロック
◎月間生産量／400,000羽（1,200,000kg） ◎出荷日齢／平均50〜55日 ◎出荷体重／平均3kg
◎飼料内容／ハーブ入り飼料
◎出荷形態／正肉、副産物、中抜き
◎問い合わせ先／㈱熊本チキン

地鶏
●天草大王
特定JAS取得　平成17年3月
熊本県高品質肉鶏推進協議会
〒861-1103
熊本県合志市野々島4393-190
TEL：096-242-3131
FAX：096-242-3134
◎飼養地／熊本県内
◎鶏種／♂天草大王、♀九州ロード
◎月間生産量／12,000羽 ◎出荷日齢／平均120日 ◎出荷体重／♂4kg、♀3kg、平均3.5kg
◎飼育方法／平飼い
◎主な出荷先／全国
問い合わせ先／熊本県養鶏農業協同組合内協議会事務局　TEL：096-242-3131

地鶏
●熊本コーチン
特定JAS取得　平成16年2月

熊本県養鶏農業協同組合
〒861-1103
熊本県合志市野々島4393-190
TEL：096-242-3131
FAX：096-242-3134

◎飼養地／熊本県山鹿市菊鹿町

◎鶏種／♂熊本コーチン、♀九州ロード

◎月間生産量／250羽　◎出荷日齢／平均120日　◎出荷体重／♂4kg、♀3kg、平均3.5kg

◎飼育方法／平飼い　◎飼料内容／地養素、飼料米

◎出荷形態／中抜き、大バラシ

◎主な出荷先／全国

◎問い合わせ先／熊本県養鶏農業協同組合

[大分県]

●豊後赤どり

田原ブロイラー
〒874-0804
大分県別府市東山2-1
TEL：0977-22-9864
FAX：0977-24-9985

◎飼養地／大分県別府市東山

◎鶏種／♂レッドコーニッシュ、♀ロードアイランドレッド

◎月間生産量／5,500羽（15,000kg）　◎出荷日齢／♂85日、♀95日、平均90日　◎出荷体重／♂3kg、♀2.8kg、平均2.9kg　◎飼育方法／開放鶏舎平飼い　◎飼料内容／専用飼料（20日齢より抗生物質無添加）

◎出荷形態／中抜き、正肉、副産物

◎荷姿／生鮮、一部冷凍

◎主な出荷先／大分県内

◎問い合わせ先／㈱オー・ビー・シー（〒874-0011大分県別府市大字内竈字北尾関73　TEL：0977-66-6800　FAX：0977-67-7701）

地鶏

●おおいた冠地どり

おおいた冠地どり銘柄協議会
〒870-0844
大分県大分市大字古国府1220
TEL：097-545-6593
FAX：097-554-4049

◎飼養地／大分県（別府市・豊後高田市）

◎鶏種／♂三元鶏（♂ホワイトプリマスロック×二元鶏（♂ロードアイランドレッド×♀烏骨鶏）、♀二元鶏（♂九州ロード×♀ロードアイランドレッド）

◎月間生産量／4,000～5,000羽　◎出荷日齢／♂80～100日、♀80～100日、平均90日　◎出荷体重／♂3.3kg、♀2.8kg、平均3kg

◎飼育方法／28日齢以降平飼い　◎飼料内容／0～21日齢CP21%ME3,000kcal/kg、22～70日齢CP18%ME3,150kcal/kg、70～100日齢CP18%ME3,150kcal/kg

◎出荷形態／出荷先の希望による形態　◎荷姿／真空およびビニール包装　◎主な出荷先／東京都、福岡県、熊本県、大分県内　他

◎問い合わせ先／おおいた冠地どり銘柄協議会事務局（大分県畜産協会内）（TEL：097-545-6593（後藤）FAX：097-554-4049）

地鶏

●豊のしゃも

豊のしゃも推進協議会
〒870-0844
大分県大分市大字古国府1220
TEL：097-545-6593
FAX：097-554-4049

◎飼養地／大分県内一円

◎鶏種／♂軍鶏、♀九州ロード

◎出荷日齢／♂150日、♀180日、平均3.5日　◎出荷体重／♂3.5kg、♀2.8kg、平均3.15kg

◎飼育方法／平飼い、一部放し飼い　◎飼料内容／市販配合飼料に単味飼料と緑餌を与えている

◎出荷形態／出荷先の希望による形態　◎荷姿／真空およびビニール包装　◎主な出荷先／県内外の旅館、ホテル、料理店および個人に直接配達、一部食肉店もあり

◎問い合わせ先／大分県豊のしゃも推進協議会事務局（大分県畜産協会内）（TEL：097-545-6593（後藤）FAX：097-554-4049）

地鶏

●豊のしゃも

内那地どり牧場
〒878-0206
大分県竹田市久住町大字添ヶ津留634
TEL：0974-76-0891
FAX：0974-76-0891

◎飼養地／大分県竹田市久住町大字添ヶ津留634

◎鶏種／♂軍鶏、♀九州ロード（ホワイトプリマスロック×ロードアイランドレッド）

◎月間生産量／220羽（正肉242kg）

◎出荷日齢／♀150～180日、平均165日　◎出荷体重／♀（正肉）1.1kg、平均（正肉）1.1kg

◎飼育方法／平飼い（運動場付）

◎飼料内容／自家配合飼料

◎出荷形態／正肉　◎荷姿／正肉は真空包装　◎主な出荷先／自営炭火焼店（しゃも料理・鶏家）大分県由布市湯布院町、大分県竹田市久住町

◎問い合わせ先／内那地どり牧場

[宮崎県]

●霧島鶏

㈱エビス商事
〒885-0043
宮崎県都城市豊満町980番地1
TEL：0974-76-0891
FAX：0986-39-4148

◎飼養地／宮崎県（都城市、小林市、日向市）

◎鶏種／♂ホワイトコーニッシュ、♀ホワイトプリマスロック

◎月間生産量／75,000羽（240,000kg）　◎出荷日齢／♀65日　◎出荷体重／♀3.2kg

◎飼育方法／開放鶏舎平飼い　◎飼料内容／25日齢まで有薬飼料。26日齢以降は休薬飼料。全期間でハーブを添加

◎出荷形態／解体品(正肉、副産物)中心。一部中抜き　◎荷姿／2kg真空バキューム、段ボール2kg×6p

◎主な出荷先／フードリンク㈱

◎問い合わせ先／フードリンク㈱（〒105-0014東京都港区芝2-29-14一星芝公園ビル7F　TEL：03-5444-8632　FAX：03-5444-8642）

●さつま純然鶏

江夏商事㈱
〒885-0037
宮崎県都城市花繰町8-5
TEL：0986-23-2400
FAX：0986-25-6232

◎飼養地／鹿児島県（薩摩川内市・さつま町）

◎鶏種／♂ホワイトコーニッシュ、♀ホワイトプリマスロック

◎月間生産量／288,000羽（835,200kg）　◎出荷日齢／♂48日、♀52日、平均50日

◎出荷体重／♂3kg、♀2.8kg、平均2.9kg

◎飼育方法／開放鶏舎平飼い　◎飼料内容／専用飼料

◎出荷形態／正肉、副産物等　◎荷姿／2kgパック×6パック＝1ケース

◎問い合わせ先／江夏商事㈱

●さつま雅

江夏商事㈱
〒885-0037
宮崎県都城市花繰町8-5
TEL：0986-23-2400
FAX：0986-25-6232

◎飼養地／鹿児島県（薩摩川内市・さつま町）

◎鶏種／♂ホワイトコーニッシュ、♀ホワイトプリマスロック

◎月間生産量／96,000羽（278,400kg）　◎出荷日齢／♂48日、♀52日、平均50日　◎出荷体重／♂3kg、♀2.8kg、平均2.9kg

◎飼育方法／開放鶏舎平飼い　◎飼料内容／専用飼料

◎出荷形態／正肉、副産物等　◎荷姿／2kgパック×6パック＝1ケース

◎問い合わせ先／江夏商事㈱

●日向鶏

㈱児湯食鳥
〒889-1301
宮崎県児湯郡川南町大字川南21622-1
TEL：0983-27-1165
FAX：0983-27-0976

◎飼養地／宮崎県

◎鶏種／♂ホワイトコーニッシュ、♀ホワイトプリマスロック

◎月間生産量／90,000羽（306,000kg）　◎出荷日齢／♂55～60日　◎出荷体重／♂3.4kg

◎飼育方法／平飼い（開放鶏舎）

◎飼料内容／当社独自の配合設計の飼料

◎出荷形態／中抜き、正肉、副産物　◎荷姿／真空包装　◎主な出荷先／九州地区、関西地区、関東地区

◎問い合わせ先／㈱九州児湯フーズ（TEL：092-921-5571）、㈱西日本児湯フーズ（TEL：072-672-1224）、トリキ㈱（TEL：047-495-0511）

●特別飼育　豊後どり

㈱児湯食鳥
〒889-1301
宮崎県児湯郡川南町大字川南21622-1
TEL：0983-27-1165
FAX：0983-27-0976

◎飼養地／大分県

◎鶏種／♂ホワイトコーニッシュ、♀ホワイトプリマスロック

◎月間生産量／190,000羽（554,800kg）　◎出荷日齢／平均52日　◎出荷体重／平均2.92kg

◎飼育方法／開放鶏舎平飼い

◎飼料内容／当社独自の配合設計の飼料

◎出荷形態／中抜き、正肉、副産物
◎荷姿／真空包装　◎主な出荷先／九州地区、関西地区、関東地区
◎問い合わせ先／㈱九州児湯フーズ（TEL：092-921-5571）、㈱西日本児湯フーズ（TEL：072-672-1224）、トリキ㈱（TEL：047-495-0511）

●日南どり
㈱児湯食鳥
〒889-1301
宮崎県児湯郡川南町大字川南21622-1
TEL：0983-27-1165
FAX：0983-27-0976
◎飼養地／宮崎県、熊本県
◎鶏種／♂ホワイトコーニッシュ、♀ホワイトプリマスロック
◎月間生産量／430,000羽（1,260,000kg）　◎出荷日齢／平均52日　◎出荷体重／平均2.92kg
◎飼育方法／開放鶏舎平飼い
◎飼料内容／当社独自の配合設計の飼料
◎出荷形態／中抜き、正肉、副産物
◎荷姿／真空包装　◎主な出荷先／九州地区、関西地区、関東地区
◎問い合わせ先／㈱九州児湯フーズ（TEL：092-921-5571）、㈱西日本児湯フーズ（TEL：072-672-1224）、トリキ㈱（TEL：047-495-0511）

●大阿蘇どり
㈱児湯食鳥
〒889-1301
宮崎県児湯郡川南町大字川南21622-1
TEL：0983-27-1165
FAX：0983-27-0976
◎飼養地／宮崎県、熊本県
◎鶏種／♂ホワイトコーニッシュ、♀ホワイトプリマスロック
◎月間生産量／95,000羽（277,000kg）　◎出荷日齢／平均52日　◎出荷体重／平均2.92kg
◎飼育方法／開放鶏舎平飼い
◎飼料内容／当社独自の配合設計の飼料
◎出荷形態／中抜き、正肉、副産物
◎荷姿／真空包装　◎主な出荷先／九州地区、関西地区、関東地区
◎問い合わせ先／㈱九州児湯フーズ（TEL：092-921-5571）、㈱西日本児湯フーズ（TEL：072-672-1224）、トリキ㈱（TEL：047-495-0511）

●宮崎都味どり
宮崎くみあいチキンフーズ㈱
〒880-0036
宮崎県宮崎市花ヶ島町鴨の丸829-1
TEL：0985-31-2348
FAX：0985-31-1013
◎飼養地／宮崎県（県南地区）
◎鶏種／♂ホワイトコーニッシュ、♀ホワイトプリマスロック
◎出荷日齢／平均50日
◎出荷体重／平均2.9kg
◎飼育方法／平飼い
◎飼料内容／醗酵乳粉末、VIL
◎出荷形態／正肉、副産物　◎荷姿／(2kg×6袋）：12kg／1ケース
◎主な出荷先／プライフーズ㈱一冷カンパニー
◎問い合わせ先／プライフーズ㈱一冷カンパニー商品流通部（TEL：03-3296-3101）

●はまゆうどり
宮崎くみあいチキンフーズ㈱
〒880-0036
宮崎県宮崎市花ヶ島町鴨の丸829-1
TEL：0985-31-2348
FAX：0985-31-1013
◎飼養地／宮崎県
◎鶏種／♂ホワイトコーニッシュ、♀ホワイトプリマスロック
◎月間生産量／460,000羽（680,000kg）　◎出荷日齢／平均50日前後　◎出荷体重／平均3kg
◎飼育方法／開放鶏舎　◎飼料内容／後期飼料より発酵乳粉末、ビタミンE、木酢酸、パーム油脂粉末を含有
◎出荷形態／主に解体品　◎荷姿／2kg×6p＝1c/s（段ボール流通）等　◎主な出荷先／中京、九州地区
◎問い合わせ先／全農チキンフーズ㈱（〒108-0075東京都港区港南2-12-33品川キャナルビル4階　TEL：03-6864-0210　FAX：03-6864-0172）

●桜姫
日本ホワイトファーム㈱
〒039-4101
青森県上北郡横浜町字林尻102-100
TEL：0175-78-3945
FAX：0175-78-3952
◎飼養地／宮崎県
◎鶏種／♂ホワイトコーニッシュ、♀ホワイトプリマスロック
◎月間生産量／506,000羽（1,467,000kg）　◎出荷日齢／平均51日　◎出荷体重／平均2.9kg
◎飼育方法／無窓鶏舎及び開放鶏舎　◎飼料内容／飼料原料の配合を調整し、さらにビタミンEを添加した桜姫専用の日本ホワイトファーム㈱指定飼料
◎出荷形態／正肉、副産物、中抜き　◎荷姿／1ケース：2kg×6p
◎主な出荷先／全国
◎問い合わせ先／日本ハム㈱国内フレッシュチキン部・国内チキン特販部（東京TEL：03-4555-8266　FAX：03-4555-8380、大阪TEL：06-7178-2948　FAX：06-7178-2973）

地鶏
●みやざき地頭鶏
特定JAS取得　平成16年8月
みやざき地頭鶏事業協同組合
〒880-0806
宮崎県宮崎市広島1-13-10（社）宮崎県養鶏協会内
TEL：0985-77-5566
FAX：0985-77-5567
◎飼養地／宮崎県
◎鶏種／♂地頭鶏×劣性ホワイトプリマスロックのF1、♀九州ロード（ロード×劣性ホワイトプリマスロック）
◎月間生産量／32,000羽（112,000kg）　◎出荷日齢／♂120日、♀150日、平均135日　◎出荷体重／♂3.9kg、♀3.1kg、平均3.5kg
◎飼育方法／全期間平飼い
◎飼料内容／ブロイラー用と一部自家配合。みやざき地頭鶏用の前期用と仕上げ用もある
◎出荷形態／中抜き、正肉等消費者の注文による　◎主な出荷先／全国（みやざき地頭鶏指定店216店舗）（平成23.9現在）
◎問い合わせ先／組合を通し生産者をご案内

●宮崎県産森林どり
丸紅畜産㈱
〒102-0074
東京都千代田区九段南2-1-30イタリア文化会館ビル6階
TEL：03-3515-9000
FAX：03-3515-9001
◎飼養地／宮崎県
◎鶏種／♂ホワイトコーニッシュ、♀ホワイトプリマスロック
◎月間生産量／平均220,000羽
◎出荷日齢／平均52日　◎出荷体重／平均3.1kg
◎飼育方法／平飼い、開放ウインドレス　◎飼料内容／森林のエキス（木酢酸炭素未吸着飼料）を添加し、ビタミンEを強化した当社指定の配合飼料
◎出荷形態／正肉、副産物、中抜き　◎荷姿／2kg真空パック
◎主な出荷先／西日本、九州
◎問い合わせ先／九州販売本部お客様窓口(9:00～17:00)（TEL：092-737-1234)、品質保証部(TEL：03-3515-9000)

[鹿児島県]
●薩摩ハーブ悠然どり
㈱アクシーズ
〒890-0014
鹿児島県鹿児島市草牟田2丁目1番8号
TEL：099-223-7385
FAX：099-223-0584
◎飼養地／鹿児島県（薩摩川内市、鹿児島市、霧島市、曽於市、志布志市、鹿屋市、さつま町、蒲生町）
◎鶏種／♂ホワイトコーニッシュ、♀ホワイトプリマスロック
◎月間生産量／800,000羽（1,120,000kg）　◎出荷日齢／♂52～54日、平均53日　◎出荷体重／♂2.7～3kg、平均2.8kg
◎飼育方法／平飼い
◎飼料内容／ペレット飼料
◎出荷形態／中抜き・正肉セット
◎荷姿／2kg×6p
◎主な出荷先／東京都、愛知県、大阪府、福岡県、鹿児島県
◎問い合わせ先／㈱アクシーズ

地鶏
●さつま若しゃも
鹿児島くみあいチキンフーズ㈱
〒890-0064
鹿児島県鹿児島市鴨池新町15番地JA会館7階
TEL：099-258-5640
FAX：099-257-1443
◎飼養地／鹿児島県
◎鶏種／♂薩摩鶏、♀ホワイトプリマスロック
◎月間生産量／130,000羽（320,000kg）　◎出荷日齢／平均80日以上　◎出荷体重／平均2.6kg
◎飼育方法／平飼い　◎飼料内容／専用設計による配合飼料を給餌
◎出荷形態／中抜き、解体品
◎主な出荷先／関東以西
◎問い合わせ先／全農チキンフーズ㈱（〒108-0075東京都港区港南2-12-33品川キャナルビル4階　TEL：03-6864-0210　FAX：03-6864-0172）

●健康咲鶏
鹿児島くみあいチキンフーズ㈱
〒890-0064
鹿児島県鹿児島市鴨池新町15番地JA会館7階

TEL：099-258-5640
FAX：099-257-1443
◎飼養地／鹿児島県
◎鶏種／♂ホワイトコーニッシュ、♀ホワイトプリマスロック
◎月間生産量／650,000羽（960,000kg）　◎出荷日齢／平均50日前後　◎出荷体重／平均2.9kg
◎飼育方法／平飼い　◎飼料内容／全期間において抗生物質、合成抗菌剤を不使用
◎出荷形態／主に解体品　◎荷姿／2kg×6p＝1c/s（段ボール流通）等　◎主な出荷先／関東以西
◎問い合わせ先／全農チキンフーズ㈱（〒108-0075東京都港区港南2-12-33品川キャナルビル4階　TEL：03-6864-0210　FAX：03-6864-0172）

●安心咲鶏
鹿児島くみあいチキンフーズ㈱
〒890-0064
鹿児島県鹿児島市鴨池新町15番地JA会館7階
TEL：099-258-5640
FAX：099-257-1443
◎飼養地／鹿児島県
◎鶏種／♂ホワイトコーニッシュ、♀ホワイトプリマスロック
◎月間生産量／610,000羽（910,000kg）　◎出荷日齢／平均50日前後　◎出荷体重／平均2.9kg
◎飼育方法／平飼い
◎飼料内容／NON-GMO　PHF、トウモロコシを配合し、抗生物質・合成抗菌剤を不使用
◎出荷形態／主に解体品　◎荷姿／2kg×6p＝1c/s（段ボール流通）等　◎主な出荷先／関東以西
◎問い合わせ先／全農チキンフーズ㈱（〒108-0075東京都港区港南2-12-33品川キャナルビル4階　TEL：03-6864-0210　FAX：03-6864-0172）

地鶏
●黒さつま鶏
鹿児島県地鶏振興協議会
〒890-8577
鹿児島県鹿児島市鴨池新町10番1号
TEL：099-286-3226
FAX：099-286-5599
◎飼養地／鹿児島県内
◎鶏種／♂薩摩鶏、♀横斑プリマスロック
◎月間生産量／3,000羽（6,000羽予定）、2,400kg（4,800kg予定）
◎出荷日齢／♂84日、♀126日、平均105日　◎出荷体重／♂2.8kg、♀2.6kg、平均2.7kg
◎飼育方法／平飼い
◎出荷形態／中抜き、正肉1羽セット、副産物（注文生産）
◎荷姿／生鮮品、凍結品（真空パック）
◎主な出荷先／鹿児島県内
◎問い合わせ先／全農チキンフーズ㈱本社　営業統括本部営業企画部（TEL：03-6864-0210）、㈱JA食肉かごしま販売事業部加工品販売課（TEL：099-258-5225）、鹿児島県地鶏振興協議会事務局／鹿児島県農政部畜産課中小家畜係（TEL：099-286-3226）

地鶏
●さつま地鶏
鹿児島県地鶏振興協議会
〒890-8577
鹿児島県鹿児島市鴨池新町10番1号
TEL：099-286-3226
FAX：099-286-5599
◎飼養地／鹿児島県内
◎鶏種／♂さつま地鶏（薩摩鶏×ロードアイランドレッド）、♀さつま地鶏（薩摩鶏×ロードアイランドレッド）
◎月間生産量／3,200羽（2,560kg）
◎出荷日齢／♂120日、♀150日、平均135日　◎出荷体重／♂2.6kg、♀2kg、平均2.3kg
◎飼育方法／平飼い
◎出荷形態／中抜き、解体品1羽セット　◎荷姿／生鮮品、凍結品（真空パック）　◎主な出荷先／鹿児島県内、東京、福岡
◎問い合わせ先／鹿児島県地鶏振興協議会事務局／鹿児島県農政部畜産課中小家畜係（TEL：099-286-3226）

●ジャパンファームの桜島どり
㈱ジャパンファーム
〒899-7303
鹿児島県曽於郡大崎町益丸651
TEL：099-476-0235
FAX：099-476-3172
◎飼養地／鹿児島県（曽於郡大崎町、垂水市、鹿屋市、曽於市、志布志市、錦江町）
◎鶏種／♂ホワイトコーニッシュ、♀ホワイトプリマスロック
◎月間生産量／1,700,000羽（4,760,000kg）　◎出荷日齢／♂53日　◎出荷体重／♂2.8kg
◎飼育方法／平飼い　◎飼料内容／ジャパンファーム独自の銘柄飼料
◎出荷形態／正肉・副産物　◎荷姿／2kg×6袋／ケース　◎主な出荷先／関東、中部、関西、九州
◎問い合わせ先／㈱ジャパンファーム、フードリンク㈱（〒105-0014東京都港区芝2-29-14一星芝公園ビル7F　TEL：03-5444-8632）

●ジャパンファームの桜島どりゴールド
㈱ジャパンファーム
〒899-7303
鹿児島県曽於郡大崎町益丸651
TEL：099-476-0235
FAX：099-476-3172
◎飼養地／鹿児島県垂水市
◎鶏種／♂ホワイトコーニッシュ、♀ホワイトプリマスロック
◎月間生産量／360,000羽（1,008,000kg）　◎出荷日齢／♂53日　◎出荷体重／♂2.8kg
◎飼育方法／平飼い　◎飼料内容／桜島どりの飼料に、ジャパンファーム独自に①「めかぶ」②「ハーブ」③「お茶」④「ビタミンE」を配合した飼料で飼育
◎出荷形態／正肉・副産物　◎荷姿／2kg×6袋／ケース　◎主な出荷先／関東、関西、九州、中部
◎問い合わせ先／㈱ジャパンファーム、フードリンク㈱（〒105-0014東京都港区芝2-29-14一星芝公園ビル7F　TEL：03-5444-8632）

●赤鶏さつま
赤鶏農業協同組合
〒899-0502
鹿児島県出水市野田町下名91番地
TEL：0996-84-2022
FAX：0996-84-2190
◎飼養地／鹿児島県（出水市、阿久根市、出水郡長島町）
◎鶏種／♂赤色コーニッシュ（紅桜）、♀劣性ホワイトプリマスロック（小雪）
◎月間生産量／130,000羽（357,500kg）　◎出荷日齢／♂65日、♀65日、平均65日　◎出荷体重／♂3kg、♀2.5kg、平均2.75kg
◎飼育方法／平飼い　◎飼料内容／麦を配合、抗生物質無添加
◎出荷形態／中抜き、正肉、副産物、ぶつ切り、切り身　◎荷姿／2kg×6袋／1ケース（段ボール）　◎主な出荷先／関東、関西、九州、中国、四国
◎問い合わせ先／林兼産業㈱飼料事業部畜産営業部（TEL：0832-67-6427）、プリマハム㈱食肉事業部（TEL：03-6386-1808）、㈱イケダ（TEL：0952-34-6050）、㈱総食（TEL：0940-42-2403）

●南国元気鶏
マルイ農業協同組合
〒899-0297
鹿児島県出水市平和町225番地
TEL：0996-63-0101
FAX：0996-63-0103
◎飼養地／鹿児島県
◎鶏種／♂ホワイトコーニッシュ、♀ホワイトプリマスロック
◎月間生産量／1,100,000羽（3,190,000kg）　◎出荷日齢／平均50日　◎出荷体重／平均2.9kg
◎飼育方法／開放鶏舎、ウインドレス鶏舎　◎飼料内容／全飼育期間、抗生物質や合成抗菌剤を添加していない飼料を給与。前期：元気スターターC、中期：元気ブロイラーGM、後期：元気ブロイラーSM
◎出荷形態／正肉、副産物、チルドパック、中抜き　◎荷姿／真空パック、ダンボールケース　◎主な出荷先／関東、関西、中国、九州
◎問い合わせ先／マルイ食品㈱鶏肉企画販売課（〒899-0502鹿児島県出水市野田町下名1671　TEL：0996-84-2983　FAX：0996-84-2558）、㈱鹿児島マルイ商事（〒891-0133鹿児島県鹿児島市平川町5862　TEL：099-261-8011　FAX：099-261-5778）、㈱熊本マルイ商事（〒862-0947熊本県熊本市画図町重富110　TEL：096-378-6165　FAX：096-378-9824）、㈱きりしまフーズ（〒885-0114宮崎県都城市庄内町12276-4　TEL：0986-37-3395　FAX：0986-37-1084）

［沖縄県］

地鶏
●やんばる地鶏
㈲中央食品加工
〒905-0024
沖縄県名護市字許田278番地
TEL：0980-52-3669
FAX：0980-52-0230
◎飼養地／沖縄県恩納村、本部町
◎鶏種／♂ロードアイランドレッド×レッドコーニッシュ、♀ロードアイランドレッド×ロードアイランドレッド
◎月間生産量／約1,200羽（4,100kg）
◎出荷日齢／♂80日以上、♀80日以上　◎出荷体重／平均3.42kg
◎飼育方法／平飼い　◎飼料内容／独自の配合飼料を使用
◎出荷形態／中抜きと体、正肉、副産物　◎荷姿／2kg／袋
◎問い合わせ先／㈲中央食品加工

著者紹介（氏名50音順）

［日本料理］
亀田雅彦（かめだ・まさひこ）

1971年東京都生まれ。
東京・西麻布の日本料理店「つくし」の三角 秀氏の下で、日本料理の修業を始める。1995年、三角氏がめしと汁の店「たぬき」を出店するにあたり、当時二番を務めていた亀田氏が立ち上げから運営まで一任された。十年間の修業を経て独立。日本料理を身近なものとして楽しんでもらいたいと、串焼きを取り入れることを決め、「串若丸」で串焼きの修業を積んだ。2007年東京・中目黒に「いふう」を開店。2012年には「いふう」のすぐ近くに釜炊きご飯と汁が売りの定食屋「といろ」を開店した。目指していた身近な日本料理路線が功を奏し、毎日満席をつづけている。

いふう
東京都目黒区上目黒2-7-11　電話03-3715-8662

といろ
東京都目黒区上目黒2-16-5　電話03-6412-8533

［フランス料理］
高良康之（たから・やすゆき）

1967年東京生まれ。
都内の高校を卒業後、「ホテルメトロポリタン」（東京・池袋）に入社し、フランス料理の修業を始める。その後渡仏し、2年間の修業を積む。帰国後、「ル・マエストロ・ポールボキューズ・トーキョー」の副料理長を経て、「南部亭」（東京・日比谷）、「ブラッスリーレカン」（東京・上野）にて料理長を務める。2007年から「銀座レカン」（現在ミキモトビル建て直しのために休業中）の料理長に就任。2017年に完成する新しいビルでのオープンに向けて、着々と準備を進める。わかりやすくていねいな解説には定評があり、数々の料理講習会の講師を務めている。

銀座レカン
（現在ビル建替えのため休業中・2017年春開業予定）／
東京都中央区銀座4-5-5 ミキモトビル

ロティスリーレカン
東京都中央区銀座5-11-1　電話03-5565-0770

ブラッスリーレカン
東京都台東区上野7-1-1 アトレ上野レトロ館1階1020
電話03-5826-5822

[中国料理]

田村亮介（たむら・りょうすけ）

1977年東京生まれ。
高校卒業後、調理師専門学校に進学。卒業後、中国料理の道に入る。広東名菜「翠香園」（神奈川・横浜中華街）、「華湘」（東京・池袋）で修業を積み、2000年、「麻布長江」（東京・西麻布）に入社する。2005年、かねてから念願だった台湾に渡り、四川料理店、精進料理店で本場の中国料理を肌で学び、研鑽を積む。2006年に帰国し、「麻布長江 香福筳」料理長に就任。2009年に同店のオーナーシェフとなる。本書では四川料理をベースに、かつて修業をした台湾の家庭料理や屋台料理などをアレンジしたバラエティ豊かな鶏料理を披露してくれた。

麻布長江 香福筳
東京都港区西麻布1-13-14　電話03-3796-7835

[イタリア料理]

辻 大輔（つじ・だいすけ）

1981年京都府生まれ。
20歳で渡伊し、トスカーナやミラノで約5年間修業を積む。帰国後「ヴォーロ・コズィ」（東京・白山）のスーシェフ、「ビオディナミコ」（東京・渋谷）のシェフを経て、2012年「コンヴィーヴィオ」（東京・新宿）のシェフに就任。2015年に新宿から北参道に移転。この移転にともない、イタリアでの修業時代に学んだ骨太な料理をベースに、現代的な演出や技法を取り入れたモダンな料理もコースに組み込んでいる。さらに日本料理店や異業種とのコラボレーションなどにも積極的に取り組み、自らの料理の幅をより広げる試みを続けている。

コンヴィーヴィオ
東京都渋谷区千駄ヶ谷3-17-12 カミムラビル1階
電話03-6434-7907

コラム執筆

佐藤秀美（さとう・ひでみ）
学術博士。横浜国立大学を卒業後、9年間電気メーカーで調理機器の研究開発に従事する。その後お茶の水女子大学大学院修士、博士課程を修了（食物学）。複数の大学で教鞭をとるかたわら栄養士免許を取得。現在、日本獣医生命科学大学客員教授。著書には『おいしさをつくる熱の科学』、『栄養コツの科学』（ともに柴田書店刊）、『おいしい料理が科学でわかる-日本型健康食のすすめ』（講談社刊）、『健康診断2週間前で検査数値は良くなる！』（自由国民社刊）、『キッチンの科学〜おいしさと健康を考える〜』（同文書院刊）、『西洋料理体系第4巻 調理のコツと科学（共著）（ディック社刊）などがある。

さばき方から加熱までがよくわかる
最新 鶏料理
定番と部位別アレンジ82品

初版印刷　2016年3月30日
初版発行　2016年4月15日

編者Ⓒ　柴田書店

発行者　　土肥大介

発行所　　株式会社柴田書店
〒113-8477
東京都文京区湯島3-26-9 イヤサカビル
電話　　営業部03-5816-8282（注文・問合せ）
　　　　書籍編集部03-5816-8260
http://www.shibatashoten.co.jp

印刷・製本　凸版印刷株式会社

本書収載内容の無断掲載・複写（コピー）・データ配信等の行為はかたく禁じます。
乱丁・落丁本はお取替えいたします。

ISBN 978-4-388-06230-0
Printed in Japan